JN070814

まえがき

「先生、あした本番で緊張しているんですけど、緊張しないためにはどうしたらいいですか」「どうやって準備したら、本番で思うように弾けるようになるのですか」……ピアノを学ぶ学生から寄せられるこういう質問は後を絶たない。

もう二〇年も前の話だが、私自身が演奏活動を始めて間もない頃、モスクワ音楽院の小ホールの楽屋で「サダカツ、お前はどうして緊張しないんだ⁉」と訊かれたことがある。みんなが知らないヒミツを知っていたのか、と問われれば、たぶん「知っていた」と答えられるだろう。もちろん、まったく緊張しない方法なんてものは、たぶん無い。この年になっても舞台に出る前には必ず緊張する。ただし適度な緊張も必要なわけで、要は、手が冷えてくるような緊張や、不安で不安で仕方ないような緊張は対処すべきであり、そのような過度な緊張を抑える方法は確かに存在する。学生に簡潔にそのヒミツを明かすときには、「人にどう思われるか気にしないこと。日頃から『いまここ』ですべきことに集中すること。つねに邪念を断ち切りながら内面生活を送ること」と説明する。

その一言で「分かった！」となれば、本書を取るまでもないだろう。「いや、もう少し詳しく知りたい」となれば、ぜひ本書を読んで参考にしていただきたい。なにかヒントとなることがあるかもしれない。論文として発表したものばかりなので高度な内容が多いが、実際にクラシック音楽というのは、このような深遠な背景をもった音楽なのである。

たとえば、ピアノを習ってきた人であれば、だれもが「脱力」という問題に一度はぶち当たったことがあるだろう。ふつう「脱力」といえば腕や手首の脱力を意味する。脱力していなければ手を壊すし、音も伸びないし、見た目もゴツゴツしていて美しくない。しなやかな演奏をする上で脱力は欠かせない。

そういう「目に見える領域」の話は日本でも良く研究されている。だが精神的な「脱力」となると、本邦では皆無に等しいのだ。その理由としては、クラシック音楽が生まれる土壌となったキリスト教の文化が根付いていないのもあるだろう。西洋音楽が国内に普及し始めてからわずか百数十年という歴史の浅さもあるだろう。それに加えて、敗戦後に物質的繁栄にあずかった挙句、近年は欧米の自由主義（という仮面を被ったサタニズム）に煽られて追い打ちをかけられているのもあるだろう。しかし、もとより義理人情を尊ぶ日本人は、先祖や伝統を重んじる民族であり、目に見えないものを大事にする文化がある。弓矢の名人・那須与一が遠方から舟上に揺れる扇の的を射抜いたのは、神に祈って風を読んだからである。その心に帰って演奏中の原動力に目を凝らせば、精神的な脱力というものが見えてくる。気負うことなく心が自由であれば、音も伸びるし、見た目も自然で美しい。ちょうど舟で進もうとするときに、二通りあるのと同じである。自力で一所懸命に漕いで進むことも可能だが、あえて漕がずとも帆を高く張っていることで風力を利用して遠くまで進むこともできるわけだ。本書は、おおむねこの後者の弾き方について色々な角度から述べたものである。決して努力を否定するのではない。むしろ努力の質を問うている。青空に向かって堂々と白帆を高く掲げるのは、それはそれで案外むつかしい。それでも人生の一番大事な部分が全宇宙の大原則に適っているとき、そこには大きな力の働く余地が生まれる。そして、その風に乗って鳥のように自由に飛び舞う心から、募る思いが溢れて溢奏（いっそう）となる。

　自分自身の努力だけに頼るのではなく、もっと大きな力のありかから力を受けとること、そしてそれを実現した偉人の生き方に学ぶこと。偉人の作品や演奏を聴くだけではなく、その言葉にも虚心になって耳を傾けること。そのとき、何かいままで捉えられなかった深みが見えてきて、あれっと思うような演奏ができるかもしれない。なぜなら演奏とは、あなたの観ている世界が滲み出てくる芸術だからである。

＊本書は第一、二、七章が自筆論文とエッセイ、第三〜六章が和訳論文となっている。また巻末に付録を掲載した。

本書を、今年百十歳になられた恩師・兼松雅子先生に捧ぐ

溢奏　ラフマニノフに聴く演奏の極意——目次

第一章　音楽の創造力の探求

ラフマニノフの「悲哀」に見る演奏の奥義

演奏とはエネルギーである。それは「弛まぬ修練」と「霊感の協働」によって磨かれる。「音楽がどこから湧いてくるのか」という問いは永遠の問いである。祖国ロシアの内外を問わず正教徒として生きたラフマニノフは晩年、「音楽の定義」を問う質問状に対し、「それは心から心へ向かうもの」「それは愛」と言い、「その母は――悲哀」と書いた。この悲哀は「世の悲哀」のみに意味を限定した消極的な悲哀ではない。むしろそれは「創作の喜びをもたらす霊感」の待機状態を指し、修練や徳に伴う積極的な意味での「属神的な悲哀」[1]であった。社会的成功と功徳の頂点にあって、ラフマニノフは属神的な悲哀のうちに音楽を生んだ。その音楽は「徳に伴う悲哀から生まれた謙遜」に降った神の恩寵に他ならない。「音楽とは愛」であるならば、演奏とは愛を放つエネルギーである。演じるのではなく「溢奏（いっそう）」すること――これこそ、演奏の境地なのである。

演奏とは

演奏とはエネルギーである。それは鼓動、呼吸、抑揚、波、風であり、奏者の心身から迸る目に見えない生命体である。奏者は、音と音の間の力動的質をどう決定し、そこに何を聴き、何を奏でるのか。そして本番という緊張の中で、その行為を突き動かすエネルギーをどこからどう汲むのか。つまり霊感を与える創造力の源はどこか。これらは音楽に携わる全ての人にとって永遠の問いである。

演奏は三領域の能力から成る。技術、音楽性、そして精神性である。[2] ある水準までは技術と音楽性があれば充分である。プロの音楽家の間でも、精神性まで掘り下げて言及することは多くない。しかしこの点こそ、その演奏が光るか否かを分ける核心である。ゆえに本章では音楽の精神的領域について、また演奏に求められる心のあり方について、ラフマニノフの言葉を仰ぎつつ考察する。

（1）「属神的」とは、「霊的」に近い意味だが微妙に異なる。正教の捉え方としては、人間は「体」「霊」「神」から構成されている。「体」と「霊」は人間と動物に共通するものだが、「神」は人間にしかない。「神」とは、善悪を判断するところ、まさに「良心の働き」に関わる部分である。よって、「属神」ないし「属神的」というとき、それは人間のもっとも人間たる根本的部分を指している。

（2）技術とは、敏捷性、瞬発力、脱力などの身体的運動能力をはじめその様々な奏法を指す。音楽性とは、聴力、音感、感受性、美的センス、審美眼、詩情、詩魂などの感性をはじめ、音楽史や和声学など理論的知識に基づく読譜力を含む。精神性とは、作品のビジョン、演奏の動機と目的、人生観、世界観ないし宗教観のすべてを含む総合的な文化的教養と「心の状態」を指す。

Ⅰ　演奏を磨く二つの働き

まず、演奏に精神性をもたらす二つの働きについて押さえておきたい。一つは地からの働き（修練）であり、もう一つは天からの働き（霊感）である。

（1）弛まぬ修練（ἄσκησις）

私を幼童期に導いてくださった小西由紀子先生は「どんな宝石も磨かなければ光らない」という信念から、絶え間なき練習の必要性を説かれた。プロを目指す場合、音楽に関しては幼児期から墓に入るまで磨き続けなければならない。絶対音感などは、医学的にも脳が未分化の間しか身に付かない。この道に終点はなく、常に鍛えなければすぐに錆びついて演奏の生命力は萎える。「音楽というのは、根本的に基礎的能力が非常に要求される芸術[3]」と小澤征爾は言った。これは、専門的に音楽することのノルマである。

「練習」とはギリシャ語で「ἄσκησις」と言う。この単語は他にも「訓練」「鍛錬」そして宗教的な「禁欲的修行」という意味をもつ。

ロシア正教の修道の中心地、オプチナ修道院[4]の克肖者ヴァルソノフィー（一八四五〜一九一三[5]）は、ラフマニノフとほぼ同時代を生きた聖人である。彼は芸術に関する言葉をいくつか残しているが、中でも次の言葉は特に興味深い。

「芸術家の心には、常に禁欲主義的な血が流れている。芸術家自身が高貴になればなるほど、より鮮明に、その心には宗教的な神秘主義の灯が灯っている」[6]。

これが正教会の霊性から見た高尚な芸術に対する見解である。ここで用いられた単語「禁欲主義」（аскетизм）こそ、ギリシャ語の「ἄσκησις」から派生した単語に他ならない。

ラフマニノフ自身も「創作のためには独りきりで常に自分自身と向き合っていなければならない[7]」と述べ、創作活動における禁欲の不可避性を説いている。さらに自身の「回想録」には次のように記している。

（3）アルク出版企画編『小澤征爾大研究』春秋社、一九九〇年、二一三頁。

（4）オプチナ修道院はモスクワ南西二六〇キロメートルにあるロシア正教修道の中心地。その長老のもとには、一九世紀ロシアの著名な知識人たちが助言を求めに行っている。ゴーゴリを筆頭として、ドストエフスキー、トルストイ、ソロヴィヨフ、キレエフスキーなど。

（5）世俗名パウエル・イワノヴィチ・プリハンコフ。一八九二年に四七歳で修道院へ入る以前まではロシア帝国軍大佐。日露戦争の際には聴従により前線に赴き、司祭として兵隊を援助した（一九〇四〜一九〇五年）。

（6）Преподобный Варсонофий Оптинский. Беседы. Келейные записки. Духовные стихотворения. Воспоминания. Письма. «Венок на могилу Батюшки». Введенский ставропигиальный мужской монастырь Оптина Пустынь, 2009, с. 356.

（7）Сергей Рахманинов. Литературное наследие в 3 томах. З.А. Апетян. «Советский композитор», Москва, 1978, т. 1, с. 95.

> ロシア人なら誰しも大地への愛着があり、しかも他の民族にはない強い愛着がある。（中略）ロシア人が大地について思いめぐらすとき、それは平安への渇望であり、静寂への渇望であり、この大自然に包まれてうっとりしていたいと思う渇望である。そこにはいくらか**閉鎖性や孤独**への渇望もある。おそらく、どのロシア人にも**隠修者的な何か**があると思う。[8]

ラフマニノフ自身が、ロシア人の特性として「平安や静寂や自然への渇望」はおろか「閉鎖性や孤独への渇望」を指摘しているのは興味深い。しかも「どのロシア人にも隠修者的な何かがある（что-то от отшельника）」と、ロシア人の民族性に修道的精神を認めている点[9]は注目に値する。そして本人が「このように大地への愛着について語り始めたのは、私自身の中にもそれがあるからだ[10]」と打ち明けたように、以上の性質はそのまま作曲家の人格と音楽によく表れている。

いみじくもラフマニノフから受けた強い印象を、山田耕筰は「高僧のやうなその風貌と温和な人格」「音楽者、といふよりは聰明な學者」「東洋的なあらはれがある」「ゆるがない山のやうな『考へる人[11]』」と表現した。山田耕筰の烱眼が、ラフマニノフの精神性の核心を「高僧のやうな」と看破したのは単なる偶然とは言えない。

しかし何のために音楽家が節制するのだろうか。節制はアスリート、芸術家、宗教家に共通して見られる手段だが、ここでは演奏家が何のために節制する必要があるのか見てみたい。

(2) 霊感の協働

演奏家にとって節制は、緊張を和らげ、本番用のエネルギーを蓄える上で有益である。また舞台上で一二〇%の力を発揮するために欠かせない。一二〇%の力とは、自分の最大限(一〇〇%)を超えた力を意味する。このような力を受け取るためには、聖書も示しているとおり節制と祈祷で心身を清めておく必要がある(マタイ一七・二一参照)。つまり、限りある力を限定して集中(体に節制、心に祈り)させることが創作上でも有益である。慣用句にも「二兎を追う者、一兎も得ず」「点滴穿石」とある。ここで注目したいのは、演奏中における聴力の集中である。「いかによく聴くか」が、演奏に生命を吹き込むからである。

自動演奏付ピアノが売り出された一九九五年頃のことである。私の高校時代の担任であった桐朋学園の佐藤公一郎教授がクラス全員に質問した。「ついにブーニンが一般家庭のピアノで弾く時代が来た。ところで、生演奏と自動演奏では何が違うのだろう。ミスを避けられない生演奏が完璧な自動演奏に勝るとしたら、一体どの点で勝るのだろうか」。たしか誰も答えられなかった。佐藤先生の答えは、「自動演奏は、規定通り鍵盤を動かして楽器を鳴らす。生演奏は、その場に合った響きを耳で聴

---

(8) 同右、五二頁。(強調筆者)
(9) 実際、ロシアでは「世俗人の鑑は修道士、修道士の鑑は天使」とよく言われる。(階梯イオアン『階梯』二六・三一)
(10) 前掲書、五二頁。
(11)『山田耕筰著作全集』【二】岩波書店、二〇〇一年、九頁。

きながら鳴らす」であった。金言である。

演奏は一期一会の命である。そこでは、奏者も聴衆も次に何が起こるか分からない不可知性の状態に晒されている。逆に録音（自動演奏を含む）は、聴き手にこの演奏が無事に完奏することを保証する。それは常に同じ流れ方であり、春夏秋冬やその場の風情を一切反映させない。ゆえに聴き手は奏者の置かれた状態と別個の世界を生きることになる。そこでは、音楽という命が生まれる緊張的瞬間の奇跡を共に味わい、その紆余曲折を共に体験し共に今を生きるという、奏者と聴衆が織りなす運命共同体の姿はない(12)。

奏者自身がその場の音をよく聴いていない演奏は、自ずと弾こうとする気負いから固くなる。逆にその場の音の向かおうとする方向に耳を傾けて、音楽の命ずるままに奏でる演奏は柔らかく聴き手を包み込む。天才演奏家でもあったラフマニノフは言う。

「まさに霊でもって、（中略）どの箇所でどれくらい休符を伸ばしたり音符を伸ばしたりしたら良いか決まってくるのである。とりもなおさず芸術家の内奥で、『この間合いはこ～うやって（引っ張って）、ここまで』と命じてくるのである(13)」。

ここに、霊からの命令を「聴く」という控えめな態度がある。「聴く」は音楽の初歩にして奥義に他ならない。節制は、その控えめな態度の始まりである。そもそも原動力は別のところにあり、自分はこの場に託された仲介者、という認識である。だから受信待機の姿勢がある。この別な次元から降り注ぐ力を「霊感」と言う人もいれば、ベートーヴェンのように「啓示」と呼ぶ人もいる。もし演奏が単に練習成果の発表で済むものならば、本番中に霊感など必要ない。もし霊感の入る余地がないならば、そこに奇跡は起こらない。

演奏とは奇跡である、とロシア国立モスクワ音楽院のメドゥシェフスキー教授は言う。事実、今そこに奇跡が起こる期待と祈りをもって鍵盤を「弾く」のと、ただ定められたタイミングに定められた鍵盤を「押す」のとでは、その音色に天地の差が出るのも当然である。弾かれて生きた音は自然と飛ぶのに対し、押されて死んだ音は不自然にくぐもる。この心から溢れ出る「自然さ」は、ロシア音楽およびロシアンスクールの特長である。自然さは、幼児のように奇跡を信ずる心から湧き出ずる。私はロシア人ほど真剣に奇跡を信じて生きている民族を他に知らない。ロシアでは、芸術が栄える所以である。

あるいは現代人は「奇跡などない」と信じているかもしれない。しかし偉大な科学者アルベルト・アインシュタインはこう言った。

「人生には二つの道しかない。一つは、奇跡など全く存在しないかのように生きること。もう一つはすべてが奇跡であるかのように生きることだ[14]」。

（12）無論、これは生演奏の価値を説明するものであり、録音の存在意義を否定するものではない。

（13）ЛН: т. 3, с. 240.　直訳は「休符や各音の長さ自体が霊の本質に依存している。芸術家の霊はどのくらいこの休符を伸ばしたら良いのかを命令する」。ここでラフマニノフが「音」よりも「休符」を優先して話している点も、後述の考察のために留意しておきたい。

つまるところ、心が何に感動し何を喜びとして生きているか、が問題である。モノに追われれば心を忘れる。「あなたがたの富のあるところに、あなたがたの心もあるのだ」(ルカ一二・三四)。一瞬毎に過ぎ去る人生と音楽を、掛け替えのない「奇跡」と痛感して奏でるとき、そこに一世一代の技による永遠のビジョンが顕現するのである。

演奏家は「音符」を弾くのではない。「音楽」を奏でるのである。楽譜の向こう側にある世界に没入して呼吸するのである。その際、宗教心の欠如した演奏は自分の力を拠り所として動く。音楽の創造力の源泉を、自分の中に見出そうとする。おそらく他の力の存在を知らないか、あるいは得る術を知らない。本来、自分の寄りかかれる存在は自分以上に強力でなければならないのにもかかわらず、その助けを欠くため演奏が貧弱になる。

クラシックバレエの動きに顕著なように、「より高く、より永く、より遠く」は分野を問わず古典芸術(クラシック)の志向した理念である。それはいずれ道徳性や精神性、宗教性と結びつく宿命にある。シューマンも「道徳の掟は、また芸術の掟」[15]とし、「人間の心の深底へ光を送ること――これが芸術家の使命である」[16]と叫んだ。そのような目に見えない属神的な光は、安易に得られるものではない。修練と修徳が必要である。演奏は、他力が働く可能性を秘めている。風を読み、風に乗り、風と共に舞い上がることができなければ、演奏は光らない。風は、聖書の文脈で神の息吹を意味する(創世記三・八、民数一一・三一、サムエル下二二・一一等)。演奏とは、全能者と死すべき人間の織り成す「協働」なのである。

Ⅱ　ラフマニノフの宗教心

さてラフマニノフは、このような音楽の精神的領域についてどのように考えていたのだろうか。それを正しく理解するためには、まずはラフマニノフの世界観の基盤をなした宗教心から掘り返す必要がある。ラフマニノフの精神を支えた彼の信仰に関しては、さほど深いものではなかった、というのが前世紀の通説であった。その理由は単純である。第一にラフマニノフ自身が心の内を晒す人間ではなかったこと。第二に無神論ソ連という時代背景である。実際、人の信仰とは極めて深い問題であるため、外面的行動等によって推し測れるものではない。ましてやラフマニノフほどの世紀の大天才が、激務の渦中でどのような信仰を持っていたかなど、とうてい理解の範疇を超えている。しかし最近のラフマニノフ研究は、ラフマニノフの信仰の確実性を明らかにしている。それは専門的な作品分析によるだけでなく、遺稿等の資料からも証左されるのである。

（14）田中安行監修／英語名言研究会編著『音読したい英語名言三〇〇選』中経出版、二〇〇二年、七二頁。また、弓場隆訳『アインシュタインの言葉』ディスカヴァー・トゥエンティワン、二〇一五、一頁にも同じ言葉が載っている。原文は以下の通り。“There are only two ways to live your life. One is as though nothing is a miracle. The other is as though everything is a miracle.”

（15）シューマン著／吉田秀和訳『音楽と音楽家』岩波文庫、二〇一一年、二三九頁。

（16）同右、二一九頁。

近年、ラフマニノフ作品アカデミー版全集学術プロジェクトを起こし、世界的なラフマニノフ研究を牽引するV・I・アンティポフ氏（一九五五〜　）が編集した学術雑誌『ラフマニノフと世界文化』（第五回国際学術実践会議論考集、ラフマニノフ庭園博物館、イワノフカ、二〇一三年）には、最新の研究成果が多くあり大変興味深い。特にM・I・アレイニコフ（ロシア国立サンクト・ペテルブルグ音楽院講師）は「ラフマニノフの宗教と属神性について（作曲家の人物描写への加筆）」の中で、生きた信仰の証として次のような事実を列挙している。

①最期の作品である「交響的舞曲」作品四五の総譜の最後に「主よ、感謝！」と書いた事実。バッハやハイドンの手稿にも見られるこれらの神への讃美・感謝の書き込みは、「聖金口イオアン聖体礼儀」作品三一、「パガニーニの主題による狂詩曲」作品四三、「交響曲第三番」作品四四などにも見られる（特に後期の大作に多い）。

②幼児期のラフマニノフを可愛がった母方の祖母ソフィア・ブタコヴァが信仰深く優秀で、ノヴゴロド中の上位聖職者にも認められた当代一の聖歌権威者だった事実[17]（「N・M・ストレリニコフの思い出」より。N・M・ストレリニコフはラフマニノフの又従弟）。

③ラフマニノフが数多くの手紙の中で、大事な時に神の御旨を仰ぐ信仰表現を用いた事実。以下、無数の例の一部。「まだ書き上げていないけれど、神の助けによってこれを成就することを望んでいる[18]」。「とても忙しく、とても疲れています。今こそ切実な祈りです。主よ、力と忍耐を送

り給え[19]」。「君もたぶん聞いたことでしょう。僕が自宅で倒れてひどい怪我をしたことを（何も壊さなかったのは神の救い[20]）」。「疲れた！　非常に疲れた！　今ほど疲れたと感じたことがあったか思い出せない。（中略）でも衷心から神に感謝して君に言うよ。演奏会の最中にはより力強く感じるんだ[21]」等々。

④十字を描く（「十字を切る」の正教用語）という正教徒の慣習を守っていた事実。以下、例。初孫ソフィアと生後初対面の後、「孫娘に十字を描いて、数回キスしました。もうすっかり愛してしまったので[22]」。また逆の立場になった際にこう書いている。「旅立つ私へ十字を描いてくださったとき、この上もなく感動しました[23]」。

⑤形式的な信者にはない敬虔さ、つまり教会の機密（秘跡）を重んじていた事実。以下、例。恩師ズヴェレフの埋葬後、「昨日、恩師を埋葬しました。ひどく残念です。毎年、昔からの音楽院

（17）ЛН: т. 3, с. 426.
（18）A・V・ザタエヴィチへの手紙（一八九八年一〇月二六日）。ЛН: т. 1, с. 282.
（19）Z・A・プリヴィトコヴァへの手紙（一九〇九年一二月一二日）。ЛН: т. 1, с. 484.
（20）S・A・サーティナへの手紙（一九三九年六月一三日）。S・A・サーティナ（一八七九〜一九七五）は、ラフマニノフの義理の妹（かつ従妹）。植物学者。博士。大作曲家を助けた。ЛН: т. 3, с. 153.
（21）S・A・サーティナへの手紙（一九四一年一月二七日）。同右、一八八頁。
（22）S・A・サーティナへの手紙（一九二五年九月二日）。ЛН: т. 2, с. 180.
（23）アントニン神父への手紙（一九二七年三月二〇日）。ЛН: т. 3, с. 206.

の『家族』が減っていくのです。と同時に、世の中から良い人が減っていくのです。（中略）残念ですし寂しいです。（中略）恩師は領聖［聖体血拝領］をしないで死んだのです。約一〇年も領聖せずに。なおのこと残念です！……」[24]。S・A・サーティナはこう証言する。「彼［作曲家］は結婚する以前、一度ならず私に教会へ同伴するよう求めてきました。そして斎（ものいみ）［肉魚等を断つ節制。領聖前の規則］をしたときは、斎をしていることを家の誰にも言わないよう要求してきました[25]」。ちなみに妻ナタリアの証言によると、ラフマニノフ自身、永眠直前に領聖している[26]。

アレイニコフは他にも、ラフマニノフがロシアの内外を問わず神父とゆっくり話し込んでいた事実や、教会を通して行った莫大な慈善活動（その中には、著名なベルジャーエフやブルガコフ神父も講演をしたことのあるパリの聖セルギイ神学校への支援金四万フラン〈現在の相場で約二五〇〇万円〉を含む[27]）等の証拠を、確かな出典を示して引用している。

その上で、アレイニコフはラフマニノフが宗教的ではなかったとする旧説の根拠[28]に対して「キリスト教史が示す通り、試練や疑惑、誘惑や転落は、使徒や聖人でさえ避けられなかったことである。それなのにラフマニノフのような平信者に対して、故意に高めた基準でアプローチする必要があるだろうか」と問いかける。そしてラフマニノフとその作品の宗教性を示す重要な素質の一つとして、巨匠の「誠実さ」を挙げている[29]。

さらにS・G・ズヴェレヴァ女史の「ラフマニノフの一九三〇年代半ばの作曲計画」という論文に

は、ドイツの印象派画家ステール（Robert Sterl 一八六七～一九三二）がラフマニノフと共に復活祭へ参列した出来事を記念して描いた水彩画「クレムリンの復活祭夜のイルミネーション」の複写が載っている。[30] この絵画は作曲家に捧げられたもので、「セルゲイ・ラフマニノフ氏へ。一九一四年の復活祭

（24）スカローン姉妹への手紙（一八九三年一〇月三日）。ЛН : т. 1, с. 227–228.

（25）Воспоминания о Рахманинове. сост., ред., пред., коммент. и указ. З.А. Апетян. Изд. 5-е, доп. М.: Музыка, 1988, т.1, с. 499.

（26）同右、第二巻、三三二頁。

（27）ちなみに、このような規模の支援金をラフマニノフが同胞に送り続けたことは今や周知の事実である。それは何も宗教施設に限ったことではなく、音楽院や音楽施設、戦時中のソ連軍や個人宛など、事実を立証する資料は膨大な数に上る（筆者の恩師メルジャノフ教授も軍役中に見たと証言した。拙著『ラフマニノフを弾け』二一九頁、脚注参照）。

（28）ラフマニノフは一九一五年、敬愛していたスクリャービンと恩師タネーエフを続けて亡くした落ち込みから死を恐れ、教会が教える死後の人間存在を受け入れないと言った、というシャギニヤンの証言（Шагинян М.С. // Воспоминания о Рахманинове. т. 1. с. 140–141）。またラフマニノフが、自分を救ってくれたダーリ博士から貰ったお守りを大切に持ち歩いていた点（ЛН : т. 3 с. 103 等）。

（29）М.И. Алейников. О религии в духовном мире С.В. Рахманинова（штрихи к портрету композитора）. С.В. Рахманинов и мировая культура. Ивановка 2013, с. 18–23.

（30）С.Г. Зверева. О некоторых музыкальных замыслах Рахманинова середины 1930-х годов. С.В. Рахманинов и мировая культура. Ивановка, 2013, с. 35.

の思い出に。ロベルト・ステールより贈呈」とサインが入ってある。また、この時の様子を詳しく伝える手紙も残っている[31]。

以上の資料は、口が重かったラフマニノフの宗教心を立証するものである。しかし本来ならば、信仰に関するような深い精神的領域ほど、作曲家本人の作品や録音を通してこそ聴き取るべきものである。「作曲家が音楽で表現すべきことは母国の精神、愛、信仰[32]」とラフマニノフ自身が述べたとおり、音楽にこそ作曲家の最深部がくまなく表現されているからである。最晩年に「私の音楽は、愛や苦しみ、悲しみや宗教心を語ったものなのです[33]」と告白したとおり、ラフマニノフは音楽の精神性を重視していたが、その霊感が湧き起こる創造力の源についてはどのように説明しているのだろうか。

Ⅲ　ラフマニノフの創造力の源

（１）神聖な閃き（ひらめき）

一九二七年、霊感の源を問うB・K・ロイのインタビューに対し、五四歳のラフマニノフは「霊感を与える源を分析するのはとても難しい」と断りつつも、次のように答えている。

> 創作に霊感を与える源を分析するのはとても難しいことです。ここでは沢山の要因が重なり合って作用するのです。そして、言うまでもなく、愛です。愛は衰えることのない霊感の泉です。**愛の霊感**に及ぶものは他にありません。人は愛すればこそ幸福感に満たされて能力を発揮し、知

的エネルギーが開花するのです。大自然の美しさと荘厳さも創作を助けてくれます。私は韻文から霊感を受けています。音楽の次に最も愛するのは韻文です。プーシキンはとびきりですし、シェークスピアとバイロンもロシア語訳で常に読んでいます。いつも手元に詩を持ち歩いています。韻文が音楽に霊感を与えてくれるのは、韻文そのものに音楽がたくさん含まれているからであり、韻文と音楽は双子姉妹のようなものです。美しいものはすべて助けてくれます（と言いながら、日頃は口元の奥に隠した微笑みをラフマニノフは浮かべた）。美しい女性はもちろん、霊感の永遠の泉です。しかしあなたは彼女から遠くへ逃れて一人ぼっちでなければいけません。でないと何も創れないし、何も成し遂げられませんから。あなたの心と意識のなかに霊感を抱き、霊感を与える女性を想っても、創作のためには独りきりで常に自分自身と向き合っていなければなりません。**本物の霊感は内面から来るべきものです。**もしも内面に何も無いならば、外からのものは何一つとして助けにならないでしょう。もしも創作の賜物である**神聖な閃き**が芸術家の懐で燃えていなければ、どんな優れた文芸傑作も、どんな偉大な絵画作品も、どんな大自然の壮観も、ほんの微々たる結果すら生み出すことはできないのです[34]。

（31）ЛН: т. 3, с. 395.
（32）ЛН: т. 1, с. 145.
（33）ЛН: т. 1, с. 147. 一九四一年一二月、フィラデルフィアの《The Etude》誌に掲載された記事より。
（34）ЛН: т. 1, с. 94–95.（強調筆者）

ラフマニノフは「ここでは沢山の要因が重なり合って作用するのです」とし、霊感の源など一概に言えないとした上で、それは「言うまでもなく、愛です」と答えた。そして「愛は衰えることのない霊感の泉」であり、「愛の霊感に及ぶものは他にありません」と強調した（さらに「韻文」や「美しいものすべて」から霊感を受けると認めている）。

しかしその上で、まるで以上の外発的な霊感をことごとく否むかのように「本物の霊感は内面から来るべきものです」と言い、その賜物は「神聖な閃き」であると述べた。

インタビューという場では通常、質問者の理解力に合わせて答えるものである。紳士的なラフマニノフにとっては尚更であろう。そこで次の定義が注目される。この定義こそ、この「神聖な閃き」を理解する糸口を与えているからである。

（2）音楽の定義

五九歳のラフマニノフは「音楽の定義」を問う質問状に対して次のように書いて返送した。上掲のインタビューから五年後のことである。ここでは上掲の内容が詩的に洗練され、音楽の核心が明らかにされている。

音楽とは何か　ですって⁉
それは静かな月夜の晩

それは木の葉のそよぐ音
それは夕暮れ遠く響く鐘
それは心に生じて心へ伝わるもの
それは　愛！
音楽の姉妹は韻文
そしてその母は――悲哀[35]

（35）ЛН: т. 2, с. 343.「音楽の定義」を著名音楽家に問い集めた質問状（一九三二年一二月一三日付）に対して、ラフマニノフ自身が回答した文章。回答の元となった質問状は以下のとおり。「親愛なるラフマニノフさん、音楽とは何でしょうか。これまで音楽家たちと交流してきた中で、音楽とは何かという哲学的な議論になることが一度ならずありました。それもそのはず、そもそも音楽とは電気の出現よりもはるかに神秘的なものだからです。じつにいろいろな方から興味深く、ときに真逆だったり矛盾したりする定義を得られました。そのため、この問いに対する典型的な見解をまとめて編集し始めました。いずれ作曲家、演奏家、教師、学生、知識人たちへの、また心理学分野の研究成果に興味のある人々への遺産とするためです。どうか、この考えさせるテーマに賛同してくださいますように。こちらといたしましては、あなたのご回答をこの文集に入れることができたら格別に光栄なのです。この文集は最も価値のある重要な業績となり、優れた音楽家のみならず、文豪、哲学者、芸術を支援する実業家や政治家にも提示できるものになることを請け合います。どうか、あなたの考える**音楽の定義**をお与え下さい。音楽にどう関わってこられたか、その関わりの中でどのような良し悪しがあったか、という意味ではなく、あなたにとって音楽がどのような意味を持つものなのか、を抽象的に書いてください。私の知るかぎり、これまでに似たような試みに着手した人はいないはずです。きっと

ラフマニノフは最後に音楽の根源に触れ、「その母は――悲哀」と言った。この一句に当惑を覚えない人はいない。そこで以下、この意味のありかをじっくり考察する。

「音楽とは何か」に対するラフマニノフの回答は、作曲家（コンポーザー）らしい見事な構造（コンポジション）で書かれている。一行目から最終行まで徐々に意味内容の水準が上がっていき、最後は偽らざる言葉としてストレートに「悲哀」と書いた。

ラフマニノフはまず「音楽」の比喩を三つ描いた。一つ目の「静かな月夜の晩」は、驚くべきことに音無き静寂（しじま）である。あたかも音自体を否定し、月の照る静かな闇こそ音楽の第一原理とする奇抜さは、否定神学をさえ彷彿とさせる発想である。たしかに多くの音楽家も認めるとおり、音楽は静寂の上にこそ成り立っている。[36] 音楽は、月夜の晩のごとく仰がなければ気付かないような繊細なものであり、日常的な喧噪を超えた存在だといえよう。聴覚は静寂を聴き届けるほど研ぎ澄まされてはじめて、音楽を受容できる体勢になる。演奏が「音」で「静寂」を奏でる、という矛盾した行為であるならば、それは「時」で「永遠」を、「朽」で「不朽」を、「現世」で「来世」を、「死」（＝死すべき存在）が「不死」を奏でることとも言えるだろう。シェリングの概念として知られる「芸術とは、無限なるものを有限のうちに表現する」のとおりである。

二つ目の「木の葉のそよぐ音」は、自然界に生じるファジーな安らぎを指す。その静かな音色は単調なようで多彩である。青葉の擦れ合う音の心地よさと瑞々（みずみず）しさ。それは川のせせらぎのように穏やかで、目に見えない「風の動き」を語る。風が、神の息吹やその臨在を比喩することは先述した通りである（本章Ⅰ参照）。

三つ目の「夕暮れ遠く響く鐘」は、人間の宗教的な営みを指す。ラフマニノフがこよなく愛した晩祷を告げる教会の鐘である。それは人の心を神に向ける音であり、一日の終わりに永遠を想う時を刻む音である。一つ目と同様、その素描は夕暮れのため薄暗い。音楽を聴くということは、ひとまず目前の課題から退き、目を「見えないもの」に向けることだからであろう。それは言葉や教訓など、大事な何かを聴き取る姿勢に似ている。「信仰は聞くことに始まる」（ロマ一〇・一七）と聖書にあるが、この「聞くこと」を養うものこそ音楽である。音楽が心の深い部分に関わる所以である。

以上、三つの比喩に共通することは、そのどれもが見過ごされやすい静寂ないし弱音であるという点だ。そこには幅広い遠近感があり、宇宙と人類の営みがあり、東洋的な閑寂枯淡の趣さえある。不思議なことに、侘び寂びの和文化に通じる美意識がなかろうか（露文化が、欧州文化よりも和文化に

好意的にご協力してくださり、作曲したり演奏したりしている音楽家たちに有益なヒントを与えてくださることでしょう……。誠意をもって、ウォルターE・コンス」ЛН: т. 2, с. 550–551.（強調筆者）

（36）ちなみに大阪大学の中野珠実教授による「まばたき」の研究成果によると、視覚においては脳の「DMN」（デフォルト・モード・ネットワーク。内的な情報処理に向かう能領域）と「注意の神経ネットワーク」（自発的にどこに注意を向けるかを制御している能領域）の交替が、瞬き（完全な暗闇）において生じているという。この「完全な暗闇」に等しい働きを、聴覚においては休符や間（完全な静寂）が演じている、とメドゥシェフスキー教授は言う。

近いことは確実である)。山田耕筰がラフマニノフに「東洋的なあらはれがある」と言ったのは単なる偶然ではない。

その注意深く研ぎ澄まされた聴覚は、次に音楽の存在論的次元に触れ、音楽は「心に生じて心へ伝わるもの」と言った。音楽は人の精神界に生じ、それは同じ精神をもった人間へ向かう存在だという。たしかに音楽は人と人との間に客体として存在しえず、以心伝心の交わりのうちに息づく。客体として存在しえるのは楽譜や音(ないし音響)ではあっても、音楽ではない。毎瞬毎秒、生滅する運命にある音楽は、以前から以後への変遷と統一性を記憶しつつ認識する能力をもった精神の中にしかその全体像が現れない。このような生命感に満ちた音楽の神秘性に触れた上で、ラフマニノフはためらわずに「それは愛!」と言い切った。愛こそ、人と人との心をつなぐ礎だからである。

その愛である音楽に最も近いものとして、「その姉妹は韻文」と言った。「韻文」の原語は「ポエジー」であり、リズムの規律をもたない散文に対する対語である。「ポエジー」の意味は広く、韻文以外に「詩歌」「文芸」「詩情」「詩魂」「詩のように美しいもの」の意味がある。韻文に息づく律動と呼吸感、そこで謳われる洗練された世界、さらにその内容と意味が「音声」によって表現される点が音楽に近く、音楽の姉妹と呼ぶに相応しい(本書付録二参照)。

以上の文脈の結尾に、つまり音楽の定義のクライマックスとしてラフマニノフはついに音楽の原点を明かす。「その母は――」と音楽の源に言及し、「悲哀」と書いた。もしこれを換言すれば、ラフマニノフの音楽は「悲哀」から生まれた「愛」となる。悲哀から生まれる愛といえば、十字架上のキリストを彷彿とさせる何かがある。とはいえ、なぜ「悲哀」が母なのか。その謎を解明すべく、悲哀の意味を掘り下げてみたい。

（3）「悲哀」の意味段階

悲哀には三つの意味段階がある。それは対照的な「喜び」との距離によって区別できる。

①世の悲哀

悲哀と聞いてまず思い浮かぶのは「楽しさ」の対語としての悲しさである。それは多くの場合、個人的な理由に基づく悲哀であり、意味としては「落胆」や「悔しさ」に近い。最も一般的な「悲哀」の捉え方であり、多くの場合この意味における悲哀に喜びは無い。

ラフマニノフが生きた時代は、帝政ロシアの崩壊と二つの世界大戦を跨ぐ時代であった。文豪ドストエフスキーの名句によれば「不信と疑念」の時代であり、楽しさに溢れた時代ではなかった。その中で、ラフマニノフはロシアの幸福な日々を追想しつつ、その祖国に帰れなくなるという過酷な運命を背負った。この傷が、作品に色濃く反映されていることも事実である。

そのためか、従来、ラフマニノフの「悲哀」は失恋や祖国追放の苦しみ等、現世的な理由を強調して理解される傾向があった。この悲哀を単純に言うと「思い通りにならない悲しさ」である。誰もが経験する若き日の失恋や挫折による悲哀は、名曲「いや、お願いだ、行かないで」作品四―一に見るまでもなく、ラフマニノフも当然、体験した悲哀である。しかし五九歳のラフマニノフが「音楽の母」と呼んだ悲哀が、この意味に限定できると言えるだろうか。というのも実際にラフマニノフは四四歳で祖国を離れた後、その悲しみの中でどうなったか。生活の必要に追われていたとはいえ、一〇年間も一音たりとも曲が書けない状態に陥ったのである。世の悲哀は、人から創造力はおろか生きる力すらも奪うことがある。最悪の場合、絶望から自殺まで招くものである。聖書も「世の悲哀は死をもたらす」（コリ二、七・一〇）と断じているとおりである。

②道徳的な悲哀

次に、個人的な悲哀というよりも集団における義の意味が含まれる悲哀がある。喜劇に対して悲劇と言うように、芸術界でもよく取り上げられる悲哀である。この悲哀は、人々の間に「世の悲哀」に対するような拒否反応を起こさせない。むしろ人は時に、ドラマティックな悲哀を必要としているのかもしれない。思うようにならない悲しさ、ではなく、「義務遂行上の悲しさ」である。ここでは自我よりも人道的な理想が優先される。それは強い意志の業であるが、自我の突破までは至らない。多くの「カッコいい」作品が証するまでもなく、ラフマニノフにとってもこの悲哀は決して縁遠いものではなかった。

この段階から、悲哀の向こう側に喜びが見え隠れするようになる。義務完遂は喜びをもたらすからである。このように悲哀と喜びは昇華するほどに表裏一体化し、やがてシューベルトの名句に似た境地に至る。「僕が愛を歌おうとしたら、それは苦しみになった。苦しみを歌おうとしたら、それは愛になった」。古今東西、生むということ（出産・創作）は、苦しみと喜びを伴うのである。

この段階までは、人間の力のみでも到達可能な領域である。しかし人間の力だけでは到達できない領域がある。それが、属神的な悲哀である。

③属神的な悲哀（神の御心に適った悲哀）

これは「自己満足」の対語としての悲哀である。ここで悲哀の意味は「世の悲哀」のそれと逆転する。世の悲哀は自我（自己中心性）に基づく悲哀であった。対して属神的な悲哀は自我を中心とするのではなく、神を中心とする。この悲哀は思うようにならない悲しさ、でもなければ、義務遂行上の悲しさ、でもない。それは「どんなに義務を成し遂げても、理想には及ばない自覚からくる悲しさ」である（ルカ一七・一〇参照）。それは痛悔にともなう悲哀であり、真実による悲哀であり、信仰ゆえの悲苦である。この悲哀はクリスチャン特有の悲哀と呼べるほど、聖書にも頻繁に出てくる。「義人には憂多(うれいおお)し、しかれども主は之(これ)をことごとく免(まぬか)れしむ」（聖詠三三・二〇／詩編三四・二〇）。「あなたがたには、キリストを信じることだけでなく、キリストのために苦しむことも、恵みとして与えられているのです」（フィリピ一・二九）。「あなたがたには世で苦難がある」（ヨハネ一六・三三）等。この悲哀は痛悔の深みを導き、「自分の弱さ」を覚醒させる。[37]

晩年、想像を絶する仕事量による過労と硬化症に苦しみながら、ラフマニノフは「自分の生涯にでき得ることのすべてをやり遂げなかった」[38]という自責に苛まされていた。しかしこの言葉が発せられたのは、交響曲第三番に取り組み、欧米各地で五九回の演奏会が予定されていたシーズンである[39]。この尋常ならぬ自分自身への厳しさは、その高い理想からきた「属神的な悲哀」の証であろう。

聖人は、常人よりも明瞭に自分の罪が見えるという。それは聖師父の伝統によれば、ちょうど服装が高級になればなるほど些細な汚れが気になるのと似ている。汚れきった服装であれば些細な汚れなんぞ気にならない。それと同様に、心も清まれば清まるほど、自分の汚れ（教会ではそれを「罪」と呼ぶ）がはっきりと見えるようになる。この自覚から生じる悲哀を、使徒パウロは「神の御心に適った悲哀」と呼び、次のように「世の悲哀」とは明確に区別した。「神の御心に適った悲哀は、取り消されることのない救いに通じる悔い改めを生じさせ、世の悲哀は死をもたらします」（コリ二、七・一〇）。

この悲哀は、喜びと無縁な悲哀ではない。それどころか属神的な喜びをもたらす可能性を秘めた神（完徳を求める良心）の悲哀である。

（4）分析法の根拠

以上の分析は、メドゥシェフスキー教授から聞いた一つの寓話に基づく。この寓話は度々想起され、私の研究に多大な影響を及ぼしてきたため、分析法の根拠として記しておきたい。その寓話とは次の通りである。

男が三人、大きな石を右から左へと運んでは積み重ねていた。この男たちに対し、通りかかった人が「何をしているのですか」と尋ねた。三人はそれぞれ次のように答えた。一人目はつまらなそうに「食べるための仕事さ」と答えた。二人目は汗を拭いながら「家族を養っているのさ！」と答えた。三人目は喜びながら「神殿を建てているのだよ！」と答えた。三人共、全く同じ労務にあったが、その目的と心の状態が全く異なっていた、という教訓である。

正教会の伝統ではこれを人間の三組織（体、霊、神）の特質になぞらえて理解する。上記の三人は各々その所属組織の性質を表し、三者三様の目的と「心の状態」を示している。心のあり方が、労苦の意味を変え、人生観を変える。逆に言えば、世界は心のあり方次第で、天国にも地獄にも成り得るのである。

ちなみに新約聖書の文脈において「神殿」とは、生ける神の宮、転じて身体ないし人生そのものを

(37) 現代ロシアの長老ニコライ・グリヤノフ長司祭（一九〇九〜二〇〇二）は、この状態を有名な詩で言い当てた。「悲嘆に暮るるわが心、われ御旨を行わざればなり。ゆえに閉じたる救いの門、主への道も塞がれり。塞ぎ阻むはわが私欲、その規模すでに大森林。そは年ごとに増ゆる故、こは心痛の住処かな」。また、この状態の極みを穿つ名句として、聖山アトスの聖シルアン（一八六六〜一九三八）が主から得たという名句がある。「地獄にいる身と念じて、なおかつ絶望するなかれ」。

(38) ЛН: т. 3, с. 61. 一九三五年一〇月二六日ヴィリシャウへの手紙。「音楽の定義」を書いて三年後の言葉である。このような自責の言葉は概してラフマニノフに多いが、その傾向は晩年になるほど強まっていく。

(39) 一柳富美子『ラフマニノフ――明らかになる素顔』東洋書店、二〇一二年、五七頁。

指す（コリ二、六・一六等）。したがってこの寓話の「神殿を建てる」という目標は、単に物質的な神殿を建てることを意味するだけではない。「労働して体を清めている」「神の御心に適った人生を創っている」というニュアンスも含まれる（エフェ二・一九―二二参照）。この寓話には、人が従事することの深い意義が秘められている。神殿を建てる、家を建てる、という表現はまた、正教会の聖伝において「徳を建てる」の隠喩としても使用される。

同じ様に、「悲哀」にも三つの意味段階がある。どれもラフマニノフの音楽に認められる側面だが、晩年の作曲家が「母」と呼んだ悲哀は「属神的な悲哀」と見て妥当だろうか。この点を以下、検証してみたい。

Ⅳ ラフマニノフの「属神的な悲哀」

まずラフマニノフ自身が別の角度から「音楽の源」について述べた言葉を顧みる必要がある。これは三六歳のラフマニノフが革命以前、まさに演奏法について述べた「優れたピアノ演奏に典型的な一〇の特長」の中から、終章「生きた閃き」の概要である（本書第五章参照）。ここで巨匠は、霊感のもたらす喜びについて触れている。

上手なピアノ演奏には、つねに華となる閃きがある。どうやらこの閃きが、あらゆる名曲解釈を生きた芸術作品に変えているようだ。閃きはある時点にのみ存在し、**説明できるものではない。**

たとえば技術水準の等しいピアニストが二名いて、二名とも同じ作品を弾くことができたとしよう。うち一名の演奏は退屈で生命感がなく冴えない。しかしもう一名の演奏はなぜかうっとりするほど惹きつけられてしまう。思うに後者は、**生気が漲って躍動している**のだ。そして聴衆に興味を抱かせ、霊感を与えているのだ。つまり閃きが、何の変哲もない音符に生命を吹きこんでいるわけだが、いったいこれほどの華をもたらす閃きとは何なのだろうか[40]。

そしてこの閃きを「霊感」と呼び、次のように指摘する。

作曲家は創作時に間違いなく霊感を帯びているため、その時に味わうのと同じ**喜び**を演奏者が体験したら、何か今までにない非凡なものが演奏に入りこむ。その演奏は驚くほど活気づいて力を帯びるだろう[41]。

このように霊感が「喜び」をもたらすものである以上、その喜びを受胎できる母は「世の悲哀」ではない。むしろ「属神的な悲哀」である。そして、そのように活気づいて演奏できるようになれば「ミスタッチさえ許されることもある」とし、「生きた閃き」の結論をこう締める。

（40）ЛН: т. 3, с. 239.（強調筆者）

（41）同右、同頁。（傍点筆者）

つまるところ、**圧倒的な華をもたらす生きた閃きとは、霊(たましい)**[42]なのだ。**霊(たましい)は音楽における最高の表現が出ずる源**である。[43]

ラフマニノフは「圧倒的な華をもたらす生きた閃きとは霊(たましい)」であり、霊(たましい)こそ「音楽における最高の表現が出ずる源」と断言した。その霊(たましい)とはロシア文化を支えた正教によって涵養された霊魂であり、芸術だけでなく「修練と協働の神秘」を知悉したロシア魂であった。「何を求めるよりも神の国とその義を求めよ」（マタイ六・三三）と諭された主は、その「神の国は実にあなたたちの内にある」（ルカ一七・二一）と示された。この聖句を敷衍して、シリアの聖イサアクは次のように説く。

「自分の内の倉に入るよう努めよ。そうすれば天の倉を見出すだろう。なぜなら内の倉も天の倉も同じものであり、一方に入れば両方とも見出せるからだ。天国への梯子はわれわれの内、霊(たましい)の内に秘められている。罪を離れて自分自身の内に潜っていれば、そこに一歩一歩昇りゆく階段を見出すだろう」[44]（本書付録194頁参照）。

ラフマニノフも「圧倒的な華をもたらす生きた閃きとは霊(たましい)」「本物の霊感は内面から来るべきもの」[45]と述べた以上、その生きた閃きを受ける「内の倉」を体験的に知っていた。内の倉とは、心の奥深い秘所、つまり霊魂を指す。ラフマニノフが音楽の母と呼んだ「悲哀」も、この意味の射程で捉える必要がある。

どの作品にも明らかなように、ラフマニノフの悲哀は絶望を招くものではない。むしろそれを通して癒しや平安をもたらし、喜びや勇気に満ちた異次元のエネルギーを受けとる契機となるものである。つまりラフマニノフの「悲哀」とは、霊感を受けるための「心の状態」であった。まさに「優れた演奏をするためには、**じっくり深いことを思索**しておく必要がある[46]」、「音楽は**深い感情**を呼び起こすものでなければならない[47]」と言い放ったラフマニノフ自身が「音楽の母は悲哀」と言う時、そこには自我による「世の悲哀」や意志の力による「道徳的な悲哀」よりも、もっと深い意味の広がりがあったはずなのだ。

（42）原語は душа であり意味が広い。「心」と訳すこともできる。しかし意味内容と文脈、語調および時代背景から「霊」が適切と判断した。参考までに、一九九二年版『岩波ロシア語辞典』では「①心、胸中、腹（の中）。②霊魂、霊、魂。③（人の性格・特徴としての）心、気立て、気質、人柄。…等々、計九点」。しかし一九七七年第四版『コンサイス露和辞典』では「①霊魂、魂、命。②気質、気立て；根性；ある気質の人。③本質、精髄。…等々、計一〇点」となっている。ちなみに本書にて「霊」と訳出した箇所は、すべて原文が同一単語で душа である。キリスト教文化において「霊」とは、目に見えない生命力の全体像を指し、そのうえで機能別に部位として「神」とか「知性」とか「心」と呼び分けている。

（43）ЛН: т. 3, с. 240.（強調筆者）

（44）Исаак Сирин. Слова подвижнические. Правило веры. 2002, с. 16.

（45）ЛН: т. 1, с. 95.

（46）ЛН: т. 3, с. 240.（強調筆者）

（47）ЛН: т. 1, с. 114.（強調筆者）

属神的な悲哀、すなわち「神の御心に適った悲哀」とは「神殿を建てる悲哀」であり、それは「徳を建てる悲哀」と同義であった（本章Ⅲ（3）③～（4）参照）[48]。言うまでもなく、ラフマニノフは世紀のヴィルトゥオーゾ[49]（超絶技巧の「名人」の呼称）であった。この呼称は「徳」（virtue）から派生した言葉である。その理由をロシア国立モスクワ音楽院のネルセシアン教授は「困難の克服、そして勝利」と説く。与えられた才能を磨き上げるには悲苦を伴うが、その分その腕前は「徳」と認められるのである（マタイ二五・一四―二〇）。しかも「ロシアからの亡命音楽家で最も成功していた[50]」ラフマニノフの場合、その腕前で得た巨額の収益を貧窮する祖国の同胞への援助に充てただけではない。その徳行を、決して自ら語ることをしなかった。

徳にも目に見える徳（外面的な徳）と目に見えない徳（内面的な徳）がある。外面的な徳は虚栄に走る危険性があるのに対し、内面的な徳はそのような過ちを戒める。B・ニキーチンによると、ラフマニノフの家庭では「le péché d'orgueil[51]」（高慢の罪）という警句があった[52]。これは内面的な徳を慮る生活を示す。天賦の偉才と社会への貢献活動によって華やかな成功と功徳を収めていたラフマニノフが、自身の受けた教養からこの点にも注意を払っていたことは想像に難くない。それは謹厳な彼の人格が物語るとおりである。

以上から次のように考えられる。ラフマニノフが音楽の母と呼んだ「悲哀」は、「世の悲哀」のみに意味を限定した消極的な悲哀ではない。むしろそれは「創作の喜びをもたらす霊感」の待機状態であり、修練や徳にともなう積極的な意味での「属神的な悲哀」であった。このような因果関係を、シリアの聖イサアクが見事に定義している。

「徳とは悲哀を生むものだ。その悲哀から謙遜が生まれ、その謙遜に恩寵が降る」[53]。

これぞ、ラフマニノフが示した「悲哀」のありかでなくて何であろう。実際にラフマニノフは徳を求めて生きたからこそ悲哀と道連れになったのであり、その悲哀に耐えたからこそ心砕かれ、恩寵（＝生きた音楽）が与えられたのだ[54]。

（48）徳の必要性については以下の聖句等を参照。「信仰には徳を、徳には知識を、知識には自制を、自制には忍耐を、忍耐には信心を、信心には兄弟愛を、兄弟愛には愛を加えなさい」（ペトロ二、一・五）。

（49）一九世紀の代表的ヴィルトゥオーゾこそ、F・リストである。しかしリストはピアノの演奏活動を三六歳（一八四七年九月）で打ち切った。対してラフマニノフは永眠する一か月前（六九歳）までピアノを演奏し続けた。

（50）一柳富美子『ラフマニノフ――明らかになる素顔』東洋書店、二〇一二年、五四頁。

（51）これがフランス語であるのは、革命前のロシア上流階級の慣習である。正教会の伝統において高慢は、謙遜の真逆のため諸罪の原点とされる。「神は、高慢な者を敵とし、謙遜な者には恵みをお与えになる」（ペトロ一、五・五）。

（52）Б.С. Никитин. Сергей Рахманинов «Две жизни». Классика-XXI. 2009, с. 22.

（53）前掲書、二三五頁。この定義を、聖イサアクが敷衍した文章が付録の『修行訓話』に収録されている。219頁の上段左「神を畏れて注意深く生きながら徳についても気にかけるとき……」の段落参照。

Ⅴ まとめ

音楽の創造力の源は神秘である。その神秘を敢えてラフマニノフに基づいて構図にするならば、以下のようになるだろう。

音楽の創造力を得るためには「独りきりで常に自分自身と向き合っていなければならない」。節制や修練は余分なものを削ぎ落とし、精神を集中させるからである。修練や徳による「属神的な悲哀」は、霊感の受け皿を作る。ちょうど虫眼鏡で絞られた日光が火花を散らすのと同じように、絞られた心に「生きた閃き」が起こる（露語の「閃き」（искра）とはもともと「火花」を意味する）。この霊感は作曲者にも演奏者にも創造の喜びをもたらすが、あくまでも受け皿（母）となるのは悲哀、という構図である。もちろん現実は、構図通りに行くとは限らない。何せ「風は思いのままに吹く」（ヨハネ三・八）のであるから、計画通りにすべて行くわけがない。私たちは「人事を尽くして天命を待つ」しかない。ラフマニノフも「閃きはある時点にのみ存在し、説明できるものではない」と言ったのはこのためである。

ラフマニノフによれば、音楽とは心に生じて心へ向かう愛である。その愛（音楽）は、悲哀のうちに生まれることから十字架上の愛を、「生気が張って躍動」することから生命の源（創造主）を暗示する。愛の創造主から送られてきた泉、それがラフマニノフの音楽なのである。その音楽が、愛の創造主から送られてきた恩寵という証しに、ラフマニノフは創造力の泉を「愛の霊感」や「神聖な閃き」と呼んだ。しかもその真実を次のように熱を込めて強調する。「もしも内面に何も無いならば、外からのものは何一つとして助けにならないでしょう。もしも創作の賜物である神聖な閃きが芸術家の懐で燃えていなければ、どんな優れた文芸傑作も、どんな偉大な絵画作品も、どんな大自然の壮観も、ほんの微々たる結果すら生み出すことはできないのです[55]」と。

心に耳を傾けたラフマニノフは、そこに響く内なる声を聴き「自分の中で聴こえている音楽をできるだけ自然に紙の上に書きつけた[56]」。そして神を求める悲哀の中で、まさに音楽が神から降ってくることを自覚していた。その事実は、次の名句が示している。「私に与えられた才能は神のお陰、ひとえに神様のお陰なのです。神なくして、私は何物でもないのです[57]」。この「何物でもない」は、ничто（「無」「空（くう）」「無価値」）であり、「何者でもない」（никто）ではない。ラフマニノフは、自らの人間性すらも否定するような語調でもって「神なき自分の空しさ」と「神への感謝」を言い表した。

このような「属神的な悲哀」の度合いは、ラフマニノフの内面で晩年になるほど深まっていったこ

（54）聖書も次のように示している。「悲しみ、嘆き、泣きなさい。笑いを悲しみに変え、喜びを愁いに変えなさい。主の前に遜（へりくだ）りなさい。そうすれば、主があなた方を高めて下さいます」（ヤコブ四・九―一〇）。「はっきり言っておく。あなたがたは泣いて悲嘆に暮れるが、世は喜ぶ。あなたがたは悲しむが、その悲しみは喜びに変わる」（ヨハネ一六・二〇）等。

（55）ЛН: т. 1, с. 95.

（56）ЛН: т. 1, с. 147.

（57）一九三二年、ブリュッセルにおけるインタビュー。「音楽の定義」を書いた年の翌年にあたる。

とを付言しておく必要がある。再掲になるが、死の二年前（ほぼ六八歳）の手紙には彼の極度の精神状態が吐露されている。「疲れた！　非常に疲れた！　今ほど疲れたと感じたことがあったか思い出せない。（中略）でも衷心から神に感謝して君に言うよ。演奏会の最中にはより力強く感じるんだ[58]」。ここにあるのは、功績の頂点にあって自信に溢れた舞台人間の姿ではない。使命のために粉骨砕身し、弱さの自覚から神に祈りつつ舞台に上り続けた謙虚な芸術家の姿である。でなければ、舞台で湧いた力に対して衷心から神に感謝することなどできない。

以上は、筆者の演奏活動をとおして明らかになったものである。それはラフマニノフを外から調べた（言行動・楽譜・録音等の調査）だけでない。その声ならぬ心の声（作品）を細部まで熟視して諳（そら）んじ、その機微を心で無数に反芻して内から捉え、この手と全身全霊の運動によって肉薄し、舞台上でしかるべき霊感を希（こいねが）う蓄積の上に啓（ひら）けた創造力の法則である。ラフマニノフでさえ「ただしどんなに努めてみたところで、対面レッスンで伝授しうることを紙面では伝えきれるものではない[59]」と述べたように、この法則はとても言語表現に適うものではないが、奏者にとっては演奏という掴み所のない渦中において一つの指針となるだろう。

そもそも奏者は、何に寄りかかって舞台に上るのか、何を目指して弾くのか。奏者自身の心の動きを、何に合わせたら良いのか。事実、どちらかというと心に喜びよりも悲哀のある時の方が、結果として生きた演奏になることが多い（だからリハーサルで上手くいくのは危険である）。悲哀の中にいる方が、すっと通る感覚があり、心底からメロディーが、歌が、音楽が、自然な歌い回しと強弱緩急をもって自ずと溢れてくる。自分で弾いているのではない。自分が弾こうとしているのでもない。弾いている本人が、思わず眼前に現れる奇跡に瞠目するのだ。これは長い病床やスランプの後など、弱まった精神状態の後に顕著な現象である。[60]心がより貧しい状態の方が、天からストレートに恩寵が降ってくる。もちろん、これは奏者の意向によって大いに異なる精神的領域だが、私の経験では悲哀（悔改）に向かった方が、結果的に喜びが降ってくる。「泣く者は幸いなり」（マタイ五・四）は誠である。じつに音楽とは、感極まって自然と溢れ出る涙に似ているのだ。

音楽――「それは、愛！」だという。ならば、演奏とは愛を放つエネルギーである。何も演じる必要はない。表現しようと力む必要もない。ただすべてを天に委ね、心に響く溢れる愛を、溢れる涙を音に託す。「溢奏（いっそう）」――まさにこれこそ、演奏の境地なのだから。

（58）S・A・サーティナへの手紙（一九四一年一月二七日）。ЛН: т. 1, с. 188.

（59）ЛН: т. 3, с. 232.　本書第五章、131頁参照。

（60）他にも別離や永別、また個人的には教会祈祷（晩祷や領聖）の後などに霊感が豊かに降ってくる。「私の力は弱さの中でこそ充分に発揮されるのだ」（コリント二、一二・九）。

第二章　ラフマニノフの芥子種

「音の絵」作品三九を飾る聖三打の意味

ラフマニノフの「音の絵」作品三九は難解である。八曲も続く苦渋に満ちた短調の末、それを一気に覆すただ一曲の長調。その理解のカギは、終曲で響く聖三打（「タタタン」の律動動機）にある。この聖三打の意味は「行進」に限らない。ラフマニノフの二大ピアノ協奏曲はじめ他の作品の用例を見ると、「決意」「宿命」「勝利」等の意味を担っている。さらに聖三打は原初次元で三一性を脈打つため、原初の「三一性」も象ることができる。それは聴き手に「聖なる動機」を与える大役を担うものである。

ラフマニノフが三一性を重んじた証拠に、「二四の前奏曲」と同様、「音の絵」作品三九の頂点では「三連打が三音域で三回」も強調される。こうして「私の力は弱さの中で発揮される」を表す聖三打は、「神の力」を象ったラフマニノフの信仰表現であり、小さくても大きな力を秘めた芥子種に他ならない。

「爾等（なんじら）にもし芥種（からしだね）のごとき信（しん）あらば、この山に、ここよりかしこへ移れと言うとも、移らん」

（マタイ一七・二〇）

小さくても、大いなる力を秘めたもの——それを主は「芥子種のような信仰」と呼んだ。大いなる霊感と創造力を乞う芸術家は、その道において小さな真実を大事にする。

ラフマニノフの作品は、基本的に信仰表現の塊である。作曲家自身、「私の音楽は、愛や苦しみ、悲しみや宗教心を語ったもの（1）」と言い、作曲における思想や信仰表現を重視した（2）。それは多くの作品構造（闇から光へ）、聖歌や歌曲に選ばれた歌詞に明らかなだけでなく、「六つの楽興の時」や「二四の前奏曲」に秘められた同音型の変容のように、奥深いキリスト教理念の表現にまで及ぶ。

そのラフマニノフが音楽の原初次元（3）において愛用した、小さいが大きな力を秘めた律動動機がある。「タタタン」のリズムである（以下、本書では「聖三打」と呼ぶ）。聖三打はラフマニノフの愛用

（1）Сергей Рахманинов. ЛН: т. 1, с. 147.

（2）ラフマニノフは一九四一年『The Etude』誌のインタビューにこう答えている。「作曲家が音楽で表現すべきことは、自分の生まれた国の精神、愛、信仰、好きな本や絵画の印象から湧き出た思想です。音楽は作曲家の人生体験をすべて総括したものであるべきです」。ЛН: т. 1, с. 145.

（3）音楽の原初次元とは、リズムの次元を指す。リズムは音の「有無」の次元であり、存在論的な次元である。その存在する音の「変化」がメロディーの次元、ハーモニーは二声部以上が織り成す「調和」である。

リズムとして周知されているわりに、これに関する先行研究が見当たらない。だが、かの四打一撃の律動動機「運命の動機」なくしてベートーヴェンを究めることなどできないように[4]、ラフマニノフも「聖三打」なくして語れまい。

そこで本章では、ラフマニノフにおける聖三打の用法を「音の絵」作品三九を中心に検証し、この律動動機に秘められた意味を追求する。

【用語の定義】「聖三打」とは、三打一撃の鋭い律動動機を指す。主な形は同音三打（ドドド等）であるが、広義には換音三打（ドレド、ドレミ等）の形も含む。

I 絵画的練習曲集「音の絵」作品三九の謎

今から一〇〇年前の一九一六〜一七年、セルゲイ・ラフマニノフはロシア革命の起こる不穏な時代に絵画的練習曲集「音の絵」作品三九を書いた。その全曲は一九一七年二月二一日、ペトログラードにて作曲家自身によって初演された。そしてこの年の暮れ、四四歳のラフマニノフは家族と共にロシアを後にする。それが母国との永別になるとは作曲家自身も当時は予期していなかった。しかし結果として、憂国の士・ラフマニノフが母国で書いた最後の作品がこの「音の絵」作品三九である。この作品は謎めいている。謎は大きく分けて二つ、「調性構成」と「終曲の意味」である。

番号	調性	速度記号
第1番	ヘ短調	Allegro agitato
第2番	イ短調	Lento assai
第3番	嬰ヘ短調	Allegro molto
第4番	ロ短調	Allegro assai
第5番	ホ短調	Appasionato
第6番	イ短調	Allegro
第7番	ハ短調	Lento
第8番	ニ短調	Allegro moderato
第9番	ニ長調	Allegro moderato　Tempo di Marcia

表1　ラフマニノフ　絵画的練習曲集「音の絵」作品39の調性構成

(1) 調性構成

この作品は全九曲からなる。うち八曲が短調、終曲のみ長調という構成である（表1参照。短調は灰色、長調は白にて表示）。

表1のような調性構成は音楽史上、他に類を見ない。調の対照性を尊重する慣習に真っ向から反するからである。しかし短調を得意としたラフマニノフの組曲には、似たような構成が無いわけではない。「六つの楽興の時」作品一六がそれである。

「六つの楽興の時」では四曲が続けて短調、残り二曲が長調である。この点に「音の絵」作品三九との類似性は見られるが、短調の連続が四曲なのか八曲なのか、によって印象は倍以上に異なる。そのうえ前者は長調も二曲あるのに対し、後者は一曲しかない。だから後者は「過重な忍耐」を強いる、と言っても過言ではない。しかも詩情溢れる「六つの楽興の時」に対し、苦渋に満ちた「音の絵」作品三九ではその深刻さの度合いも異なる。なぜラフマニノフはこのような常軌を逸した調性構成を選んだのか。

（2）終曲の意味

重苦しい短調が八曲も続いたその果てに現れるのは、一転して軽快な長調のフィナーレである。まるで九死に一生ならぬ「八死に一生」を得た呈である。なぜか。その論理と、そこに込められた理念は何か。

以上二点の謎を解くために、まずは作品の全体像を概観する。

Ⅱ「音の絵」作品三九の全体像

この作品はとにかく難解である。マックス・ハリソンは「実際、この《練習曲》の連作は、どんな表現形式を用いてであれ、彼が書いた最も要求度の高い音楽の一つだ[5]」と述べた。続けて「技術的にもそうだが、演奏家が高度な鍵盤（ピアノ）上の問題をさらに乗り越えて、感情のかなりの多様性に目を向け、鍵盤上の問題と多様な感情を統合させせなければならないという意味でも要求度が高い[6]」と指摘している。また、一柳富美子はこの作品について「ラフマニノフのピアノ音楽の長所と最高のヴィルトゥオージティが凝縮されているだけでなく、当時の不安な世相が反映され、言葉を使わぬ社会告発とさえ言える傑作である[7]」と述べる。簡潔に言えば、技術的にも内容的にも非常に難しい作品なのである。

どの曲にも、世の終末を意味するグレゴリア聖歌「怒りの日」の冒頭四音が響くため、この作品を「隠れた『怒りの日』の主題による変奏曲」と呼ぶ学者もいる。

以下に〈　〉で示す通称は、一九三〇年にレスピーギが「音の絵」から抜粋して管弦楽に編曲した際、作曲家が編曲者に示唆したイメージである。だが、これらが発言された当時はイデオロギーの危険があった時代である。ラフマニノフ自身は国外にいたとはいえ、当時のロシア人は何かを伝えるときにしばしば隠喩で伝えたことも考慮に入れなければならない。もし音楽的文脈に注意していれば、言外の意味も汲み取れるかもしれない。主要動機は二つ、「怒りの日」（旋律動機）と「聖三打」（律動動機）である。

【第一番】は激しいパッセージが立ち上がり、怒涛のごとく荒れ狂う。ショパンのそれを引き合いに出して、ピアニスト同士でラフマニノフの「革命のエチュード」と囁かれることもある。右手の主題パッセージに「怒りの日」が隠れている（第一小節目後半、ミ♭・レ・ミ♭・シ）。

【第二番】は〈海とかもめ〉と呼ばれ、透き通った旋律が遠く想いを馳せるような曲想である。左手が「怒りの日」をほぼ全曲中、静かに反復している。

（4）「運命の動機」（タタタターン）は交響曲第五番のみでなく、ベートーヴェンの愛用リズムとして主要作品はじめ多くの場面で用いられた。たとえば、ピアノソナタ「熱情」「テンペスト」「ワルトシュタイン」他多数のソナタ、ピアノ協奏曲第四番、ヴァイオリン協奏曲、チェロソナタ作品六九、弦楽四重奏「ハープ」「セリオーソ」等。またオラトリオ「橄欖（かんらん）山上のキリスト」等のスケッチにも、似た動機が見られる。

（5）マックス・ハリソン著／森松皓子訳『ラフマニノフ――生涯、作品、録音』音楽之友社、二〇一六年、一九六頁。

（6）同上同頁。

（7）一柳富美子『ラフマニノフ――明らかになる素顔』東洋書店、二〇一二年、四八頁。

【第三番】は、果敢な力を秘めた悲しくも美しい曲である。高みから下るパッセージ高音に「怒りの日」が四回続けて響く（第五～六小節目等）。

【第四番】は連打音の多い古風な様式である。聖三打が随所に見られる。冒頭主題の内声に「怒りの日」が隠れている。

【第五番】は曲集中、最も感動的な旋律が迸る。その悲壮感に満ちた旋律が盛り上がって左手に再現する際、右手は重厚な対旋律を奏でる。この右手の対旋律をモスクワ音楽院のヴォスクレセンスキー教授は「ロシアの田舎の老婆達の号泣」と譬えた。この対旋律は、オクターブで強調された「怒りの日」である。

【第六番】は〈赤頭巾ちゃんと狼〉と呼ばれ、威嚇する低音部の咆哮に対し、怖れ逃げ惑う小さな存在が描かれている。〈赤頭巾ちゃん〉の主題の後半、高音に「怒りの日」の変形が響き（第九小節目等）、それが中間部では低音から徐々に上っていく（Poco meno mosso 以降四、五、六小節目等）。中間部、高音で逃げ惑う〈赤頭巾ちゃん〉のリズムは聖三打である（Presto 以降）。これぞ、革命の本質を穿った曲か。

【第七番】は〈葬送行進曲〉。曲集の中心点たる風格があり内容も最も深い。恩師メルジャノフ教授が敬愛した曲である。[8]〈葬送〉は、恐らく一個人の弔いを指すものではない。曲頭には稀有な演奏用語 Lugubre（陰惨な）が記されている。冒頭一三小節の間に pesante（重々しく）、lamentoso（泣くように）と痛々しい指示が連発する。作曲家自身がその曲想を「あてもなく降りやまぬ霧雨[9]」と伝えた中間部には、古い「聖歌の合唱[(10)]」や民謡節が表れ、「頂点では教会の鐘が鳴り響き[(11)]」、その直後、その鐘は落とされる（ソ連邦の実態）。そしてlamentoso（泣くように）の音型で曲を閉じる。曲集中、唯一「怒りの日」も聖三打も響かない[(12)]。

【第八番】は涙を流した後のような、寂しくも浄化された曲想である。主題の高音に「怒りの日」が寂し気に響いている。後半、聖三打が高みから現れ（第五八、六〇小節目）、力強く昇り（第七五、七七、七八小節目）、コーダで木霊し（第九二～九七小節目）、最後は高音で三回鳴いて静寂に呑まれ、終曲に移る。

【第九番】は鐘の轟音で始まる。この曲の特徴こそ、絶えず全音域で響く聖三打である。聖三打が実際に耳に飛び込む回数は（解釈により多少の誤差は出るが）約一一五回、同音三打の形のみに限定

（8）モスクワ音楽院のメルジャノフ教授は私に対し「サダカツはこの傑作を絶対に弾け」と力説した。多くの演奏家がこの難解な曲を避ける傾向があり、演奏しないためである。

（9）作曲家自身がレスピーギ宛の手紙（一九三〇年一月二日）に書いた言葉。以下二つの「　」内の言葉も同様。Сергей Рахманинов. ЛН: т. 1, с. 271.

（10）同上同頁。

（11）同上同頁。

（12）あるいは第一四～一九小節目の左手ド♭を聖三打として捉えることもできる。そこではlamentoso（泣くように）の音型の下で、下方変位した主音が縛り付けられているような緊張感がある。しかし三二分音符は聖三打として鋭すぎないか。

しても八〇回もある。

この曲で、「怒りの日」と「聖三打」の力関係は、冒頭の第一番とは正反対である。[13]

第一番では「怒りの日」が高音部、聖三打は低音部だった。「怒りの日」は右手パッセージの中で頻繁に響いていたのに対し、聖三打は常に低く下行形で三回のみ、しかも曲の最低音まで至っていた（第四五～四七小節目。一回目は特に *rallentando* で重苦しい）。このような力関係は、第八番の後半で聖三音が高音に現れるまで基本的には変わらない。

ところが終曲ではこの関係が逆転する。ここで「怒りの日」は一度も高音では響かない。内声（第七小節目）や低音（第七〇小節目）では響くが、従来のように高音部ではもう鳴らない。[14] 代わりに聖三打が高音域を独占し、その形も常に確固たる同音三打ないし上行形で力強い（第五～一三小節目）。これは聖三打が「怒りの日」を駆逐したことを意味するのだろうか。[15]

速度記号 Allegro moderato のすぐ右に Tempo di marcia（行進曲のテンポで）と明記されており、〈東洋的行進曲〉と呼ばれる。（譜例1）

ロシア人にとって東洋とは西（欧州）に対する東であり、それはロシアを含む中東までを指し極東（日本や中国）とは区別することがある。しかしハリソンはこう指摘する。「どんな東洋の行進曲的特徴もこの曲からは聞き取れない[16]」。

この曲と同様、全曲中、聖三打が鳴り止まない名曲の例として「前奏曲ト短調」作品二三―五が挙げられる。注目すべきは、この「前奏曲ト短調」の冒頭にも Alla marcia（行進曲風に）と明記されていることである。（譜例2）

以上の例が示すように、聖三打はラフマニノフにとって「行進」を意味したと言えよう。しかし行進という言葉だけでは「音の絵」作品三九の謎のベールは閉ざされたままである。その奥には一体どんな心情が込められているのだろうか。その点を明らかにするために、次のⅢでは他の名曲に見られる聖三打の用例を見てみよう。

（13）音楽では常に高音の方が優位である。人の聴力は、より高い音を優先的に捉えるからである（雑踏の中で離れた知人を呼ぶ際に高い声を用いる所以である）。したがって通常、大事な音は高音部に宛がわれる。

（14）あるいは九四小節目の高音を「怒りの日」と捉えることもできる。音型は似ているが、旋律動機として最も肝心な冒頭の第一音、つまり「頭」が欠如している。

（15）論点を先取りすれば、以上は聖三打が「神の力」を象っている証しと考えられる。というのも、音楽史上「怒りの日」は「死」や「世の終末」を意味するが、ラフマニノフ自身は「不浄な力」をも意味したからである。ラフマニノフは「交響的舞曲」作品四五を基としたバレエが創られることになった際、フォーキンへの手紙にこう書いた。「『怒りの日』を伴う変奏曲はすべて――不浄な力です」（一九三七年八月二九日 ЛН: т. 3, с. 114.）。もし相克する力の一方が「不浄な力」であるならば、もう一方は「清い力」ないし「聖なる力」でなければならない。聖三打を「神の力」と呼ぶ所以である。

（16）ハリソン、前掲書（脚注5）、一九九頁。

譜例１　ラフマニノフ　絵画的練習曲集「音の絵」作品 39　第９番　冒頭

譜例２　ラフマニノフ　前奏曲ト短調　作品 23-5　冒頭

譜例３　ラフマニノフ　ピアノ協奏曲第２番　終結部（ピアノパートのみ抜粋）

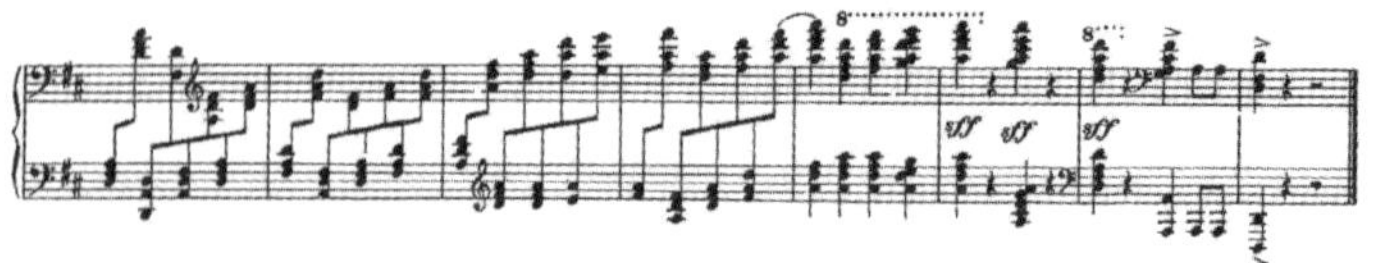

譜例４　ラフマニノフ　ピアノ協奏曲第３番　終結部（ピアノパートのみ抜粋）

Ⅲ ラフマニノフの名曲における聖三打の用例

まず、非常に広く知られたラフマニノフの名曲、ピアノ協奏曲第二番の終わり方はどうか（譜例3）。

この名曲は聖三打で閉じられている。[17] では第二番の次によく知られたピアノ協奏曲第三番の終わり方はどうか（譜例4）。

この大曲も同じく聖三打で閉じられている。このように、ラフマニノフの愛用リズムは、彼の二大ピアノ協奏曲を締め括る重要な役割を演じている。

いかなる作品も、それが文学であれ、演劇であれ、音楽であれ、末尾が重要という見解に異論の余地はない。そのため以上の用例は、ラフマニノフがこのリズムへ込めた深い思い入れ、あるいは強い愛着を示すものである。

両大曲における聖三打の用例は、何も曲尾のみに限ったことではない。むしろ全曲中、実に意味深い場面でしばしば出現するのだ。たとえばピアノ協奏曲第二番を見てみよう。第三楽章の序奏部、全

(17) 譜例3と譜例4は、アクセント表記もあり「タン、タタタン」と読める。聖三打は主に「弱拍→強拍」の律動動機であるため、しばしば拍頭に「タン」（強拍の音）が付加されることがある。しかし、このことは聖三打の性格を強めこそあれ、決して損なうものではない。

譜例５　ラフマニノフ　ピアノ協奏曲第２番　㉘以前、８小節前～２小節前

譜例６　ラフマニノフ　ピアノ協奏曲第２番　冒頭

精力が第一主題へ向けて高まっていく大事な部分である（譜例5）。

木管とピアノ独奏が聖三打で呼応し、つづく第一主題の律動動機の兆しを出している。注目すべきは、この八小節間の和声進行である。この部分は、本曲の有名な冒頭ピアノ独奏部（「鐘」）の和声進行と全く同一なのだ（譜例6）。

この一致と変容は、この二か所が名曲の理念を表す要所であることを示している。有名な「鐘」（譜例6）は、第三楽章で再現する際、決意に満ちた聖三打へ変容する（譜例5）。「行進」に変容したのか。さよう。ただしそれ以上の何かがここにはある。闇から光へ向かう全曲の音楽的文脈は、この部分の聖三打が決意や決死を示し、その聖なる脈動が以後の展開を変える重要な動機であることを証している。かくしてピアノ協奏曲第二番は、鐘から変容した聖三打によって一気に頂点へ昇り詰めていくのである。

聖三打はピアノ協奏曲第二番の他の部分でも多用されている。その顕著な一例は第三楽章の展開部の終結部である（譜例7）。

以上、ピアノ協奏曲第二番を見てきたが、ピアノ協奏曲第三番も同様である。第三番は第二楽章のような叙情的な部分以外、ほぼ全場面で聖三打が脈打っている。極言すれば、聖三打のオンパレード

譜例７　ラフマニノフ　ピアノ協奏曲第２番　㊱以降、８～１４小節目

とさえ言える。要所を以下に示す（一部以外は譜例を割愛）。
・第一楽章の第一主題——聖三打の拡大形がリズムの骨格。
・第一楽章の展開部 Alla breve ——金管が聖三打を強奏。「宿命」の表現か。
・第三楽章——第二主題以外はつねに聖三打が主要律動（ほぼ常に響く）。
・第三楽章の頂点付近——主要主題。70周辺（譜例8）。トランペットの強奏。

二大ピアノ協奏曲以外にも、聖三打は以下の作品の主要動機（部分的の場合は括弧内）に用いられている（譜例は割愛）。
・前奏曲ト短調　作品二三―五：主要動機
・前奏曲イ短調　作品三二―八：主要動機
・絵画的練習曲集「音の絵」変ホ長調　作品三三―七
・絵画的練習曲集「音の絵」ロ短調　作品三九―四：主要動機
・交響曲第二番　作品二七　第二楽章：主要動機
・交響的舞曲　作品四五　第一楽章：主要動機、（第三楽章）
・チェロソナタ　作品一九（第一楽章：主要動機、全曲のコーダ）
・ショパンの主題による変奏曲　作品二二（第九、第一九、第二一変奏～コーダ）
・コレルリの主題による変奏曲　作品四二（後半：第一八変奏）

譜例８　ラフマニノフ　ピアノ協奏曲第３番　第３楽章　70周辺

このように、聖三打は実にラフマニノフ音楽の全領域にわたってあらゆる局面に出現する。[18] そしてこれらの用例はどれも緊張感に満ちており、ラフマニノフが聖三打に「決意」「宿命」「勝利」等の性格を込めたことを示している。ということは、聖三打が常に響く「音の絵」作品三九の終曲の意味は「勝利の行進」となるだろう。

しかし作品三九の音楽的文脈はこのような理解に満足できない。むしろ八曲の重苦しい短調の後に「なぜ突如、勝利の行進が訪れるのか」という難問に直面する。この疑問は、たとえ「復活」を仄めかすようなラフマニノフの名句「まずは死。そのあとで生命」[19] を宛がったところで解決できるものではない。曲の響きが、復活イコール歓喜ではないからである。もっと異質な何かが、この作品にはある。そこで次章では、終曲のカギを握る聖三打の由来と意味をより一層深く掘り下げてみたい。

（18）以上はごく一部である。もちろん例外として、異なる性格の作品にもこのリズムの用例はある（愉快な性格の「道化師」作品三―四や「鼠取り」作品三八―四等）。また、究極の悲しみである「ヴォカリーズ」作品三四―一四も、譜面上は聖三打に通じるリズムだが、非常に緩やかで曲想も異なるため同類として分類しがたい。しかし、この名旋律が「怒りの日」と「聖三打」からなる動機によって構成されている事実は、検証の余地がある。

（19）ラフマニノフが交響詩「死の島」作品二九の説明として述べた言葉。С.В. Рахманинов. Альбом. Москва «Музыка», 1988, стр. 89.

Ⅳ　聖三打の由来と意味

（1）　聖三打の由来

まず、ドアのノックやＳＯＳの際にも明らかなように、私たちは音が「タタタン」と三回も鳴ると、そこには偶然性よりも意志のある可能性が高いことを認める。偶然に生じた音ならば一回や二回の方が自然だからである。同じものが三回も反復するとき、「確認」「強調」「必然」の意味が生じ、そこから「確証」「断定」「確信」のニュアンスも生まれ得る。偶然の音が三回鳴るときはふつう減衰（dim.）するが、聖三打は基本的に増強（cresc.）する三打である。そこには一定方向を目指す力の勢いと、人の意識を呼び覚ます力がある。よって、即座に脳裏に刻まれる聖三打は「人の目的意識を瞬時に呼び覚ます力」を帯びた律動動機と言えよう。

その聖三打の頻出する曲の冒頭にラフマニノフが明記した文字は「行進」であった。行進は歩行とは異なる。そこには意気の高揚、あるいは覇気があり、歩調を合わせて進む集団の勢力がある。職務上、より多く行進する者は誰か。今も昔も軍人である。聖三打は昔から軍楽鼓笛隊の小太鼓やラッパ、特にそのファンファーレの際に頻用され、目的意識を覚醒し、士気を鼓舞する性格があった。そのため音楽史上、聖三打の用例はじつに「行進曲」に多い。名曲の例を挙げると、ロッシーニ「ウィリアム・テル序曲」、ベルリオーズ「ラコッツィ行進曲」、サン＝サーンスの動物の謝肉祭より「百獣の王ライオンの行進」、シューベルト「軍隊行進曲」作品五一、エルガー「威風堂々」等である。「行進曲」以外の名曲においては、バッハの「チェンバロ協奏曲第一番ニ短調」等における厳粛な

譜例９　ポロネーズのリズム

用例、ベートーヴェンの「ピアノ協奏曲第五番『皇帝』第三楽章」等における祝勝的な用例もある。またチャイコフスキーの「くるみ割り人形」に見られるように、ロシアの勇ましい民族舞踊「トレパーク」にも聖三打が多い。これらの用例はラフマニノフの用例とも性格的に一致する。なかんずく、同音三打と「弱拍から強拍へ」を主とし、聖三打を目立つ形で用いたラフマニノフに近い用例としては「ポロネーズ」のリズムがあるだろう（譜例９）。

ポロネーズは、ポーランドの宮廷の儀式や行列で生まれた軍人の踊りである。[20] ベートーヴェン、シューベルトはじめ多くの名作曲家がポロネーズを書いたが、「とりわけショパンは、ポロネーズをポーランドの英雄的・騎士的精神の象徴にしたことで知られる」[21]。ショパンの名曲に「軍隊ポロネーズ」「英雄ポロネーズ」とあるのは、題名本来の役割に由来する。ポロネーズには、愛する家族と国を守る勇姿がある。

ショパンを深く敬愛していた軍人貴族の末裔ラフマニノフが、ポロネーズに自分の血統に通じる精神を感じたことは想像に難くない。またそこに人間として、音楽家として

（20）ポロネーズは三拍子、行進は二拍子である。しかし軍人の意気高揚に資する点において、両者の性格は共通する。
（21）淺香淳（他）編『新音楽辞典　楽語』音楽之友社、一九七七年、五四二頁。

の理想像を見、このリズムを自身の作品に取り入れたとしても不思議ではない。

興味深いことに、ショパンもラフマニノフも共に秀でたピアノの名手でありながら、二人ともピアノの次にチェロをこよなく愛した。二人とも初期にチェロの小品を書き、生涯にチェロソナタを書き残している（対比として、よりポピュラーなヴァイオリンソナタを二人とも書いていない）[22]。チェロはその音域が男声に近いため、しばしば「男性的な楽器」と呼ばれる。その、彼らのチェロ曲に、聖三打が勇ましく用いられていることは単なる偶然ではないだろう。

（例）ショパン　チェロとピアノのための「序奏と華麗なるポロネーズ」作品三
　　ラフマニノフ　チェロソナタ　作品一九（第一楽章の主要動機。第三楽章のコーダ）

上述のように聖三打の由来は多岐に亘る。それは聖三打が行進とそれに似た性格の作品に多く現れて、曲想に「力強さ」を与えてきたことを物語っている。

（2）聖三打の属神的な由来　ロシア魂の理想――「聖三者」（三位一体）

一方、聖三打の属神的な由来と意味を考察するならば、ラフマニノフが常に「三一性」を重んじた根拠としてロシア人の世界観を顧みる必要があるだろう。ロシア文化やロシア哲学を語る際、ほぼ必ず例に挙げられるのが一五世紀にアンドレイ・ルブリョフの書いた「聖三者」の聖像画である（図1）。これぞロシア魂の理想を一枚で示す最も簡潔な表現なのだ。

図１　アンドレイ・ルブリョフ「至聖三者」

「聖三者」――これはキリストが明らかにした神の姿である。ロシア正教一〇〇〇年の歴史の中で、ロシア人が日常的に仰いできた理想である。当然、ラフマニノフの血肉にも沁み込んだ概念である。キリスト教の示す神の像、すなわち「一にして三」、「三にして一」という三位一体の意味は、この世の物差しで測ることはできない。しかしこれぞキリスト教神学の奥義であり、聖師父の伝統では「すべては三一性に行き着く」とさえ言われる。ロシア魂の理想を示す「ソボルノスチ」（全体性、公同性、総体性[23]）も、元を辿ればこの神の三一性から派生した概念である。

聖三者から派生した「ソボルノスチ」の概念なくしてラフマニノフ音楽は語れない。ロシアは元来、個人主義とか全体主義とか、西欧生まれの〇〇主義を振りかざすことは

（22）ある伝承によると、「なぜヴァイオリンソナタを書かないのか」の質問に対し、ラフマニノフは「チェロという楽器があるから」と答えたそうである。

（23）一語で翻訳不可能な単語。もともとは「集める」（собирать）から派生し、「大会議」「大聖堂」（собор）などの意味を経て「全体性」（соборность）へ至る。

しない。すべての調和と一致を求めるロシアの理想は、このイコンの曲線のように柔らかい。そしてラフマニノフの旋律のように心を掴み、その和声のように壮大である。この感覚はちなみに、集団を重んじる日本人の感性に近いものである。唯一の違いは、そこにキリストの芥子種が入っているか否かであろう。神・聖三者を旧約の三天使[24]を象って対立なき円に収めたこのイコンは、聖像画の傑作として数限りなく模写され、世界中の正教の聖堂や家庭に掛けられている。まさに調和と愛と正義の力の、完全な体現の聖像である。

この「聖三者」のイコンの前で祈るロシア人の一人に、セルゲイ・ラフマニノフがいた。そしてロシア人の例に漏れず、三一性の神秘と聖性を身近に感じていた。彼の守護聖人を祭るセルギイ大修道院[25]が「聖三者」の名を冠することも特別だったに違いない。だからこそ愛用したリズムも「一つにして三つ、三つにして一つ」の三連打であった。聖三打は音楽の原初次元で三一性を脈打つため、原初の「三一性」を象ることができる。

そもそも音とは、空中に飛ぶ「力」である。そのため、ラフマニノフの聖三打は「決意」「宿命」「勝利」を表すだけでなく、「力」（音）に顕れた原初の三一性、すなわち「神の力」を象る音像となった。用法はつねに鋭く、確信と威光に満ちた力強い響きを放っている。聖三打はラフマニノフの信仰表現として作品に宿り、聴く者に「聖なる動機」を与える大役を担う。それは、三打一撃の小さな音の実をまとった、ラフマニノフの「芥子種」に他ならない。

「はっきり言っておく。もし、芥子種一粒ほどの信仰があれば、この山に向かって、『ここから、あそこに移れ』と命じても、そのとおりになる。あなたがたにできないことは何もない。」（マタイ一七・二〇）

聖師父の伝統によると、この「山」とは人生のあらゆる障害や困難を指す。(26)主は、芥子種について次のようにも述べている。「天の国は芥子種に似ている。人がこれを取って畑に蒔けば、どんな種よりも小さいのに、成長するとどの野菜よりも大きくなり、空の鳥が来て枝に巣を作るほどの木になる」（マタイ一三・三一―三二）と。主は、信仰の量ではなく、質を問う。その質は、全キリスト者の果てしなき課題である。もちろん信者ラフマニノフも例外ではない。だからこそ彼は祈り、創作し、善行に励んだ。

（24）創世記第一八章参照。これ以外にも、神は人を作るとき、自らを複数形で示している「我々にかたどり、我々に似せて、人を作ろう」（創世記一・二六）。

（25）「至聖三者聖セルギイ大修道院」はロシア正教会の中心的存在。モスクワ郊外にあり、神学大学と同大学院を併設する。

（26）正教会が聖書の字句の解釈に際し、必ず聖師父の伝統と照合するのは以下の聖句に基づく。「何よりもまず心得てほしいのは、聖書の預言は何一つ、自分勝手に解釈すべきではないということです。なぜなら、預言は、決して人間の意志に基づいて語られたのではなく、人々が聖霊に導かれて神からの言葉を語ったものだからです」（ペトロ二、一・二〇―二一）。

譜例10　ラフマニノフ　「音の絵」作品39-9　第88小節〜第90小節

「作曲家が音楽で表現すべきことは、自分の生まれた国の精神、愛、信仰[27]」と語ったラフマニノフは、そのわずか三音に無限の可能性を秘めることに成功した。ちょうどベートーヴェンの「運命の動機」が人智を超えた力の象徴であるように、ラフマニノフの聖三打も人智を超えた「神の力」の象徴となった。であればこそ、この二つの律動動機は万人の心を捉え、人々に言い知れぬ感動と高揚を与え続けるのであろう（ベートーヴェンの「運命」、ラフマニノフの「ピアノ協奏曲第二番」等[28]）。

Ⅴ　ラフマニノフ音楽における三一性の象徴的表現

ラフマニノフ音楽における三一性の象徴的表現は、「二四の前奏曲」にも見られる（拙著『ラフマニノフを弾け』第六章Ⅳ参照）。「二四の前奏曲」では、リズムよりも遥かに高次元のメロディーやハーモニーの次元において、聖三音の音型が変容した。特に終曲（作品三二―一三）の頂点における三一性の強調[29]は、ここで改めて注目に値する。というのも、実は「音の絵」作品三九でも終曲の頂点において全く似たような手法が取られているからである。

「音の絵」作品三九の終曲の頂点では、両手和音が全音域で聖三打を強奏する。「三連打が三音域で三回」、上昇反復しつつ三一性を三重に強調する（譜例10）。

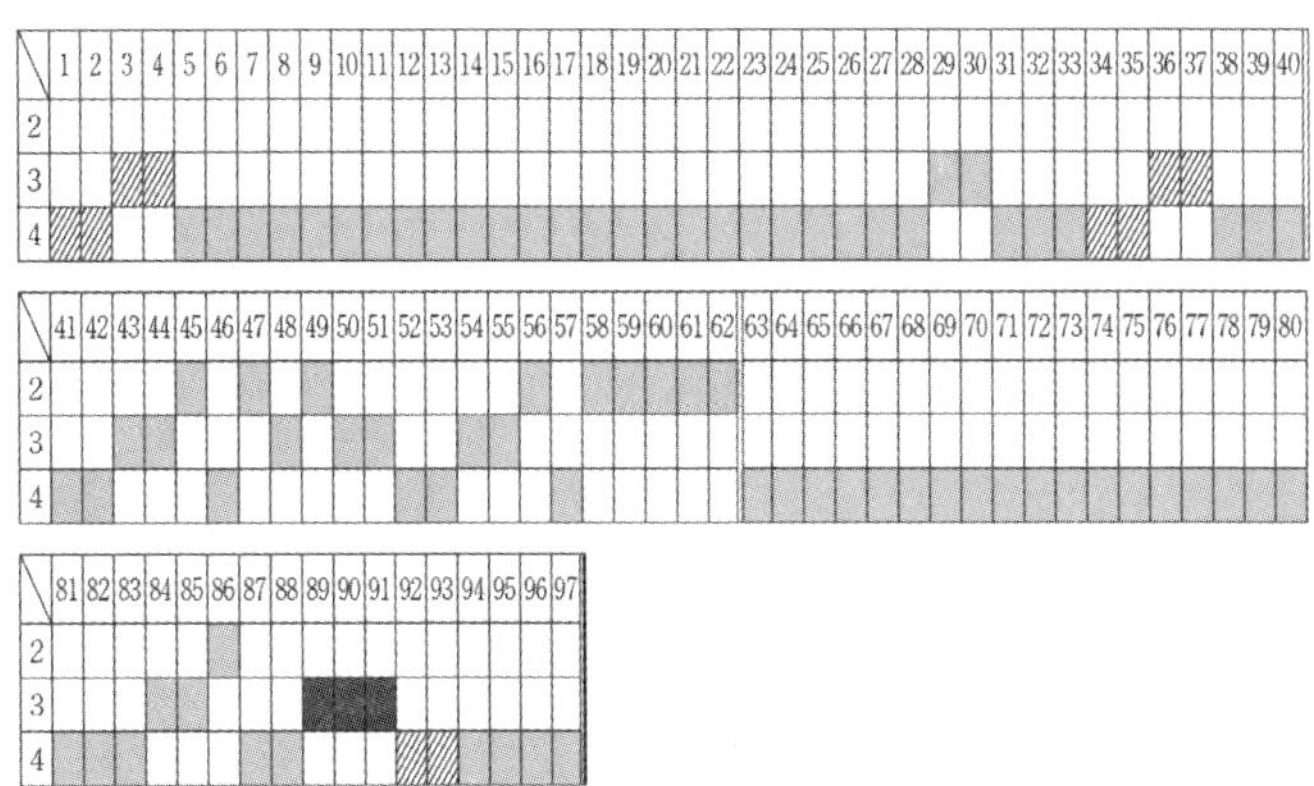

表2　ラフマニノフ「音の絵」作品39-9　拍子構造（三部形式。区分の境目は二重線。黒は当該部分。斜線は「鐘」。縦軸は拍子、横軸は小節番号）

元々、この終曲では「聖三打」が三連続（三×三）することは多い（第二三、二五、《三二、三三》、三九～四〇、五〇～五一、六三～六五、九〇、九一小節目）。しかし、いずれもその三連続は二回ほど強調されるだけであり（三×三×二）、この頂点のように「三×三×三」と「三音域」に跨って三回も強調されるほどの規模ではなかった。

第一、この曲の拍子記号は「三」の全く馴染まない四分の四拍子である。行進曲だから当然である。しかもこの拍子記号は一度たりとも変更されない。ただ結果的に「字余り」「字足らず」となった小節があり、実際には二拍子や三拍子の混在する自由書式で書かれてはいる。表2に示す通り、穏やかな中間部では二拍子や三拍子が頻出する。しかし、「三拍子」の小節が「三小節間も連続」することは、このクライマックスをおいて他にない（表2、第八九～九一小節目参照）。

聖三打が頻出するこの曲において、その頂点（＝最重要箇所）が戴くただ一つの冠、すなわち強奏和音による「三連打が三音域で三回」という三一性の三重の確証は、かの「二四の前奏曲」の終曲の頂点と同様、作曲家の信じる最高の理念として、あるいは「神の力」の勝利として、強調されたに違いないと考えられるのだ。[30]

Ⅵ まとめ

ラフマニノフは苦渋に満ちた状況下、不撓不屈の精神とその拠り所を作品に託した。八曲も連続する重苦しい短調は、作曲家の現況を語る上で不可欠だった。またその精神的苦痛を一気に覆す終曲の存在感を増す上で、しばし「過重な忍耐を強いる」必要もあった。雨天が続くほど晴天は有り難く、トンネルは長いほど外の光が眩しい。これは主の言葉、「私の力は弱さの中でこそ充分に発揮されるのだ」（コリント二、一二・九）の意味の、見事な音楽的表現である。

終曲の鐘とその全曲を穿つ聖三打は、「神の力」の闡明（せんめい）、あるいはその力への信仰と希望である。曲頭にTempo di marcia（行進曲の速度で）と明記されている以上、聖三打の行進である。言い換えれば聖なる行進、聖なる行軍である。[31] ここに、ようやく射した光（長調）に隠れたラフマニノフの本心がある。呑み込んだ涙と、傷だらけになっても倒れまいとする雄々しい姿がある。交響曲第一番に掲げた「讎（あだ）を復（かへ）すは我（われ）に在（あ）り、我報（われむく）いん」（ローマ一二・一九）の神に全てを委ね、ラフマニノフは耐えているのだ。決して自らは報いず、ただ正義の勝利と来るべき神の王国に望みを置き、その苦しみの向こう側に永存する光を見据えているのだ[32]。これぞ真の騎士、Noblesse oblige[33]の化身である。このような視点に立てば、本作品の謎が解ける。そしてこの作品の、感動が分かる[34]。

（27）ЛН: т. 1, с. 145.
（28）リズムが音楽の原初次元であることが一因と言える。原初次元に近いほど、人への影響力は強い。それは理解しやすく、記憶しやすく、感化されやすい。演奏会でも、最後はリズミックな曲が来るほど、聴衆の興奮を招く傾向がある。
（29）この曲（作品三二―一三）では、「三音一体の主要主題が三重に響いて『三声一体』という新次元を形成」する（拙著『ラフマニノフを弾け』二〇七頁）。
（30）これに続く「教会の鐘」の連打（第九二～九三小節目）も、全音域で「聖なる力」の凱旋を象って響く。
（31）ちなみに正教会では武力を絶対悪とは考えない（正当防衛を認める）。福音書によれば、授洗者ヨハネも兵士の武力自体は否定していない（ルカ三・一四）。ソロヴィヨフ著『三つの会話　戦争・平和・終末』参照。西洋音楽では武力やその精神を「霊的な力」としてよく表す。一例として、F・リストの超絶技巧練習曲 Wirde Jagd。通称「狩り」は誤訳。辞書では「幽鬼の軍勢」（『新現代独和辞典』三修社、一九九七年、一五五三頁）である。また、正教の信仰は「光栄から光栄への行進」であるため、その生活は「永遠の行進」である。
（32）この点、ハリソンの「感情のかなりの多様性に目を向け」るべきという指摘と一致する。
（33）ノブレス・オブリージュ。直訳は「高貴さは義務を課す」。開高健の意訳は「位高ケレバ務メ多シ」。
（34）ラフマニノフが耐えた途方もない辛さは、以後一〇年間、一音たりとも作曲できなかった事実が示している。

音の「絵」で「芥子種」を描いた作品三九は、結果的に母国への置土産となった。ラフマニノフは母国ロシアに、忘れてはならないロシア魂を残していった。その愛すべき大地に、自分が大事にしていた小さな真実を植えていった。彼の残した芥子種は今もそれを聴く人々を勇気付け、さらに大きな木へと成長しつつある。(35)

人の心の中の問題を、環境や状況のせいにすることは多い。たしかに苦境は人を圧し、人の生きる力を奪う。だが「陰惨な」(Lugubre)苦境の中でさえ、あるいは絶望的な苦しみの中でこそ、人は真の希望を持って強く歩めることをラフマニノフは「音の絵」に描いた。信仰は、条件を求めない。神は信じる者に苦境を凌駕する力を与える。「芥子種ほどの信仰があれば、山をも移すことができる」ことを、「音の絵」作品三九は物語っているのである。(36)

（35）ロシアでは古来より習俗的に「救いは東から来る」と言われてきた。だから〈東方行進曲〉（ロシア語の「東洋的」と「東方」は同一単語。たとえば「東方正教会」と訳すが「東洋的正教会」とは言わない。）と呼ばれるこの終曲は「革命時に聖ロシアの復活（＝東方の勝利）を予言した曲であり、その予言は既に成就した」という解釈もある。また、「来るべき神の国の到来を予言した曲」という解釈もある。

（36）本章の作品理解は単に解釈の問題ではなく、演奏法に直結する問題である。主要動機が響かなければ作品は輝かない。ラフマニノフも力説するとおり、演奏家は主要動機を見抜き、その意味をしかるべく表現しなければならない（本書第五章Ⅷ参照）。一例として「音の絵」作品三九―九、第七五小節目以降、「一拍目裏」から「二拍目頭」の聖三打は、ここより盛り上がる動機を明確に示すため、絶対に他音型と区別すべきである。ここでは「一拍目裏」でペダルを放し「二拍目頭」で踏む。これらの問題点は、今後の課題として別稿を待ちたい。

第三章　ロシア音楽のロゴスへの道

ガリマ・ルキナ(*)
土田定克 訳

本章は「ロシアのクラシック音楽の理念をどう理解すべきか」という問いを論究する。天才作曲家とは、世界を見つめて「思索する音楽家」に他ならない。作曲家は世界を眺めつつ、自分がどのように世界を捉えているか抑揚でもって伝えようとする。芸術作品にこめられた深い理念や意味は、哲学の次元で掘り下げなければ見えてこない。かといって必ずしも哲学的に研究すれば本質を捉えられるというわけでもない。研究法が大事である。そこで、楽曲分析をめぐる研究法に関する学術論争に焦点を当て、音楽学と存在論を結びつける架け橋を探してみたい。

キリスト教存在論の観点に立ち、その全一的な愛・徳・苦行・神成といった理想に照合してはじめて、ロシアの巨匠が書いた曲の意味が明らかになる。ロシア音楽哲学においては、一般的な哲学の考え方とは反対に、ひたすら「内なる人」に向かう。神世界を除外して人間界を考えることはしない。ちょうどロシア宗教哲学と同じように、「信じる理性」という大原則に支えられた哲学なのである。

Ⅰ　偉大な音楽は哲学

クラシック界で名高いチャイコフスキー、タネエフ、リムスキー＝コルサコフ、ラフマニノフを筆頭とするロシアの偉大な作曲家が、同時にまた思想家でもあり、その芸術作品が深い理念で光っていることを否定する音楽家はもはやいないだろう。とはいえ、どういう人々を「思想家」呼ぶべきなのか、[1]巨匠の作品にはどういった哲学的源泉が流れているのか、まさに巨匠は何を拠り所として曲を書いていたのかという点については、いまだに十分な研究がなされていない。それに、そもそも芸術作品について哲学めいたことを語ってもよいのだろうか。実際、音楽や絵画や文学など芸術の主領域においては、芸術家自身による哲学的論考（たとえばＦ・シェリング『芸術の哲学』、Ａ・ローセフ『論理の対象としての音楽』のようなもの）がないというのに、その芸術作品の哲学を語ることなどできようか。

芸術作品にこめられた哲学は、解説するがごとく「純粋に」書いてあるわけではない。芸術界きっての思想家といわれるバッハ、ミケランジェロ、ドストエフスキーの芸術作品にも、いちいち大家に

（＊）ロシア国立芸術学研究所副所長。音楽学者でもあり、芸術学博士と哲学博士候補の学位を持つ。他にもロシア国立特殊芸術アカデミー教授として務め、中国芸術研究院（北京）から名誉教授の称号も授与された。なお、「哲学博士候補」とは、ロシア・東欧圏の学位の一つである。欧米諸国の「Ph.D. in Philosophy」に相当し、日本の「博士（哲学）」に近い。

（1）訳注。ルキナ教授によると、芸術家もつねに存在の意味を問うている以上、広義における思想家だという。

よる解説文がついているわけではない。しかし、どういう理念からこんなにもいきいきとした芸術作品が生まれたのか、そこにはどんな深い意味があるのか、といったことは、まさに哲学的次元で捉えなければ見えてこない。

論点を音楽に絞ろう。音楽とは「ありとあらゆるものを描き出し、とくに精神性をあらわす言語」である。それはまた「存在の原意を明らかにする存在論的言語[2]」でもある。作曲家は世界を眺めつつ、自分がどのように世界を捉えているか抑揚でもって伝えようとする。ゆえに一見取るに足らないと思われる記号でさえ、作品全体の文脈上では一定の「意味」を担っている。この「意味」が音楽言語と化すときに音となった実体、つまり「意味のエネルギーがまさにこうだと決めた、音響のどの側[3]面も切り離しようのない結合体」こそ、抑揚なのである[4]。音楽はそういった抑揚を用いて、どう本質を捉えているか語ろうとする。存在論的言語（存在の原意を明らかにする言語[5]）といわれる所以である。ゆえに音楽を存在論的に研究するということは、要するに作品のどの側面（内容、形式、様式、和声、構成）から切りこんでも、つまり最後の最後はこの音楽が何を言おうとしているのか、そしてどういう目的で語ろうとしているのか、そういった究極の意味と目的（それはまた人間の究極の目的でもあろう）を探し当てることなのである。

音楽を哲学するときに重視すべきは、抑揚で描かれたロゴス（理念／言(ことば)[6]）である。A・ローセフも、リムスキー＝コルサコフのオペラ「雪娘」についての論文「音楽でつかむ愛と自然の手応え」の中でこう述べている。

音楽は、伝えたいものの真髄を描き出し、（中略）めいっぱい言葉になろうとしてロゴス（言）に近づく。(7)（中略）そしてそのような音楽は、もはや未熟な純音楽であることをやめるのだ。その曖昧さも変容し、残るは光と一体化して全宇宙の真の言・ロゴスのもとにある究極的調和に入るのみとなる。(8)

（2）Медушевский В.В. О сущности музыки и задаче музыковедения» // Методологическая функцияхристианского мировоззрения в музыкознании. –Москва– Уфа, 2007. С. 15.

（3）訳注。つまり、抑揚を作りだす「音の高低や長短、強弱緩急、音色、速度、表情」など、響きの波形の全側面。

（4）Медушевский В.В. Интонационная форма музыки. — М., 1993. С. 260.

（5）「存在論」という用語は、二つの単語からできている。「存在の」ὄντος という語と、もう一つは「考え」λόγος という語で、こちらは「原因」「動機」という意味もある（つまりロゴスとは「原意」である）。実際、「存在論」«онтология»という用語は、ギリシャ語を直訳すると「存在するものの原意」という意味である。

（6）「ロゴス」という単語は「言葉・理念・原因・動機……」と非常に意味が広い。ロシア文化において「ロゴス」は、福音書の文脈で理解される（それはやがて人となられる神子を指す）。「太初に言（ロゴス）有り、言は神と共に在り、言は即ち神なり」（イオアン一・一）。

（7）訳注。ラフマニノフも「音楽の姉妹は韻文」と述べ、フルトヴェングラーも「音と言葉」という論文を書き遺したように、音楽と言葉の近似性はだれもが指摘する点である。ゆえに音大では「歌うように語り、語るように歌え」と指導する。メルジャノフ教授の「音楽は語るべし」という名言に通じるものがある（拙著『ラフマニノフを弾け』第三章参照）。

いったいグリンカ、チャイコフスキー、リムスキー＝コルサコフ、ラフマニノフ、スヴィリドフの音楽には、どんな崇高な意味がこめられているのだろうか。その究極の目的とは何か。まさに「音楽で原像（神）にむかって昇華し、本来あるべき姿を明らかにする」ことである。すなわち愛・信仰・真実・清さへ向かって昇り、「人間のなかにある主の美しい像」（アヴァクム）まで昇りきることである。そういう「向かうべき目的をもった生命力」（エンテレケイヤ）[9]こそ、ロシア音楽の底力なのだ。この「向かうべき目的をもった生命力」ないし「目的指向性」という点を押さえておけば、ロシアのオペラ・合唱・楽曲様式を捉えるときに、ロシア音楽ならではの解釈法でもってアプローチすることができるであろう。

Ⅱ 楽曲分析にふさわしい研究法とは（諸問題の概観）

（1）実証主義か、あるいは唯物論か

しかしながら、作品を貫く理念の本質について考えるとき、必ずしも哲学的に考究すれば妥当な結論を導けるというわけではない。たとえば実証主義の観点から見たりすれば、「ロシア五人組」の音楽を貫いている肝心な要素、つまり五人組のロゴス、五人組のロシア魂が見えなくなってしまう。というのも実証主義の哲学によれば、芸術なんぞ実証科学が解明した認識を伝えれば事足りるものだからだ。道理で、現代の研究者が巨匠の芸術作品に取り組むときに、すでに批判的実在論の観点から

捉えられなくなっているわけである。かのチェルヌィシェフスキーが「芸術の存在意義とは、（中略）人生に答えを出し、社会現象に判決を下すことだ」と言いのけたことは記憶に新しい。[10] しかし明らかに言えることは、バラキレフら五人組といえば、たしかにV・スタソフの影響を受けていたとはいえ「六〇年代連中」が唱えた無神論唯物主義を見て敬遠したことである。同じくタネエフも、唯物論には見向きもしなかった。その哲学的なメモに書き込んだように「現実とは、身の回りで起きていることではない。むしろ芸術家の霊（たましい）の中で生じていることなのだ」[11]と考えていた。つまり実在論の極みである「精神的実在論」という意味において、実在論を主張していたのである。

となると、いったいどんな研究法に基づけば、哲学的にぶれずにロシア音楽を読み取ることができるのだろうか。もちろんソ連時代は弁証法的唯物論で考えることを余儀なくされたため、音楽学者も否応なく写実的芸術論に立脚し、芸術を社会意識の一形態として捉えるしかなかった。

（8）Лосев А.Ф. Философия. Мифология. Культура. — М., 1991. С. 607, 613.

（9）訳注。ἐντελέχια の語源は「ἐν（内側で）τελέ（目的を）χια（持つ）」。つまり「目的をもった内面力」のこと。そのような力によって、どんぐりの実も大きな樫の木に成長する。

（10）Цит. по: История эстетики. Памятники мировой эстетической мысли. Т. IV, первый полутом: Русскаяэстетика XIX века. — М., 1969. С. 305.

（11）Танеев, С.И. Разные выпуски и заметки по философии. — Архив ГДМЧ, фонд С.И. Танеева, В. 3, №40.

構造主義による構造化研究法[12]については割愛しよう。作品の理念を理解しようとはしないからである。もっとも、わざと構造化研究法にこだわって楽曲を分析するならば、かのオーギュスト・コントが「形而上学なんぞくたばれ。物理学万歳」と叫んだように、実証主義に似た考え方をしていることを露呈することになるだろう。

(2) 観念論か

上述した弁証的唯物論や実証主義に代わる研究法としては、古代やドイツに見られる観念論、ならびに欧州における存在論が挙げられよう。しかしながら新プラトン主義にせよ、汎神論にせよ、ヘーゲルの観念論にせよ、ロシアの作曲家の音楽には何ひとつ影を落としていないのである。

V・オドエフスキーに言わせれば、「正しくロシアの社会現象を理解するためには、西欧とは真逆の視点に立たなければならない[13]」という。たしかに、発出する神とか、存在に溶けこんで「万物に宿る神」とか、「理念(ないし物質)の中の理念」とか、natura naturans〔能産的自然〕とか、絶対理念とかいうものは、キリスト教でいう唯一の神とは異なる。人が「愛」のうちに属神的に完成してゆくことを説く神とは、根本的に異なるのだ。

キリスト教によれば、愛こそ万物を包みこむ普遍的な原則であり、しかるべき存在様式であり、世界を支えている中心軸である。しかしヘーゲルは「矛盾こそ、実際に世界を動かしているものだ」(『哲学体系の百科事典』)という。しかも絶対者自身も矛盾に嵌まっているらしく、有限を無限にしたり、無限を有限にしたりしているという。このような発想は、キリスト教が思い描いてきた神成（神化）、協働、光照とは似ても似つかない。

スピノザが唱えた汎神論も、キリスト教存在論とは根本的に異なる概念の寄せ集めに過ぎない。スピノザの哲学によれば、神は自然界を超越したところにいるのではなくて自然界に溶けこんでおり、実在する細胞一つ一つに存在するという。しかしキリスト教では、神はあくまでも造物主である。森羅万象は造物主に比して神の受造物に過ぎない以上、絶対性とか完全性とかいう性質を持つことなどできない。高いところに天界があり、低いところに地界がある。地上に置かれた人間は神の像と肖（113頁脚注1参照）にしたがって造られたため、自然界に注がれる恩寵を見抜く能力を賜っている。だからこそ、タネエフの合唱曲（ポロンスキー作詞。作品二七）とか、リムスキー＝コルサコフやラフマニノフやスヴィリドフの交響楽には、美しい自然に囲まれてうっとりした心境が滲み出ているのだ。しかし、それは神に造られた自然の美を観照していた心境でこそあれ、自然界に溶けこんだ神を観照していた心境ではない。[14] したがって、観念論もその流派を問わず唯物論と同様、ロシア芸術にこめられ

（12）訳注。二〇世紀初頭、人文学の知的遺産を誰にでも分かりやすい客観的な形に変えようとした動き。作品の構造面だけを抽出して捉え、おもに数値化して研究する手法。
（13）Одоевский В.Ф. Музыкально-литературное наследие. — М., 1956, с. 211–212.
（14）自然の描写法について言えば、ロシア美術も同じように風景画を捉えてきた。また、ロシア文学も同じように「風景描写の試書き」を指導してきた。

た意向とは相容れないものなのである。このことは、グリンカ、ダルゴムィシュキー、バラキレフら五人組、タネエフ、ラフマニノフはじめ現代のスヴィリドフやガブリリンに至るまで、ロシアのクラシック音楽家にくまなく当てはまる事実だと断言できる。

（3）ロシア哲学（愛における救い）

そもそもロシアの作曲家が頭を悩ましてきた美的探求のテーマとは、ロシア音楽が今後どのように発展し、どのような将来を目指すべきかという問題であった。ためしにタネエフの手記（『備忘録選集』一八七五〜一八七九年）及びタネエフがチャイコフスキーと交わした有名な書簡集（『ロシアの作曲家は何をすべきか』一八八〇〜一八八一年）を振り返ってみよう。まっさきに思い浮かぶのは、タネエフ自身が熱弁をふるっていた以下の二点である。まず、ロシア音楽についてはその「様式がまだあやふやで、整った体系まで練りきられていない」と悩んでいた点。さらに、ロシア文化全般については「まだ発展途上で円熟しきっていない文化だ」と胸を痛めていた点である。このように、西欧文化に遅れをとったものとして祖国を捉えていた身かと思いきや、当時西洋音楽界で起こった異変を聞きつけるなり、西欧文化に危機が迫ったという立場から思いがけずこう言っているのだ。

> 西洋音楽は、どんどんちっぽけになっていく。人間の高尚な希求心に応えるものは一切ない。最近の作品ときたら、いみじくも作曲者の性格が表れているだけだ。感じやすくて繊細でやや頼り

ない人間が書いた曲、便利な暮らしに慣れた人間が書いた曲、気持ちよく楽に生きたがる人間の書いた曲。つまり、あらゆる刺激を好む人間の書いた音楽であることが明らかなのだ。音楽は、人の生き様そのものだ……。だが、それをわれわれの国に広めないでくれ……。

クラシック（西洋）音楽が栄えた時代は終わった。西洋音楽は気取っているだけで、ちっぽけになっていく。[15]

タネエフは、西洋文化の危機の原因を以下のように捉えていた（そして当時のロシアでこう考える知識人は多かった）。この危機は、人間の属神的価値観が病的変異を起こしてしまった精神性の危機。つまり芸術や人生の指針が変わり、どのようにして「高尚な希求心」を満たそうかと考えるかわりに、どのようにして地上で快楽を満たそうかと考え始めたことによって直面した危機。このようなタネエフの見解は、スラヴ派・西欧派論争を想起させるものである。かの「ロシアは西欧にどう向き合い、芸術文化でどう表現すれば自国民の特徴を出せるか」という論争だ。さらにこの見解はN・ダニレフスキー[16]が書いた文化史型における比較論や、V・ソロヴィヨフのロシア思想まで彷彿とさせるも

(15) Танеев, С.И. Чайковский П.И. Письма / Сост. и ред. В.А. Жданова. — М., 1951. С. 49–50.

(16) ニコライ・ダニレフスキー（一八二二～一八八五）は、欧州の文化史の型は惜しくも凋落していくと考えていた。代わりにロシアが主導して、東欧スラヴ文化が栄えるべきだと考えていた。

のがある。[17] 現に、同じく一八八〇年代にはK・レオンチエフも筆を執り、西欧は高度技術化と物質的繁栄という外面的「進歩」に目がくらんで理性が曇ってしまったと記している。それに加えてP・アスタフィエフも、[18] 欧州文化圏では人間の生まれもった民族性がじわりと抑圧され、社会性に取って代えられたと指摘している。つまり、民族という理念が「社会」という名の概念にすり替えられたと言うのである。[19] このような状況下、一九世紀のロシアは驚くほど早く独自の文化的立場を鮮明にした。まさに音楽的抑揚という素材を用いて民族性を前面に押し出しながら、何よりも理念や表象を掲げようとしたのである。

ロシアの一流芸術家は、おしなべてこの民族的理念を確立させることに骨を折ったのである。かくなる文脈においてはじめて、なぜタネエフがこうも熱をこめて備忘録に筆を走らせていたのか理解できるようになる。「ロシアの音楽家は、めいめいロシア国民の音楽を作り出すことに力を貸すべきだ」（一八七九年二月の手記）。ラフマニノフも同じように作曲家の使命を捉えていた。「作曲家が音楽で表現すべきことは母国の精神、愛、信仰、（中略）思想なのです」と。[20]

もとよりロシアの作曲家はみなロシアならではの慣習の中で育ってきたため、「敵愾心」とか「差別」とかという袋小路から人々を救い出すものこそ芸術だと思ってきた。そういう熱い思いで曲を書いてきたことが作品によく表れている。そして、そういう思いで書き上げた音楽をとおして、まさにロシア人らしい思想を明確にした。つまり、思考するとき「人は決して『純粋に認識すること』はできない。いわば感情を取り去って理論だけで世界を理解することなどできない。むしろ人が思考する

とき、それはつねに宗教的な救いを探している表れなのである」[21]という思想である。だから、ロシア

（17）ロシア文壇において、最初に西欧文化批判という問題を体系的に論じたのはV・オドエフスキーである（一八三〇年代）。オドエフスキーは、『ロシアの夜』の主人公ファウストの台詞をとおして西欧が退廃したという考えを吐露し、かつて西欧が内に秘めていた精神力が弱まったことについてこう言っている。「今こんなふうに言うと『変な話だ』と思う人が多いかもしれないが、もう何年かすれば当然な話として受け入れられることだろう。僭越ながら言わせてもらうと、西欧は滅んでいくと思う。ヨーロッパを救う方法があるとすれば、新勢力をもった民族が歴史の舞台に登場することだ」。オドエフスキーの考えによれば、そのような民族こそロシア民族であった。なにせ「われわれロシア人は過去と未来という二つの世界に挟まれている。新しい活力に満ちているからだ……」と書いているからである。ちなみにイワン・キレエフスキーも一八五二年に、西欧が達成した科学の成果を認めつつ「……かれら［西欧学者］は精神生活の真髄を探そうともしない」と嘆いている。

（18）ピョートル・アスタフィエフ（一八四六〜一八九三）はロシアの哲学者、心理学者、法学者。自筆の哲学論文において、東方正教会の聖師父が重視した「信仰と知識のバランス」という概念を強調し、理知に走って「抽象的」になった「ドイツ観念論」を否定した。

（19）Астафьев П.Е. Религиозное «обновление» наших дней (1891 г.) // Вера и знание в единстве мировоззрения. — М., 1893. С. 17–18.

（20）Рахманинов С. Литературное наследие: в 3 т. / Сост., ред., предисловие, комментарии и указатели З.А. Апетян, — М.: Советский композитор, 1978. т. 1. С. 147.

（21）Франк, С.Л. Духовные основы общества. — М., 1992. С. 490.（S・フランク『社会の精神的原則』）

音楽を分析しようとするならば、ロシア民族がよりどころとしてきた存在論的な知識が欠かせなくなってくる。ロシアの偉大な作曲家の作品は、まさにキリスト教的存在論の観点から研究したときにその真髄が見えてくるのだ。まさに福音書でいうところのロゴスこそ、つねにロシア宗教哲学が正教神学に基づいて探求してきたものだからである。

その中心に、学問の理念の起点として「愛」の理想を掲げるロシア哲学。ここでいう愛とは、人々が閉じこもって孤立してバラバラにされてしまうのを防ぐ力を指す。そのようにして万民を一つにまとめてゆく団結感こそ、全一性（ソボルノスチ）とか「合唱的本質」という概念となってロシア哲学者の頭に響いたのである。そして、かくなる概念を踏み台として、スラヴ派はじめV・ソロヴィヨフ、S&E・トルベツコイ侯爵兄弟[22]、P・フロレンスキー、S・ブルガコフ、N・ベルジャエフ、N&V・ロースキー父子、S・フランク、L・カルサヴィン、A・ローセフ、I・イリインなどの哲学者が、ロシアの社会意識の基盤を作っていったのである。

ロシア宗教哲学において指摘されているように、人は感性や知性の直観力を駆使し、さらに神秘を体験してはじめて世界の真の姿を見出す。その際、とりわけ重要な機能を果たしているのが神成（神化）に向おうとした神秘的な宗教体験だという。ただし全一なる共同体から抜け出た自我や、全一性を無視する自我が神成することなどありえない。ロシアの哲学者はまさしく宗教のうちに、文化の基本原理が深く根づいているのを見た。N・ベルジャエフも「文化（culture）は宗教に由来する。その由来を示しているものが礼拝（cult）だ[23]」と明言した。この宗教的起源を最もしっかり保存してきた文化が他ならぬ芸術である。芸術は元来、その効力を巫術[24]より受け継いできた。もともと古代宗教で音・形・所作を総合的に用いていた巫術が、しだいに特化して音楽・美術・劇などの分野に分岐したものが芸術なのである（分岐しても精神へ及ぼす作用は失われていない）。この意味で、もし芸術家がその文化特有の宗教的理想を自作品に宿すならば、それは「教会芸術（祈って生み出す聖像画や聖歌）」や「知の営み（心の祈り）」や「宗教芸術」に近づく行為になると言えるだろう。

芸術家自身が「いきいきと世界を開示する行為」とわきまえて創作に励むならば、芸術は高き天上界を表象することができるとロシアの哲学者は断言する。と聞くと、一見ロシアの哲学者もF・シェ

（22）訳注。哲学者であったセルゲイ・ニコラエヴィチ・トルベツコイ侯爵（一八六二〜一九〇五）と、その弟エフゲニイ・ニコラエヴィチ・トルベツコイ侯爵（一八六三〜一九二〇）のこと。兄セルゲイはモスクワ帝国大学教授、四三歳で同大学の学長に任命されたが、ほどなく脳溢血で急逝。弟エフゲニイは一九一七〜一八年に開かれたロシア正教会公会に主要メンバーの一人として参加した（この公会でティホン総主教が選出され、二一七年間続いた聖務会院《宗務院》が閉じられた）。トルベツコイ侯爵は優秀な学者家系のため、似たような名前で異なる人物が多いので注意。

（23）Бердяев Н.А. Философия свободы. Смысл творчества. — М., 1989. С. 521.

（24）訳注。古代ギリシャの密儀宗教、古代ロシアのマースレニッツァ（春の祭典）、ブリヤート人のシャーマニズム儀式、日本古来の神楽などを指す。これらの密儀においては、舞踊・身振り手振り・歌などが融合し、芸術言語としては未分化の形態である。ちなみに正教会の奉神礼も、未分化の総合芸術といえる形態を今日まで受け継いでおり、芸術の原点を示すような礼拝となっている。

リングに近い視点を持っていたのかと思われるかもしれない。ことシェリングの『啓示の哲学』を念頭におくとすれば尚更である。シェリングに言わせれば、芸術の絶頂には独特の直観があるとし、その直観は理屈では言い表せないものだと言い切る。そして芸術作品を鑑賞するときと同じように、その独特の直観も体験しなければ理解しえないものだと主張する。しかしながらロシア宗教哲学は、キリスト教、つまり啓示を受けた宗教の上に構築されていることを忘れてはならない。しかもキリスト教は属神的な創作活動を「神から賜わり、聖神の恩寵に守られた活動」と説き明かしている。ということは、創作活動について思いめぐらすとき、神との属神的つながりを断ち切って考えてはならないのだ。これを逆に言うと、芸術は人を変容させる力を使う条件として「神とつながって」さえいれば、人を浄めて穏やかにする効力を是認されるのである。この芸術の根本にある巫術的起源こそ、まさに実証主義者が論考する際に黙殺してきた点であり、あるいは概念をすり替えてきた点である。たとえば「変容」を「変改」にすり替え、「祈りの精神」を「価値志向性」までずり落とした。このようなトリックは、B・ヴィシェスラフツェフによって「引きずり下ろす悪戯」と名付けられている。

Ⅲ　音楽に見合った音楽学概念の探求

つまり音楽学を究めるならば、その研究対象である音楽の深みに見合った概念を用いなければならないのである。

ロシア音楽を存在論的に究めようとするならば、ロシア哲学で使われてきた概念が欠かせない。ロシア哲学とは、A・ローセフに言わせれば「考察するときに、霊（たましい）や内面的『苦行』を度外視したことが一度もなかった」哲学である[25]。たしかにロシア音楽を聴いていると、作曲家の生きていた時代との隔たりも、作曲家の心との隔たりもまったく感じない。今じかにこの胸を揺さぶってくる音楽なのだ。ラフマニノフも永眠する二年前のインタビューで「唯一、創作において心掛けていることは、作曲している時に心の中にあるものを簡潔に、そして直截に語るということです。私の音楽は、愛や苦しみ、悲しみや宗教心を語ったものなのです[26]」と打ち明けている。

「主体性」という概念でもってチャイコフスキーやラフマニノフの音楽を解明することはできない。同様に「客体性」という概念でもってロシア五人組やタネエフを理解することはできない。グリンカも述べたように、音楽とはそもそも至上なる恩寵の賜なのだ[27]。グリンカのオペラに出てくるイワン・スサーニンの霊（たましい）、ムソルグスキーやボロディンやリムスキー＝コルサコフのオペラに出てくる主人公の霊（たましい）は、神・皇帝・祖国・同胞・隣人への愛に溢れている。ローセフがオペラ「雪娘」について解説

（25）Лосев А.Ф. О музыкальном ощущении любви и природы. К тридцатипятилетию «Снегурочки» Римского-Корсакова // Лосев А.Ф. Форма–стиль–выражение / Сост. А.А.Тахо-Годи; Общ.ред. А.А.Тахо-Годи, И.И. Маханькова. — М.: Мысль, 1995. С. 212.

（26）Рахманинов С. Литературное наследие: в 3 т. / Сост., ред., предисловие, комментарии и указатели З.А. Апетян. — М.: Советский композитор, 1978. т. 1. С. 146.

（27）訳注。この点、本書第六章「神父と信徒芸術家」の問答が、まさにグリンカとのやり取りであったことを暗示している。

しながら、「このオペラは少なくとも普通に言われている意味での『叙事詩』『抒情詩』『劇詩』という分類に当てはまらない」と指摘した点は興味深い。(28) ローセフの見解に異議を唱える人は、この三つの用語概念を存在論的な深みで捉えていないから納得できないのである。まさに出来事を「どう真似るかという韻文の三分類」(アリストテレス)、すなわち「客観的叙述(叙事詩)」「話者の告白(抒情詩)」「事件の動的描写(劇詩)」という枠組みに囚われて「雪娘」を、ひいてはロシア音楽を捉えようとしているから腑に落ちないのである。ちなみにグリンカの「皇帝に捧げし命」というオペラも、T・チェレドニチェンコに言わせれば似たような部類に入る。

このオペラは、何はさておき権力の神秘をうかがった物語である。ここでは皇帝(地と天の仲介者)と農夫(その犠牲的行為によって神に油つけられし皇帝が国家に対する責任を痛感する)が「神秘的な権力」によって固く結びつけられている。つまり現世と来世の切っても切れないつながりが明示され、この世の現実もいつだって変容できるという可能性が示されているわけだ。こうしてグリンカは、音楽でもって奇跡の起こる可能性を証してみせた。

奇跡を語るオペラ。かようなオペラは音楽史上まず滅多に出会えるものではない。ワグナーの「トリスタンとイゾルデ」など例にならない。扱っているテーマが奇跡ではなくただの魔法だからだ。むしろ「タンホイザー」「ローエングリン」「パルシファル」に触れておくべきだろう。奇跡が何度も起こっているからだ。が、ひとえに面白い筋として、の話である。いっぽうグリンカの作品を見てみると、この「皇帝に捧げし命」という作品はただ主題として奇跡的変容を含んでいるだけではない。このオペラ自体が「音楽の奇跡的模型」なのだ。ひときわ俗っぽいオペラというジャンルが、ものの見事に音楽で描いた聖像画という部類に変容したのだから(29)。

グリンカをはじめロシアの天才音楽家は皆、そのみずみずしい創作活動の源を民族精神の中に見出してきた。民族精神というものは、永遠の生命を求める霊(たましい)に直結し、救いの泉を渇き求める霊(たましい)に関わってくる部分である。よって民族性について思いめぐらす際には、しっかり次の点を押さえておかなければならない。「民族精神は見た目では捉えきれない。その人の表情とか仕草とか顔かたちで判断できるものではない。（中略）民族の真価というものは、人種学の資料によって決まるわけでもなければ、外貌によって決まるわけでもない（民族が自意識を持つときに、そういう外面だけを捉えて民族性を意識するのはよくない）。そういう事柄ではなくて、まさにわれわれは最高の任務を担っているのだ、かけがえのない使命を担っているのだ、という自覚によって民族の真価が決まるのである」(30)。

（28）Лосев А.Ф. О музыкальном ощущении любви и природы. К тридцатипятилетию «Снегурочки» Римского-Корсакова // Лосев А.Ф. Форма–стиль–выражение / Сост. А.А.Тахо-Годи; Общ.ред. А.А.Тахо-Годи, И.И. Маханькова. — М.: Мысль, 1995. С. 614.

（29）Чередниченко Т.В. Традиция без слов. Медленное в русской музыке // Новый мир. 2000, №7.

Ⅳ　まとめ

欧州にて一九世紀末〜二〇世紀初頭に生まれた哲学の概念は、しばしば人を権力や欲や所有に向わせる現象を誘発した。それに反比例するかのようにロシアの音楽哲学は、人間という存在の深みに目を向けて、内なる人、つまり「黄金よりも清い心」へ向かった。ロシアの音楽家にとって人間界というものは、霊性や天上のもの、つまり神世界を除外して考えうるものではなかった。グリンカもタネエフもラフマニノフも作曲時には理性の判断に従ったし、その理性も、あらゆる意味の源をなす「ロゴス」に背を向けて孤立することなかった。ロシアの音楽家――この人たちは、一九世紀末の欧州哲学を特徴づけた宿命論や、その宿命論の精神から生まれたニーチェの超人論、実証主義、不可知論、虚無主義、無神論という近現代を席巻した概念を、本質的に受け入れられない人たちなのである。

ロシア音楽哲学は、ロシア宗教哲学と同じく「信じる理性」[31]という大原則に支えられている。どうやらA・グラズノフもタネエフの音楽を究明していくなかで、まさにこの「信じる理性」という思考能力を見抜いていたようである。というのも、タネエフの音楽について語りながら「かの対位法を究めた抽象的な理性があるというよりも、むしろロシアの理性が溢れているのだ。いつも心の声に耳をすませて判断しつづける、あのロシアの理性だ」と喝破しているからである。

現在、わが国の音楽学界では、ロシアの音楽作品をさらに解明すべく新しい研究法について議論を重ねている。その議論の要点を突くようなヒントが、Ｉ・イリインの言葉から聞こえてこないだろうか。「研究とは、ひたすら対象を探求してゆく動きであり、対象に向かって創造的に順応してゆくことである。（中略）対象を生きぬいて、感じきることである[32]」。

いま、キリスト教存在論の光を浴びてロシア音楽を解明していくことは、われわれ音楽学者にとって最重要課題の一つなのである。

訳者より

本章は、二〇一六年一一月にモスクワで開催された第二〇回全世界ロシア国民公会「ロシアと西欧――文明の挑戦に対する諸民族の回答」の分科会「偉大なるロシア文化と現代社会」にて、ルキナ教授が「ロシアクラシック音楽哲学についての考察」（Размышления о философии классической русской музыки）という題で口頭発表したものに若干修正を加えて論文にしたものである。以下のＵＲＬから論文を検出可能。https://elibrary.ru/item.asp?edn=vyjsxt&ysclid=lp7s1ayam982949748O

ルキナ教授は、二〇一七年一〇月に来日して尚絅学院大学との協定締結に貢献し、「キリスト教とロシア音楽」という特別講義も開講した。さらに二〇二二年のコロナ禍の中、その講義を発展させた形で「ロシア音楽にみるロシア文化の魅力」という遠隔講義を開講した。その動画がネット上に日本

（30）Булгаков С.Н. Философия имени. СПб., 1998, с. 284.（S・ブルガコフ『名称の哲学』）

（31）О верующем разуме как основном принципе русской философии см. в книге А.Л. Казина «Россия имировая культура». — СПб., 2004. — 272 с.

（32）Ильин И.А. Собр. соч.: в 10 т. Т. 5. — М., 1996, с. 145.

語吹き替えで出ているので参照されたい（最後のマルティノフの合唱曲は最高）。
https://www.youtube.com/watch?v=WKPQs5W3j9A

哲学博士候補[33]でもあるルキナ教授は、本章で研究法そのものを問い質し、研究対象に見合った研究法を用いるべきだと論証する。近年、本邦では「見える化」の掛け声のもと、何でも数値化してしまう傾向が強いが、それは本章でもかるく触れられた構造化研究法に近いと言えよう。しかし数値にこだわるならば、数値にならないものを避けることになる。現実世界は数値に収まらないもののほうが圧倒的に多く、たとえば演奏中に生じている奏者の内外の現実とは何なのか。そういう数値にならない本質を捉えたければ、本章の結びにあるように「ひたすら対象を探求して（中略）、対象を生きぬいて、感じきる」しかない。研究対象が偉大で単純であればあるほどそうなのだ。世界的に有名なモスクワ神学大学のオシポフ教授によると、古代の哲学者が述べたように、第一原理は言葉で説明できるものではない。椅子は複雑な構造であるがゆえに「四本の足があって腰かける板があって背もたれがある」と説明できるが、たとえばキウイを知らない人にキウイのことは説明しようがない。「もじゃもじゃ毛が生えていて皮は茶色で中身は緑、芯が白くて黒い種がブツブツいっぱいあって甘くて酸っぱい」と言われても目眩（めまい）がするし、どんなに想像をたくましくしても正しくキウイを知ったことにはならない。ひとえに体験してはじめて理解することができる。このように、単純なものほど感じてみるしかないのである。フルトヴェングラーも真の芸術を指して「すべて偉大なものは単純である」（フルトヴェングラー『音と言葉』新潮文庫、一九八一年、九頁）と言い切った。そのまさに究極の単

純（第一原理）であるものこそ、神なのである。(34)

(33) 本章冒頭の脚注のプロフィール参照。

(34) オシポフ教授は「キリスト教において神とは、原初にある単純さであり、単純無垢な存在である。かるがゆえに、いかなる言葉や定義をもっても神を言い表しきることはできない」と断言する（Осипов А.И. «Бог» Братство ап. Иоанна Богослова. — М., 2014, Стр. 63. アレクセイ・オシポフ著『神』聖使徒神学者イオアン親交会、モスクワ、二〇一四年、六三頁）。

第四章　音楽と存在にみる天の闡明

ヴャチェスラフ・メドゥシェフスキー(*)
土田定克　訳

闡明（せんめい）とは「隠れていたものが明らかになる」という意味である。真の美とは表現するものではなく、存在の奥深い中心部から現出するものである。ギリシャ語の「語源学」の語幹は「真実」（ἔτυμον）であるように、そもそも言葉には真実が含まれている。だが現代では、言葉の真の意味があべこべにされている。「自由」などその骨頂だ。よって早急に語意を正さなければならない。それこそ、「人類の教育原理」という大事業の課題の一つである。

高尚な音楽は概して美の闡明である。美を闡明させるためには、神との協働が欠かせない。音楽はあらゆる側面で協働を避けては通れず、協働を学ぶ教科書として最適である。音楽家は「螺旋協働をどう奏で分けるか」に注意して演奏しなければならない。主も「探しなさい、求めなさい、門を叩きなさい」と教えてわれわれに協働を呼びかけている。いかに現代がキリストを忌み嫌う時代であろうとも、いやそういう時代であればこそ、なおのこと希望をもって神の摂理に協働していかなければならない。

本章では、前半で「闡明（せんめい）」という概念について考究し、後半はその「闡明」が音楽と存在のうちにどのように見出されるか検証する。

Ⅰ　闡明とは何か

「闡明（エムファシス）」（希 ἔμφασις、露 эмфаза、英 emphasis）という言葉は、どちらかというと雄弁術のニュアンスで捉えられ、その意味するところは「豊かな表現」（強調）だと言われてきた。なんという誤解か。危険だ。そんなふうに皮相的に捉えていると、物事を深く理解できなくなる。はたして本当の美しさと対峙するとき、それを表現したり描き出したりすることなどできようか。美とは、立ち現れてくるものである。まさに存在の奥深い中心部から目の前に現出してくるものである。いかなる民族であろうとも、作り物を見て胸の高鳴りを覚える人はいない。わざとらしい精神主義を説かれても人生に感動できないし、聖なる使命感で文明が栄えることもない。そもそもわれわれは存在すべくして存在しているのだ。生きているふりをするために存在しているのではない。

単語を語源まで掘り下げると物事の真髄が見えてくる。この「эмфаза」（闡明）という単語は、「фаза」（月の位相）や「феномен」（稀有な現象）と同じ語源である。いずれも「φαίνω」（現出する）という動詞から派生しており、視覚・聴覚・味覚・臭覚・触覚で捉えられるようになったもの、とい

（＊）チャイコフスキー記念ロシア国立モスクワ音楽院　教授

う意味である。このように存在論では、「эмфаза」（闡明）を「隠れていたものが現出して明らかになる」という意味で捉えている。しかし雄弁術では「表現する」とか「見せかける」という意味で捉えている。どうも何かが足りない。

このように言葉の意味をたぐる語源学（ἐτυμολογία）は、もともとギリシャ人が唱道した。ギリシャ語では「語源学」という単語の語幹が ἔτυμον（真実）であるため、そもそも語源学とは「言葉にこめられた真実」を見極める学問なのである。

なるほど、さすがギリシャ人だ。われわれときたら卑しくもその真実を木端微塵に砕き、飛び散った埃を見て「見解」「意義」「意味論」などと呼ばわっている。だが、そんな埃の中に真実（生命）があるわけがない。人類も同じだ。もしも美しいものに対して背を向けるのなら、万物をつないで命をもたらしてくれるエネルギー源を失って埃のように浮遊するだけだろう。

語源から学ぼうとするのは過去をほじくるためではない。そうではなくて、まさに将来に活かすために語源を見極め、地平線の彼方を見るべきなのだ。語意を悟って真実に満たされたとき、神の国で見えてくるものがある。全世界を意味あるものとして創造された主の目線で万物を見ているからである。

われわれは早急に襟を正して真実に向き合わなければならない。でなければ、取り返しのつかないことになる。顕著な例を挙げよう。古代の自由主義者（リベラリスト）は「真の自由」（イエス・キリスト）を拒んだ。なぜ拒んだのか。悪魔を自分の父としたからだ、とキリストは説明する（ヨハネ八・三二―四四）。低俗な自由を求め、真・美・愛に生きる高尚な自由を打ちゃったからである。では、現在はどうか。自由主義を標榜する悪魔崇拝者が箍(たが)を外し、人々の意識を操って些細なことに目くじらを立てさせ、人と人がいがみ合うように仕向けている。そうやって万人の万人のための闘争を仕掛け、反キリストの来る準備を整えている。だが、そんなふうに天上の美を打ちゃって些事にかまけて何を創り出せようか。神の国を預言する閃(ひらめ)きを受けずにどんな創意が湧いてこようか。自由主義という恥ずべき時代を呼びよせたのはわれわれ自身である。もし電子「収容所」で反キリストの印を押されたくなければ、存在の中心から思想を汲みとって一刻も早く考え方を変えなければならない。ここに、ロシアの使命がある。この世における意味の中心部だからである。

Ⅱ　現在のうちにある明るい将来性をどう見極めるか

この質問に答えを出したのはアリストテレスである。アリストテレスは自分の名前から語幹「テレス」を取って「エンテレケイア」（向かうべき目的をもった生命力）という新語を生んだ。もとより「アリストテレス」とは「最高の目的」という意味である。偉大な哲学者は青年期にこう考えた。「二十歳の私は何者か。アリストテレスか。それともまだアリストテレスならぬ者か。もちろんアリストテレスだ。なぜならわが人生の目的（テロス）が私自身に埋め込まれており、それが私の本質をなしているからだ」と。これこそ「エンテレケイア」（向かうべき目的をもった生命力）である。文字どおりに言えば、「目的指向性」である。

人間は、かつてなかった世界へ向かって歩む。与えられた「神の像」（神のかたち）を「神の肖」（神の似姿）[1]にすべき存在、つまり「課題」（肖）をもった「実在」（像）であり、神に意図された比類なき使命で光る。この使命が、人間の本質である。神が創造的に考案されたことに限界はない。われわれに限界はないのだ。われわれは神の国へ入ってはじめて、神から授かった使命を全うしたことになる。シリアの聖イサアクに言わせれば、神はあらかじめ愛の眼差しで一人一人がどういう人間になるか見抜いておられたという。つまりわれわれがどのような人間になるかすべてお見通しの上で、その愛する子らのために世界を造り、「あなたはここ、きみはここ」というように時空間のもっともふさわしい点に一人一人を配置し、一人一人に合った環境を与え、歴史という「人生の学校」の上でご自分の摂理を繰り広げられたのである。

おお、ならばわれわれは未来から派遣されてきたということか。現在を解くカギは、未来のうちにあったのか。さよう。まさに未来に基づいて現在を紐解くという姿勢こそ、キリスト教的研究法がよりどころとする聖なる土台なのである。われわれの用いている概念はすべて、「美」にせよ「真実」にせよ、未来から来ているのである。

希望をもって創造的に未来を待ち望めば、ある程度未来も決まってくる。というのも、神の恩寵を呼び寄せるからである。希望がなければ悲観的観測にしたがって事が運んでしまう。なぜか。悪霊がそう努めているからだ。何もかも暗闇で覆おうとしているからだ。その方向に肩入れしている自由主義者もいるようだが、キリストの定義によれば彼らの父は悪魔である。悪魔はいちいち言葉尻を捕らえては鼻で笑い、いちゃもんをつけてはほくそ笑んでいる。今の時代、せめて一つでも語源を清く保ちきった概念があろうか。もはやどの概念も捻じ曲げられ、意味をあべこべにされてしまった。「自由」という概念などはその骨頂である。自由とは、そもそも神の属性である。だが悪魔はこの聖なる概念を身にまとい、この美しい単語の裏に醜い鼻面を隠した。もしわれわれも同じように語意をすり替えるならば、最後の審判で追及されるだろう。当然、ありのままの語意と音楽及び行動をもって、正義と真実を追求していることを立証すべきである。いまのうちに語意を修正しなければならない。これこそ私が「人類の教育原理」と名付けた、この地上における普遍的大事業の大計画の一つなのである。

そこで、後半へ入ろう。

Ⅲ　音楽や存在をとおして何がどう闡明するのか

（1）高尚な音楽は美の闡明

「闡明」とは、真髄がはっきり現れ出てくることである。では真髄とは何か。つねに美しく、人類に感動を呼んで心を高めてくれるものである。音楽は、霊（たましい）や文化や生命と同様に、モノではなくエネ

（1）訳注。「神の像」や「神の肖」は、「神のかたち」や「神の似姿」とも訳されるが、正教では「像」と「肖」と訳すことが多い。人はだれしも「神の像」を失うことはないが、聖神の恩寵を受けなければ「神の肖」に近づいてゆくことはできない。創世記一・二六―二七参照。

ルギーである。エネルギーともあろうものがヘラヘラ汚れて罪深いものであっても良いのか。めっそうもない。エネルギーは意気を高め、天才を生み、傑作を創り出せるものでなければならない。

だが「高める」といってもどこへ向かうのか。「完全性」といってもどこに頂点があるのか。もし世の中に階調というものがあり、上方もあれば下方もあるのならば、つまり存在するものには等級が限りなくあるということであり、上昇する可能性もあれば堕落する可能性もあるということである。

美・真・愛こそ、その頂点にあるものだ。美とは、神の光栄の現れである。つまり造物主の完全性があますところなくにじみ出た完璧さである。受造物はただ美にひたったときに息を吸うことができ、美から栄養を取ることができる。かのバッハは、音楽は究極的に「神の光栄へ仕え、霊(たましい)を浄化すること」が目的だと定義した。しかもその目的もなく鳴り響く音楽は「悪魔の戯言か、雑音に過ぎない」とも言い添えた。[2] この天才バッハの定義を、人類の教育原理のどの分野においても広めなければならない。

人間は、自力だけでは目に見えない世界もふくむ「存在」の奇跡性にこぎつくことができない。そこで畏れ多いことに、造物主はわれわれに協働しないかと手を差し伸べてくださっている。「協働」という言葉は、使徒パウロがクリスチャンのことを「συνεργοί」(協働者)、つまり神の傍にいる同労者と呼んだことに始まる(コリント前三・九等、参照)。

神と協働することによって、顕(あらわ)されるものが顕す者のうちに現出し、闡明が実現する。つまり聖人の奇蹟に、芸術家の傑作に、学者の発見に「顕されるもの」すなわち目に見えない創造力や神の美が現れて、見えるかたちとなる。また波乱万丈な人生や国民の偉業にも現れて、見えるかたちとなる。

高尚な音楽というのは、概して美の闡明である。それは天からくる創造力と協働し、人の心を存在の高みへ導く芸術である。当然、そういう闡明を起こすコツや法則や技能もあるし、その技能を身につけるための学習法もある。もちろん闡明学という学問もある。そこでは人類の教育原理の奥義を調べ上げて研究を重ねている。

私などはそれらを駆使して演奏家を育てている。音楽はどの面でも協働を避けては通れない。どの面でも神とのふれあいを学ぶ場であり、神とふれあえばこそ美が流れ出てくるからである。協働のないところには生気がない。ふだん学生と一緒に天才演奏家の極意を分析しているが、授業においてはどのテーマを選んでも神とのふれあいを学ぶ教科書になり得る。たとえば「拍」。拍の理論を現場に移せばメトロノームの理論となる。だが、生きた拍とは協働の幸福感に溢れるものであり、われわれがトンと跳ね上がって神聖なエネルギーに掬（すく）い取られる感覚である。「和声」もまた神との対話であ

（2）一七三八年、ライプツィヒの聖トマス教会で、J・Sバッハ（五三歳）はリハーサル中の弟子に伴奏上の原則を次のように説いた。「通奏低音が音楽を支えているわけです。ですから通奏低音を弾くときは、左手は譜面どおりに弾きますが、右手はその音に対する協和音や不協和音を織り交ぜながら、和声が美しく神の光栄に仕えて心を癒すように演奏しなければなりません。神の光栄に仕えて霊（たましい）を浄化することこそ、通奏低音の究極の目的であり、音楽の究極の目的ですよ。この点をわきまえていない演奏は真の音楽ではなく、悪魔の戯言か雑音に過ぎません」（Швейцер А. Иоганн Себастьян Бах. — М., 2002. С. 119–120〔A・シュヴァイツァー『ヨハン・セバスチャン・バッハ』モスクワ、二〇〇二年、一一九〜一二〇頁〕）。

る。そう、あるとき中国人の女子学生が助言を求めてきた。この音楽は何が何だかさっぱり意味がわかりませんと言う。ベートーヴェンの一五の変奏曲「エロイカ変奏曲」のバス主題。弾いてもらったら、たしかに何もわかっていない。そこで次のように教えた。

何を言うのです。よく耳をすませてごらんなさい。よく聴くと、この「T–D」と「D–T」は対話のやりとりになっていませんか。なんて素敵でしょう。神様に惹かれて「T–D」で天上へ飛び上がるのです。すると天の原動力が支えにきてくれるのです（D–T）。見事な組み合わせでしょう。いくら味わったって味わいきれませんよ。パガニーニもこの組み合わせで（ただし装飾を付けて強調していますが）有名な奇想曲第二四番の主題を書きましたよね。そしてその主題を用いてラフマニノフも「パガニーニの主題による狂詩曲」を書き上げたわけですが、わたしたちはこの名曲の織りなす天地の協働に耳を奪われて時間が経つのも忘れるほどです。さらにブラームスも、この主題の魅力をぐっと引き立てて変奏曲を書きましたね。しかし、もとはといえばバッハがよくフーガの開始部で、これと同じ対話のやりとりを書き残しているのです。たとえば平均律第一巻の変ホ短調のフーガをごらんなさい。主要動機の冒頭音型がこのベートーヴェンの主題と同じでしょう。まさに「Es–B」と「B–Es」（異声部の応答）となっているではありませんか……。

このように、協働は音楽のあらゆる面に潜んでいる。協働こそ、フレーズの統語関係（A音型とB音型が接続する意味）や形式、さらに、演奏中にうまくもっていくときの奇跡的現象を解き明かすカギなのである。

（2）闡明をなしとげる協働（音楽にみる円協働と螺旋協働）

人が神と協働することは、福音書の戒めである。まさに「探しなさい、そうすれば見つかる」（マタイ七・七）である。主は、自発的になっても良いのですよと言ったのではない。むしろ探しなさいと命じられ、「もっと自発的になれ」とわれわれを鼓舞しておられるのだ。これが戒めである。しかし、いったい何を探したらよいのだろうか。そう、まさに神の国を探し、美を探求し、神の光栄を探しなさいという（マタイ六・三三参照）。神は無理やり押し付けてくることはしない。むしろ無理やり押し付けてくるのは悪魔である。現にズンチャン、ズンチャン、ズンチャンとトンカチで脳ミソを打ち付けてくる。神様はトンカチで打ち付けることはしない。ただ芳香で呼びよせて待っておられる。ひとえに愛してくださっているからである。え、「いっそ人々を強制して、無理やり神を愛させてみたらどうですか」ですと。とんでもない、そもそも愛とは能動的な善意なのだから、棍棒でもって愛（能動的な善意）を呼び起こすことなどできやしない。だからこそ造物主は一切強いることなく、われわれが自発的に行動を起こすのを待っておられるのだ。「ならば、いっそ神がいることを証明してみたらどうですか」ですと。いやいや、そうは問屋が卸さない。神がご自分を隠しておられるのは、まさにわれわれが自主的に探すためではないか。たといあなたが神から遠いところにいたとしても、かすかな望みをもって「信じてみたいものだ」と溜息ひとつ吐いただけで、神はこれまでご自分を拒んでいた空っぽのその心を開き、温かい恩寵の風を吹きこんでご自分へ向かう道を示してくださるだろう。「でも、どうも言っている意味が分かりません」ですと。大丈夫、明らかに分かるようになる。ぜひとも「求めよ」うではないか。「そうすれば与えられる」のだから。

さらに主は「門を叩きなさい、そうすれば開かれる」と戒めておられる。これも上記二点の協働のかたちと同じく、天と地のやり取りを示している。しかし、主はなぜあえて別の言い方をされたのか。門を叩いたらいったい何が開かれるというのか。だが、そのような高度な事柄を問う前に、まずは「門」まで近づいてみることが先決だ。

音楽は協働を学ぶ上でもってこいの教科書である。なにせ聴いていて心地良い。オプチナの克肖者ワルソノフィに言わせれば、人は音楽をとおして属神的な事柄を聴き入れることを学ぶという。私は協働について授業で教えるときには、分かりやすい概念を二つ用いて説明している。「円協働」と「螺旋協働」である。円協働とは、つまり拍の形のようなものだ。低音→和音→和音（ワルツの伴奏形）などに顕著に見られよう。この円はわれわれの自発的エネルギーと、上から掬い取りにくるエネルギーによって構成されている。いっぽう螺旋協働とは、まさに演奏中の持っていき方に近い。われわれ聴衆は演奏家にそのように持っていかれると、霊（たましい）がより神の近くへ導かれてゆく。

こうして「自発的エネルギー」も「天から掬い取りにくるエネルギー」も、神に近づけば近づくほど変容していくことになる。聖書はこのお互いに影響しあう変容を「力から力へ」(詩編八四・八)とか「恩寵の上に恩寵を」(ヨハネ一・一六)という言い回しで表現している。

となると、「自分の」を意味していた自発的エネルギーも、もはや変容したからには呼び名を変えるべきではなかろうか。もちろん自発的エネルギーが自分のエネルギーであり続けることは変わらない。いままでどおり上へ向かおうとする意志から流れ出てくる。しかし、いまやそこへ神への親近感が溶けこんで、異なるエネルギーに変容した。とうぜん新しい呼び名が必要だ。これを「毅然エネルギー」と呼ぶことにしよう。もちろん自信満々で毅然としているのではなく(そんなのは厚かましいだけだ)、ひとえに神の愛と憐れみを信じきっているがゆえに揺るぎない態度、毅然とした勇敢さを指す。「勇気を出しなさい」(ヨハネ一六・三三)と、キリストも教会の子らを励ましている。[3]

この勇敢さ、まさに神との親近感からくる毅然とした態度に応えて、天のエネルギーも変容するのである。主ご自身も、人と神とのこのようなやり取りを示して「わたしは門である。わたしを通って入る者は救われる。その人は、門を出入りして牧草を見つける」(ヨハネ一〇・九)と言われた。ここでいう「門を出入りして見つける牧草」とは神の国のエネルギー、つまり「聖霊の息吹」に他ならない。

(3) 訳注。原文はいずれも дерзновение という単語で、「毅然」とも「勇気」とも訳しうる。正教会訳でも、文脈に応じて「勇めよ」(イオアン一六・三三)とか「(神の前に)毅然たる」(イオアン第一、五・一四)と訳し分けられている。

譜例１　ベートーヴェン　ピアノソナタ第７番　第２楽章冒頭

この毅然たる「叩き」と「牧草」が闡明するのを示すような音楽の事例が必要だろうか。ベートーヴェンのピアノソナタ第七番、第二楽章の主題の頂点がその「叩き」である（譜例１：ａ）。

　では天の応答はどこか。カデンツで響く「I^2」の和音がそれである（譜例１：ｂ）。このカデンツは単にフレーズの終わりではない。こうして霊（たましい）が神とふれあって浄化した奇跡の和音である。これぞ、みずみずしい「牧草」、軽やかな自由を与えてくれるありがたき恩寵……。現に、低音の音型が聖神（聖霊）をうけた喜びを現しているではないか（譜例１：ｃ）。それまでしかめ面で背負ってきた重苦しさを忘れて、歌うことができているではないか。

　この「牧草」を見つけた後はどうなってゆくのだろうか。円協働が広がってゆく。こうして毅然エネルギーは上り詰め、滝のような下行音型で副主題を締めくくっている（譜例２：ｄ）。

譜例2　ベートーヴェン　ピアノソナタ第7番　第2楽章　第15～21小節目

それに対する応答はあるのか。ある。新しい「牧草」だ。この「牧草」においては、前小節との同音型が天の慈愛をたっぷり受けて、さながら「天の伴奏」を受けて、メリスマ旋法で歌っているのが分かる（譜例2：e）。

「何だと、よりによって天が人の伴奏をしているだと。そんなバカなことがあり得るか」。だが、現実にそれがあり得ているではないか。まさに「人の子は仕えられるためではなく仕えるために（中略）来たのである」（マルコ一〇・四五）。そしてわれわれに聖神という慰む者を送ってくださったのである……。こうして、われわれの霊(たましい)は測りがたい神の慈憐を受けて傷感状態に入る。そこにあるのは、あらゆる人知を超えた神の平安（フィリピ四・七）。「音楽は、あらゆる知恵や哲学よりも高度な啓示である」と言い放ったベートーヴェンは、決してホラを吹いたのではない。ただ観たことを証言しただけである。

展開部は奇跡から始まってゆく（譜例3）。

譜例３　ベートーヴェン　ピアノソナタ第７番　第２楽章　第30〜37小節目

勝利による歓喜、ありとあらゆる存在への堂々たる讃歌……。おお、学生とともに天才の演奏に耳を傾けながら協働の理論を一音一音探求していると、なんと次々とためになることを学べることか。われわれは闡明の証人となる。まさに目に見えない力と美が、傑作を奏でる天才的演奏のうちに現出するのを見届けるのである。

音楽家であられる読者のために、いま述べた螺旋協働の重要性を確認しておこう。曲を演奏するときにその音楽の勢いをうまく持っていく秘訣は、この螺旋協働をどう奏で分けるかに掛かっている。キリストは異なる協働の動作をたった一文で言いつくした。探しなさい、求めなさい、叩きなさい、である（マタイ七・七）。どの動作も同じである。しかし音楽家ならばこれらのエネルギーの階調を見極めて、うまく奏で分けなければならない。演奏に階調があればこそ、聴衆は協働力でぐっと持っていかれるさまを実体験して引き込まれるからである。その技はいくら極めても終わりがない。祈りにも、啓示にも、人生という奇跡にも限界がないのと同じである。なにせ「信じる者には次のようなしるしが伴う。彼らはわたしの名によって悪霊を追い出し、新しい言葉を語る。手で蛇をもつかみ、また、毒を飲んでも決して害を受けず、病人に手を置けば治る」（マルコ一六・一七～一八）と主が言われたほど、果てしないのだ。[4]

かくして、闡明の意味と協働法について考究すると、おのずと「人類の教育原理はどうあるべきか」という問題にぶち当たる。これぞ、この地上における普遍的大事業だからである。われわれは学校教育に携わるとき、協働の三段階（探す、求める、叩く）に沿って子供たちを教導すべきではなかろうか。音楽に見られるように人々が「力から力へ」「恩寵の上に恩寵を」受けられるような啓蒙体系を、マスメディアの中に打ち立てるべきではなかろうか。目下、悪魔の方が熱心だ。マスメディアを利用して地獄の火へ落とす下行階段を敷き、好き勝手に生きたくなる強烈な要因をばらまき、身を焦がすサタンのエネルギーで埋め尽くしている。

もし国民が美しく生きられなくなって心がすさんでしまったら、やることなすこと地獄絵と化してしまうだろう。欧米に媚びて反ロシアの方向に進むならば袋小路に入る。ロシア人は古来より何かに

（4）訳注。協働に関して、演奏家の実体験から付言しておくことがある。舞台上では、いかに「掬い取りにくるエネルギー」に自分を委ねきれるかに掛かっている。自発的エネルギーと呼びうるものはもっと前段階にあり、舞台に上るときはすでに自分を捨てきっていなければならない。そのとき、満身が毅然エネルギーに変容する。谷隆一郎が「受動性の極みにおいて、人は最も善く意志し、かつ真に能動的に行為し得るであろう」（谷隆一郎『人間と宇宙的神化』知泉書館、二〇〇九年、二四一頁。傍点も原著者）と述べたとおりである。そして、その受動性の極みとは「神性の働きに虚心に聴従してゆく謙遜」（同右。一三七頁。傍点も原著者）のうちに、辛うじて授かりうる（これについては第六章及び付録「修行訓話」参照）。

つけ「意味」「善」「公平性」「良心」「正義の実行」「美の創造」といった用語を用いて考究してきたではないか。こういう言葉が、古臭く思えてしまうようになってはいけない。こういう言葉に「向かうべき目的をもった生命力」があり、われわれの生活と活力があり、総体性（ソボルノスチ）の基盤があるのだ。欧米がいかなる陰謀を企もうとも、ロシアはただ神の正義に拠って立つ。もしわれわれが神の正義に拠って立ち、頑なに神に逆らわず心を開いていれば、ロシア自体が闡明し、見えない神の奥義を見えるかたちにすることができるだろう。偉大な奇跡者かつ予見者であった上海及びサンフランシスコの主教聖イオアン（一八九六～一九六六）は、ロシアのすすむ道を「これからの聖なる歴史」と呼んだ。これぞ、朽ちることのない指針である。欧米としてもロシアに歯ぎしりする権利はない。だいたい欧米は一度もロシアを愛さず、ロシアに惹かれたことはなかった。それに対してロシアは、むしろ西欧を愛し西欧に惹かれ、優れたものはすべて西欧から受容したのである。それでも西欧由来の唯名論・デカルト哲学・合理主義・法律主義ほか数えきれないほどある「○○主義」を拒んだことや、最近のぞっとする自由主義の潮流に従わなかったこと、そして物理的な攻撃[5]に屈してこなかったことは欧米のためにも救いとなるであろう。

近々、拙著『人類の教育原理』が出版される。ぜひ注意を払っていただきたい。われわれの課題は、造物主の摂理と愛に応えることだ。現代は黙示録の時代に入ったかのようにキリストを忌み嫌う風潮があるが、だからといって二の足を踏むこともあるまい。むしろその逆である。こうしてキリストの再臨が近づいているという状況こそ、現代人を勇気づけ、時代に花を添えている。地獄の門もわれわれに勝つことはできない。もしわれわれが「神の摂理に協働する」という戒めを破ることさえしなければ――。

訳者より

本章はロシアの誇るモスクワ音楽院の碩学・メドゥシェフスキー教授（一九三九年～　）が、二〇二一年五月にモスクワで開催された第二九回国際教育研究報告会「アレクサンドル・ネフスキー。西洋と東洋――民族が受け継いできた記憶」にて口頭発表したものを若干修正して論文にしたものである。

今年八十四歳になられたメドゥシェフスキー教授（現役。ロシアの教授には定年なし）は本稿にて警鐘を鳴らしている。もしわたしたちが天上の美に背を向けて世俗の自由を謳歌するならば、それが人類の致命傷となるという。押さえておきたいのは、そもそも自由には次元の異なる三種類の「自

（5）訳注。訳者の質問に対し、著者は以下のように答えている。「歴史上のハイブリッド戦争を意味する。スコラ学やそれにつづく唯名論の時代（一一～一六世紀）、カトリックはキリストの「杯の戒め」（「皆これを飲め」マタイ二六・二七）を拒んだ。戒めを拒んでおいて考え方が歪まないわけがあろうか。心が正教の清さを忌まわしく思わずにいられようか。このようにしてハイブリッド戦争という理念が生じたのである。この理念によって向かうべき道が決まり、思想と軍事力で世界を制覇したいという欲求が生じた。北方十字軍やスウェーデン十字軍をふくむ一連の十字軍がしかり、二つの世界大戦がしかりである（一六〇〇年以降、イギリスの秘密情報部（ＭＩ６）がこの任務に当たっている）」。このような東側の見解は多文化理解という観点からも興味深い。『閉された言語空間』（江藤淳著。文春文庫、二〇一〇）を開く何かがある。

由」があるという点である。よく言われる「社会的自由」（権利）や「形而上的自由」（善悪の判断）のほかに、人には「精神的自由」（慾からの解放）がある。救い主は「罪を犯す者はだれでも罪の奴隷である」（ヨハネ八・三四）と明言され、「（わたしの）真実はあなたたちを自由にする」（八・三二）と告げられた。つまり主は人々を（見えると見えざる）罪への隷属状態から解放し、真の「精神的自由」を与えて霊（たましい）を永遠の命へ導くために降臨されたのである。この史実に基づき、メドゥシェフスキー教授は「キリストの教えに逆らう教えは、神に逆らう教えだ」という道理を展開する。社会的自由ばかり求めるならば、聖書にある神の法を犯すことになる。神の法を犯すなら、ソドムとゴモラを見るまでもなく神の怒りを蒙（こうむ）ることになる。芸術家が「真実の美」を体現したキリストに逆らって自由奔放に表現するならば、その創作活動に「真実の美」が闡明することはない。

メドゥシェフスキー教授は二〇〇二年九月に来日されて第二回秋吉台音楽ゼミナールにて講義されたこともあり、私が学生時代から大変お世話になっている恩師である。お知り合いになってから二八年の間、年々成長しつづけるお姿を目の当たりにして驚嘆してきた。たとえば本章では「神の国で見えてくるもの」（110頁）「神の国へ入ってはじめて」（112頁）という表現があるが、この「神の国」は「来世の国」というよりも「現時点で人の内にあるべき神の国」（ルカ一七・二一）を意図している。そのように、論文全体が音楽を介した福音解説となっている点も興味深い。本章は教授の膨大な著作群のごく一部でしかないが、意味を絞りきった短文の連続で教授の世界観の要点が簡潔にまとめられた傑作である（ちなみに本章の結尾で教授自身が紹介した最新著書『人類の教育原理』は、二〇二一年七月にモスクワで第一巻が出版された。全六巻となる予定）。

私自身からすれば、拙論「音楽の創造力の探求」で知力が及ばず論じ切れなかった事柄が、「闡明」という語句を用いて見事に論説された貴重な論考である。「音楽の創造力の探求」と「ロシア音楽のロゴスへの道」と本章を続けて読むと、まるで三部作のように論拠が次第に明らかになっていく構成となった。本章で用いた「闡明」（広辞苑：はっきりしていなかった道理や意義を明らかにすること）という訳語は、ハンスリックの『音楽美論』に出てくる「音楽に於ける美の闡明」や「音楽の哲学的闡明」から拝借した（ハンスリック著／田村寛貞訳『音楽美論』一穂社、二〇〇五年、一七頁、八六頁）。

演奏とは実に神秘的な芸術行為であり、打鍵（タッチ）ひとつ取っても物理学では解明できない。なぜ同じ楽器を弾いているのに、弾く人によってこうも音色が異なるのか。この点、メドゥシェフスキー教授の補足説明（二〇二一年八月三日のメール）が参考になるため和訳しておく。

> ピアニストのタッチを見てください。その神聖なタッチは螺旋協働による垂直力の良い例で、見事なタッチは私たちをじかに天に近づけてくれます。手を正しく構えるのは当然です。でも、それだけじゃ何かが足りない。天からの音を聴き取ろうとする耳がなければ、どんなにタッチを工夫したって魅力的には響きません。これは声楽家の発声や管弦楽器の音色と同じく属神的範疇の問題です。いくら物理学で解明しようとしてもどだい無理な話で、形而上学で見極めなければ解明できない問題なのです。だって、だれ一人として倍音を押し広げたりすることなんてできない

でしょう。でも精神はそれを可能とするのです。めいっぱい広がった倍音（あたかも高調波の出現）により、歌手からではなく、まるで歌手を通して天上から声が鳴り響いているように聴こえてくるものなのです。

単に具体的な音だけではありませんよ。詩にせよ、絵画にせよ、公私を問わず人の生き方でも、協働状態を見抜くことができます。ズナメニイ聖歌は天の高みで協働状態を維持している良き例ですよね。よく人と会ったときにも、相手の内面に天の光がどれくらいあるか一瞬で見抜くものです。なんとなく倦怠感や不満があって天から離れた重苦しい精神状態も見抜きますし、その逆に、天に近い心の状態も見抜くものです。

第五章　優れたピアノ演奏に典型的な一〇の特長

セルゲイ・ラフマニノフ
土田定克 訳

新しい作品に取りかかるときは、構想を捉えることが先決である。弾き手に才能があれば正しく作品を捉えて伝えることができる。ロシアでは、音楽小学校のうちからテクニックを叩きこむ。ピアニストを目指す者はテクニックを身につけ、肝心要のフレーズのうたい方を学び、何よりも意識の中で真に音楽を感じることができなければならない。この点はテンポを決める際にも同じことである。そして、演奏家としての個性を保ちつつも曲の独自性を追究し、ペダルの妙技を極め、因習に陥らないよう気をつけながら真に音楽を理解できるようにならなければならない。演奏家たるもの、そういう真の音楽理解に基づいて聴衆を啓蒙するという使命を持ち、生きた閃（ひらめ）きのある演奏を目指すことだ。生きた閃きとは、つまり霊感である。霊感からくる表現は霊（たましい）から来るものであって、楽譜に書きこめるものではない。熟練して霊（たましい）で奏でているとき、これぞ芸術の使命だという音楽的自覚に目覚めることだろう。

I　作品に宿る真の構想の再現

一流のピアノ演奏について話すとき、その典型的な特長をほんの数点にしぼることなどできようか。それでもこれだけはと言える特長を一〇点ほど取りあげてじっくり見てみよう。そうすれば、ピアノ学習者がこれからどう取り組むべきか考えていく上でのヒントを得られるに違いない。ただしどんなに努めてみたところで、対面レッスンで伝授しうることを紙面では伝えきれるものではないことを断っておく。

新しい作品に取りかかるときは、まず大まかにその作品の構想を捉えることが肝心である。何にも増して作曲家が抱いていた根本的な意図を見抜こうとしなければならない。

でも、学生にしてみればまだまだテクニックが追いつかない箇所もあるわけで、そういう箇所は徐々に克服していくしかなかろう。ただ、より大きな枠組みでバランスよく作品の基本理念を再現できるようになるまでは、やみくもに弾いているような印象を与えてしまうものなのである。

いかなる作品にも、こういう構造で作り上げようという腹案があったことは間違いない。だから、何はさておきその腹案を明らかにし、その作曲家らしい芸術様式に則って、もともと思い描かれていた構想を構築してみせることが欠かせないのである。

「では生徒としてはいったいどのようにすれば、作品を一つのまとまりあるものとして正しく思い描くことができるのでしょうか」と訊くかもしれない。もちろん権威あるピアニストの演奏を聴いて、正統的な解釈を学ぶことが最善である。とはいえ、なかなかそういう機会には恵まれないものだ。それに、普段ついている先生も朝から晩まで教えていて、作品を細部まで完璧に弾きこなせないことが往々にしてある。とはいえ先生もそれなりに作品の芸術的価値を描き出せる以上、何かと先生から汲み取れるものもあるはずだ。問題は、名ピアニストの演奏も聴けない上に、先生の演奏も聴けないような場合である。そういう恵まれない環境にあっても、才能があるならば絶望してはならない。

そう、才能なのだ。才能こそ、どんな後天的なものよりもするどく芸術の奥義を捉え、真実をきりひらく力に溢れている。弾き手に才能があれば、正しく作品を解釈して他人に見せることができる。あたかも作曲家が筆を走らせていたときに頭に響いていた考えを直感的に捉え、その考えをそれらしく再現して聴衆に伝えることができるのである。

Ⅱ　磨き抜かれたテクニック

一流のピアニストになりたいと思うのなら、言わずもがなテクニックを磨くことが基本中の基本となる。上手な演奏を思い起こしてみよう。みな指が回ってはっきりきれいに弾けていて、しなやかなテクニックで際立っているだろう。そうでない演奏など想像もつかない。つまりピアニストたるもの、とりくむ曲の芸術水準に応えうる腕前が前提条件となるわけだ。もちろんピアニストといえる腕前になった後でも、おりいって練習しなければならないパッセージに出くわすことはある。だが概して言えるのは、手と脳が初見でぶつかる難しい箇所をほぼ弾けるくらい熟達しきっていなければ、そんなテクニックはまだテクニックとは呼べる代物ではないのである。

ロシアの音楽小学校では、生徒たちにテクニックをみっちり仕込んでいる。その甲斐あって、最近よくロシアのピアニストが世界中で歓迎されているのかもしれない。そもそもロシア帝国音楽協会が、国内トップクラスの音楽院がどんな教育をしているか細部まで目を光らせているのだ。とはいえ、雁字搦め（がんじがら）めに監視しているわけではない。全学生に同じカリキュラムを課しているとはいえ、肝心な部分は個人レッスンの裁量に委ねているからである。それでも習い始めのうちはテクニックが最優先されることは変わらない。生徒たちは全員、専門家として技術的に熟練しなければならない。誰一人として例外はない。もしかしたら雑誌『The Etude』の読者の皆さんは、ロシア帝国の小学校の教育内容を大ざっぱに知りたいと思われているかもしれない。せっかくなので話しておこう。ロシアでは、学習過程は九年間。最初の五年間はおおかたテクニックを身につけるべく、音楽院でもよく使用するハノン(1)の練習曲集を学ぶ。いわゆる訓練する上での「指練習」といったら、ふつうはハノンを使う。すべてハ長調で書いてあるし、音階や分散和音などの定型も示されていて便利な教材だ。五年生になると、学年末に試験がある。この試験は二段階からなり、まずはハノンを弾いてテクニックを見てもらう試験。つづいて練習曲や小品を弾いて芸術的な表現力を見てもらう試験。でも前半の試験で落ちてしまったら、後半の試験は受けられない。とはいえ、ふつうはハノンをとことん練習しきって

（1）訳注。シャルル＝ルイ・ハノン（一八一九～一九〇〇）は、フランスの作曲家兼オルガニスト。そのピアノ教則本「六〇の練習曲によるヴィルトゥオーゾ・ピアニスト」は、基本的教材として世界中に普及した。

いるため、ハノンの曲番号だけ言われればどの曲かわかる。たとえば試験官に「一七番を（ないし二八番を、ないし三二番を）弾いてください」と言われたら、さっと腰かけて弾く。楽譜にはどれもハ長調で書いてあるというのに、試験官から「ただし○○調で」と指示されてまったく違う調で弾くこともある。それほどハノンを覚えこみ、どんな調でも弾きこなせるように練習しておかなければならないのだ。さらに、弾く直前にメトロノームを鳴らされて「この速度で」と指定されることもある。もちろん前もって速度指定制の試験になることは知らされているのだが、試験場に入るまでどの速さで弾くことになるのか分からない。試験場に入ると、試験官がメトロノームを鳴らして速度を示してから止める。たとえば学生は「ホ長調の音階を、一二〇の速さで弾きなさい」とか言われる。一拍あたり音符八つ分の速さだ(2)。もしその課題を乗り越えられたらそれ相応の評価が与えられ、次の試験に回してもらえるという具合である。

私などは個人的に、とにかくテクニックを叩きこんでおかなければ話にならないと思っている。小品を数曲弾けたからといってプロの腕前とは言えない。そんなのはオルゴールのようなもので、メロディーを二つ三つ弾いたら「はい、おしまい」というお粗末さだ。むしろ学生はテクニックに通じきっていなければならない。もちろん学年が上がっていくにつれて、技術的により難しい練習曲集が与えられる。たとえばタウジヒ(3)をはじめ、チェルニー(4)もよく書けているので使用頻度が高い。いっぽう、ヘンゼルト(5)は長年ロシアの楽壇に貢献してくれた音楽家なのに、ヘンゼルトの練習曲集はあまり知られていない。しかし、チェルニーやヘンゼルトの書いた練習曲集は、ショパンの練習曲などの小品と比肩できるくらい優れていると思う。

（2）訳注。これはかなり速いが、英語版でも「eight notes to the beat」となっている（S.V. Rachmaninov. Ten Important Attributes Of Beautiful Pianoforte Playing. Etude Magazine. March, 1910）。

（3）訳注。カール・タウジヒ（一八四一～一八七一）は、ポーランドの作曲家兼ピアニスト。二九歳で夭折したが、リストの高弟子として「鋼鉄の指をもったピアニスト」と呼ばれた（このタウジヒの技巧に魅了されて、ブラームスは「パガニーニの主題による変奏曲」全二巻を作曲した）。一八六五年頃に、クレメンティの「グラドゥス・アド・パルナッスム」（全三巻一〇〇曲）から最難曲の二九曲を選んで編纂し、「カール・タウジヒ版」として出版。このタウジヒ版が、権威ある「クレメンティの練習曲集」として世界中に普及した。ラフマニノフがここで「タウジヒ」と言っているのも、この「クレメンティの練習曲集のタウジヒ版」を指すと思われる。なぜならロシアの音楽小学校では、この曲集が今日まで広く用いられているからである（モスクワ第六十四音楽小学校ピアノ科主任、タチヤナ・メドゥシェフスカヤ女史の証言に基づく）。

（4）訳注。カール・チェルニー（一七九一～一八五七）は、日本でも有名なオーストリアの作曲家兼ピアニスト。ベートーヴェン、クレメンティ、フンメルの弟子であり、リストやレシェティツキの師でもあった。金字塔となった「練習曲集」数冊をはじめ、多くの作品を遺した。

（5）訳注。アドルフ・フォン・ヘンゼルト（一八一四～一八八九）は、ドイツ・ロマン派の作曲家兼ピアニスト。二四歳でサンクトペテルブルクへ移住し、サンクトペテルブルク音楽院の副院長を務めたこともある。旋律奏法（メロディーの歌い回し）に優れていたため、リストに「ビロードの掌（てのひら）」と呼ばれ、ロシア・ピアノ楽派の発展に貢献した。ラフマニノフは、ヘンゼルトを高く評価していた。

Ⅲ フレーズ（楽句）の正しいうたい方

どんなに楽譜を芸術的に読みとりたいと思っても、音楽の本幹を支える諸原則を知らなければ読みとりようがない。そこで、これ以降は諸原則について見ていこう。まずはフレーズの捉え方、すなわち「どこまでを一つのまとまりとして捉えるか」という問題がある。ところが、残念なことにフレーズ記号をきちんと表記できていない出版社が多い。すっかり勘違いして適当に印刷していることすらある。したがって確実な道はただ一つ、このフレーズという音楽芸術の本幹に向かい合い、どっしり腰を据えて学びこむことだ。そもそもフレーズ記号など、その昔はあまり用いることはなかった。たとえばバッハなどは滅多にフレーズ記号を楽譜に書きこんでいないし、当時は書きこむ必要もなかった。なぜなら音楽家ならば自分で正しくフレーズを捉えられたからである。でもフレーズを把握できたからといって、それでもう安心というわけでもない。フレーズを把握するのと同じくらい欠かせないのが、実際にフレーズをどう弾き分けるかという腕前である。とにかく芸術家は心の中で真に音楽を感じとることができなければならない、とつくづく思う。もしも音楽を感じとることができなければ、どんなにフレーズに関する知識があったとしても水の泡だ。

Ⅳ テンポの決め方

このように、フレーズの弾き方が「音楽の感じ方」ないし「解釈者による感じ方」によって決まるとしたら、テンポもまたそれと同じくらい音楽的才能に左右される分野である。現代では、メトロノーム記号で速度を示す作品も散見されるようになったとはいえ、やはり演奏家自身の勘も無視できない。メトロノーム記号とかけ離れた速度をとるのは無謀になることもあるが、かといってやみくもにメトロノーム記号に従うというのも違う。そもそも見境なくメトロノームをつけるのではなく、自分自身の頭で弾くべきだ。どうもメトロノームをつけて長々と弾きつづける練習法には同意しかねる。たしかにメトロノームはきっちりテンポを示してくれるし、その使い方さえ間違えなければ補佐として頼もしい。ただ、まさしく補佐という役割に限定して用いるべきである。現に、この小さな音楽時計の奴隷に成り下がったが最後、血も涙もない機械的な演奏になってしまうではないか。メトロノームはいつの時代であろうと「補佐」に過ぎず、決して「主君」となるために作られてきたわけではない。つまり練習中に毎分毎秒、人を支配するために作られてきたわけではないのである。

Ⅴ 演奏する曲の独自性

学生ならば大抵の場合、曲と曲を対比させると予想外の演奏効果を生むことがあるのを知っているだろう。どの作品も「そこに宿るもの」である以上、その曲らしさをしっかり捉えるべきである。何の曲を弾いても判で押したように弾く人がいるが、そういう演奏はたまに旅館で出くわす料理みたいなものだ。どの丼ぶりが出てきても同じ味がする。もちろん演奏家として成功するには輝く個性がなければならないし、どの曲をどう感じて弾こうが毎回その個性で彩られていなければならない。とはいえ、そのような個性を保ちつつも、様式の違いは絶えず追及すべきだ。実際、ショパンのバラードはスカルラッティの奇想曲と同じように弾くわけにはいくまい。ベートーヴェンのソナタなどは、どう見てもリストの狂詩曲とは格が違う。ということは、つまり何であれ曲に取り組むときには、その作品にしかない独自の風格を探せということである。いかなる作品も特別な存在として鳴り響かなければならない。もしも会場を埋めた人々が聴いていてすごい曲だと実感できなければ、その演奏者はそこら辺の機械工具よりもちょっぴりましなだけである。

ヨゼフ・ホフマンには、そういう異なる曲想を弾き分ける才能がある。何を弾いてもその曲にしかない魅力を放つものだから、ただただ感嘆するばかりだ。

Ⅵ ペダルの重要性

ピアノ演奏においては、ペダルがミソだという。この言葉がいったい何を意味するのか、アントン・ルビンシュタインの演奏を耳にするまで理解できなかった。ルビンシュタインの演奏は、あまりにすごくて言葉にならない。ことペダルときたらもう神業。現に、ショパンのソナタ第二番の終楽章では、ペダルを駆使してたとえようのない効果を生み出していた。この時の演奏を覚えている人は、音楽がまれに与えうる奇跡の極みとしてずっと忘れないであろう。

ペダル技能は一生をかけて学ぶものである。これはピアノの高等教育において最も難しい分野である。もちろん、ペダルの踏み方の基本法則を定めることはできるし、弟子ならばその法則をじっくり学んでしかるべきだろう。でも、この法則を守るだけでは足りない。ときには飛びっきり惹きつける音色を出す裏技として、わざとこの法則を破ってもよいのである。

法則などは所詮、人類が昔から音楽を研究してきたなかで普及した原則の寄せ集めに過ぎない。かくなる原則は、こうして人類が住みこんで知りえたこの惑星に関する知識のようなものだ。だが、これらの法則を超えたところには、無限の宇宙や星系がある。そこまで見抜くことができるのは、ひとえに望遠鏡のごとく遠くまで見とおせる巨匠の芸術眼のみ。ルビンシュタインはじめ偉大なピアニストは、そういう芸術眼を持っていた。かれらは、かれらにしか感じられない神聖なる美を、地上のこのとしか見えないわれわれの視力にも見えるようにしてくれたのである。

Ⅶ 因習の危険性

たしかに過去の伝統は尊敬すべきものだが（とはいえ本を通してしか過去については手繰れない以上、伝統の高みなど悟れたものではないのだが）、やはり因習に捕われてはならない。旧套墨守との闘いは芸術が進歩する上での決まり事だ。偉大な作曲家や演奏家は、おしなべて因習を壊して廃墟となった上に新しい建物を建ててきた。真似るよりも創り出す方がはるかに素晴らしい。とはいえ何かを創り出すよりも前に、まずは過去になしとげられてきた最良のものを研究したほうがよいだろう。これは作曲法に限った話ではない。ピアノ演奏においても同じことが言える。ルビンシュタインやリストは偉大なピアニストであっただけでなく、知識量も半端ではなかった。ピアノに関することはすべて副次的なものまで読み漁って学んでいた。音楽がどのように発展してきたのか、その一歩一歩を知りつくしていた。だから音楽家として群を抜いて巨匠となったのである。決して身につけた腕前という空っぽの殻の中に閉じこもって安住するような器ではなかった。本当の意味で、知っていたのである。現代の学生たちも、ただピアノの前に座って見せびらかしたいと思うのではなく、少しでも真に音楽を知りたいと渇望してくれたらどんなにすばらしいことだろう。

Ⅷ 真の音楽理解

巷には、口を酸っぱくして「作曲家が何から霊感を受けたのか調べなさい」と教えている先生がいるという。もちろん、それも興味深いことではあるし、とぼしい想像力を刺激してくれるに違いない。しかるに、この私から見れば学生にとっては本人の音楽理解力を当てにした方がずっと良いと思う。よくシューベルトが何らかの詩に霊感を受けたとか、ショパンがどこそこの伝説から霊感を汲み取ったとかいう史実を重宝したがる人がいる。そしてそういった知識があれば、根本的に弾けてない部分もいずれ埋め合わせられるだろうと考えている人がいる。だが、そういう考え方は間違っている。

そもそも学生は作品に取り組む以前に、その作品がどういう主題や動機で貫かれた音楽であるのか見抜かなければならない。まさにいかなる音型の相関関係がこの作品に統一感や構成感を与え、力強さや洗練さを添えているのか理解しなければならない。そしてその要素を、どうすれば現出できるか心得ておかなければならない。ところが指をならす練習を重んじるあまり、真に音楽家らしい基礎力を身につけておくことを過小評価してしまう先生がいる。でもそういう教育法は間違っているため、ろくな結果をもたらさないだろう。

Ⅸ 聴衆の啓蒙をめざす演奏

名人芸を極めたピアニストはただ営利目的で弾くのではなく、より大いなる意義によって動機づけられていなければならない。演奏家には使命がある。その使命とは、聴衆を啓蒙することである。私心なき学生時代にこの啓蒙活動に仕えておくことが、まさに本人にとって途轍もなく貴重な体験となる。「きっと人々がこの曲を弾いたら耳にも教養にも良い影響を受け、より善いものへ向かいたくなるに違いない」と思った曲に全力を注ぐとよい。それが、学生自身のためにもなる。またその際、自分自身の考えを持つことも欠かせないが、聴き手の許容量を超えすぎてもいけない。ただし名ピアニストともなれば、話は別である。なぜなら名ピアニストは高い教養レベルを聴衆に提供するだけでなく、相手にもそれなりの教養レベルを要求するからである。でなければ、いくら見事に弾いてみせたとしても空しい。まさに聴衆が偉大な音楽を満喫できるようになるためには、作品の美しさを実感できるようになるまで良い音楽をくりかえし聴かなければならないのだ……。かるがゆえに、名ピアニストは世界中で学んでいる音楽家の卵たちにこう呼びかける。「さあ、われわれの啓蒙事業に参加してくれ。星の数ほどいる聴衆の耳を育てるのだ。貴重な時間をありきたりの下品な音楽で費やすな。人生はあまりにも短い。ゴミ音楽のむなしい砂漠をほっつき歩いている暇などないのだ」と。

Ⅹ 生きた閃き

上手なピアノ演奏には、つねに華となる閃きがある。どうやらこの閃きが、あらゆる名曲解釈を生きた再現芸術に変えているようだ。閃きはある時点にのみ存在し、説明できるものではない。たとえば技術水準の等しいピアニストが二人いて、二人とも同じ作品を弾くことができたとしよう。一方の演奏は退屈で生命感がなく冴えない。しかしもう一人の演奏はなぜかうっとりするほど惹きつけられてしまう。思うに後者は、生気が漲って躍動しているのだ。そして聴衆に興味を抱かせ、霊感を与えているのだ。つまり閃きが、何の変哲もない音符に生命を吹きこんでいるわけだが、いったいこれほどの華をもたらす閃きとは何なのだろうか。

閃きとは、演奏家が全身全霊で芸術にのめりこんでいる瞬間に降るものだと言えよう。これぞ、霊感という名で知られている驚くべき現象である。作曲家は創作時に間違いなく霊感を帯びているため、その時に味わうのと同じ喜びを演奏者が体験したら、何か今までにない非凡なものが演奏に入りこむ。その演奏は驚くほど活気づいて力を帯びるだろう。聴衆はたちどころにその力を捉え、ミスタッチさえ許されることもある。ちなみにルビンシュタインは瞠目すべきテクニックの持ち主であったが、それでもミスタッチは避けられないと吐露していた。そういう避けがたいミスがあったとしても、胸のすくような理念を掲げたり音の絵画を描き上げたりするものだから、ミスを百万回したとしても許されたであろう。逆にルビンシュタインが異常なほどミスをしないように弾いているときには、どことなくあっと言わせる魅力に欠けていた。そういえば、ルビンシュタインがある演奏会でバラキレフのイスラメイを弾いていた時のことである。ふとした拍子に気を奪われて、その先どんな譜面だったか度忘れしてしまったようであった。もちろんバラキレフの小品っぽく即興演奏しながらその場をしのいで、四分くらいしたら残りの部分を思い出して最後まで弾き切った。でも相当あせったに違いない。次の曲では異常なほど正確に弾いてみせてくれたのだが、不思議なことに、かの暗譜を忘れた瞬間に放っていた奇跡的な魅力を失ってしまったのだ。逆にいえば、そのくらい人間らしい衝動に溢れていて機械的な完璧さとは程遠かった人だからこそ、まったくもって桁違いのピアニストだったといえるのかもしれない。

もちろんどの音符も残さず弾かなければならないし、できるだけその作曲家の様式にそって演奏すべきである。しかし、そういう点だけに熱を上げてはいけない。作品の一音一音は大切だが、一音一音と同じくらい大切なもの、音符と同じくらい大切な何かがある。霊（たましい）だ。つまるところ、圧倒的な華をもたらす生きた閃きとは、霊（たましい）なのだ。霊（たましい）は音楽における最高の表現が出ずる源であり、霊（たましい）から出ずるものを強弱記号では書き表しようがない。まさに霊（たましい）でもって、どこでどんな風に crescendo して diminuendo すべきか直感的に感じるのであり、どの箇所でどれくらい休符を伸ばしたり音符を伸ばしたりしたら良いか決まってくるのである。とりもなおさず芸術家の内奥で、「この間合いはこ～うやって（引っ張って）、ここまで」と命じてくるのである。もしも弟子が凝り固まった規則に固執してそれにどっぷり依存するならば、その演奏は霊（たましい）の抜けた演奏になってしまうことだろう。

優れた演奏をするためには、以上に加えてじっくり深いことを思索しておく必要がある。鍵盤上で弾きこなしただけでは足りない。楽譜をすべて弾けたからといって、目標に到達したなどと思ってはならない。実際、それはただのスタート地点でしかない。むしろ血となり肉となるまでその作品を仕上げなければならない。そう、まさに一音一音を奏でながら、こうして芸術の使命を果たしているのだと思えるようになるくらいまで——。

訳者より

本章は、3.А. петян «С.В. Рахманинов. Литературное наследие» т. 3, Всесоюзноеиздательство «Советский композитор», 1980 г. стр. 232–240. から邦訳したものである（Z・アペチャン編『ラフマニノフの文学的遺産』第三巻、一九八〇年、二三二〜二四〇頁。初出 «The Etude», Philadelphia, 1910, March, N3, p.153,154; 露語初出 «Советская музыка», 1977, №2, с. 80–84.）。

偉大な作曲家が紡ぎ出した含蓄に富む言葉は、その音楽作品と同じく深遠にして美しい。いわば優れた演奏をするためのコツともいえる特長を、わずか一〇項目にしぼりこんで見事な構成にまとめ上げてある。本章は全体像からしてラフマニノフの音楽作品を彷彿とさせる。まさに外から内へ、地から天へ昇っているのである。まず「Ⅰ」でどう作品と向き合うべきか述べ、「Ⅱ」ではテクニックがいかに欠かせないか示す。その上で「Ⅲ」から「Ⅶ」までは芸術をうみだす諸原則を網羅し、「Ⅷ」以降は音楽の真髄に向かって飛びこんでゆく。世界一流の、いや、人類史上に残る巨匠だけに、ときに手厳しいと思われるような忠言も見受けられよう。それでも、あらゆる対を調和させる必要性、すなわち技術と感性、努力と才能、知識と霊感等を両立すべきことを説き、さらにそれらの優先順位まで述べてある点などを見ると、本章は学習者にとっては指針となり、熟練者や教育者にとっては省察をうながす鑑となるであろう。いわば、演奏における「黄金の法則」である。

ラフマニノフ自身がゼロから生み出す創造者（作曲家）であっただけに、もともとあったもの、すなわち「腹案」「構想」「理念」「原理」やそれを再現すべき意義、つまり「使命」が、本章全体を貫くメロディーとなって力強く響いている。そしてそのメロディーを浮き立たせるかのように、相反する課題を和解させる思考のハーモニーが品よく添えられている。それはそのまま、ラフマニノフの音楽作品の特長と一致する。

とくに興味深いのは「Ⅷ 真の音楽理解」である。題名もさることながら、当項に出てくる以下のくだりは圧巻である。「そもそも学生は作品に取り組む以前に、その作品がどういう主題や動機で貫かれた音楽であるのか見抜かなければならない。まさにいかなる音型の相関関係がこの作品に統一感や構成感を与え、力強さや洗練さを添えているのか理解しなければならない。そしてその要素を、どうすれば現出できるか心得ておかなければならない」（傍点訳者）。

ここで「現出」と訳した単語は、ロシア語で「выявить」（現出させる）である。決して巷でよく言われる「表現する」ではない。どんなに読み返してみても、音楽を支えている根本要素を「表現しろ」とは言っていないのだ。この点は注目に値する。なにせ現代ロシアの音楽学の碩学メドゥシェフスキー教授も「現出」について力説しており（第四章参照）、その使用単語が一致していることから も、この二人が真の演奏を同じように捉えていることが窺えるからである。

また、「X 生きた閃き」を飾る後半二段落はフィナーレのごとく、それこそ言葉による華々しいパッセージで見事に締めくくられている。ここで述べられている奥義は真の音楽家でなければ言い得ない真髄であり、さらに、音楽は最も霊的な芸術であるという定説をあらためて裏付けるものである。自分自身が世紀の大天才であるにもかかわらず、ルビンシュタインなどの演奏家が「かれらにしか感じられない神聖なる美を、地上のことしか見えないわれわれの視力にも見えるようにしてくれた」（「Ⅵ ペダルの重要性」結尾）などと言ってしまうところにも、ラフマニノフの人間性が滲み出ていると言えるだろう。

最後に、拙訳について。訳者はこの手でラフマニノフを弾いて楽譜に生命を吹きこんできたが、こうして作曲家の原文をいかに生きた和文に訳すべきか苦闘しながら、演奏を極めるのとまったく同じプロセスを見出した。要は、ラフマニノフも本章で述べているように「目の前にある譜面なり文面なりの真意を、いかにくっきり捉えて現すか」に尽きる。核心に向けて少しずつ肉薄してゆく過程には終わりがない。じつは本章の一部は拙著『ラフマニノフを弾け』はじめその他の論文でも引用してきたのだが、今回こうして新刊書にまとめてみたところ、以前の翻訳力では訳しきれていなかった部分が少なからずあることを発見した。拙訳を読み比べて怪訝に思われた方は、ぜひ本書のほうが正しい訳文であることをご理解いただきたい。

第六章　神父と信徒芸術家

聖イグナティィ・ブリャンチャニノフ
土田定克／アレクセイ・ポタポフ　共訳

人は、神を求めるように生まれついている。しかも自然観察をとおして神の御業を知り、自己省察をとおして神の似姿も観ることができる。しかし、恩寵による至福を体験しなければ、精神が求めている恒常的至福を味わうことはない。そのような至福を味わいたければ、福音書の戒めを実践して善を「味わい、見る」ことが先決である。優秀な芸術家が福音書らしさを身につけたとき、天から霊感を受けて輝き、何を語るにしても歌うにしても描くにしても、そのすべてが聖なるわざとしてできるようになるだろう。

教会の聖歌には、人類共通の「痛悔と涙の心」に貫かれた聖歌もあれば、天国から借りてきたかのような「至福の状態」にある聖歌もある。まさに痛悔と涙で罪をまぎれもなく清めたとき、属神的な喜びが得られるのだ。芸術家たるもの、罪を清めておのが痛悔の涙を詠い、やがてその涙から得られた喜びも詠えるようになることが望ましい。

聖イグナティ・ブリャンチャニノフと「神父と信徒芸術家」について

成聖者イグナティ・ブリャンチャニノフ（一八〇七〜一八六七）は、クロンシュタットの聖イオアン（一八二九〜一九〇八）や隠遁者聖フェオファン（一八一五〜一八九四）とならんで一九世紀ロシアを代表する三大聖人の一人である。上流階級で当代一流の教育を受け、文豪プーシキンやクルィロフはじめ画家ブリューロフらとも交流を持ち、深い教養を身につけた求道者であった。その聖イグナティが、一八三三年に皇帝に命じられてサンクトペテルブルク郊外にある聖セルギイ沿海修道院の院長となり、かつサンクトペテルブルク主教教区内の全修道院の管区長としても活躍していた掌院時代[1]、有名なロシアの大作曲家ミハイル・グリンカ（一八〇四〜一八五七）も、おなじ首都サンクトペテルブルクにて二年間ほど帝室礼拝堂聖歌隊の監督を務めていた（一八三七〜一八三九）。その国家の中枢部で指導的立場にあった二人の職務からしても、二人の間に少なからず交流があったことは想像に難くない。

実際、サンクトペテルブルクのロシア国立図書館古文書部に保存されている手稿の山の中には、聖イグナティ・ブリャンチャニノフが書き残した「神父と信徒芸術家」という対話形式の論文がある。[2] その論文には、聖イグナティの研究家であったモスクワ神学大学教授・典院マルコ（ロズィンスキー。

（1）「掌院」とは、正教会の修道士のみが受け持つことのできる位階の一つで、おもに修道院の院長を務める。聖職を担うことになった修道士は「修道輔祭」を経てから「修道司祭」へ叙聖され、その後、教会全体の指導的立場に任命されるにつれて「典院」を経て「掌院」に昇叙され、最後は「主教」に叙聖される。

一九三九〜一九七三）による以下の注釈が付されている。

掌院イグナティは、教会芸術に関しても属神的体験に基づいた見解を持っていた。そしてグリンカと談話するたびに、ロシア正教会の聖歌はどうあるべきか説き聞かせていた。グリンカはこれぞ正鵠を射た指摘だと思い、ぜひその考えを文章にして紙に残してほしいと願い出た。そこで掌院イグナティは、あらかじめグリンカに口述してあった内容をまとめて、この「神父と信徒芸術家」という論文を書き上げたのである。修道司祭マルコ（ロズィンスキー）による注。ロシア国立図書館（サンクトペテルブルク）古文書部、蔵書目録一〇〇〇類、一九二四番、一七一号。一四七枚目（裏面）〜一五三枚目。OP PHБ. Ф. 1000. 1924, 171. Л. 147 об. – 153.

神父と信徒芸術家

芸術家　お邪魔いたします。きょうはお伺いしたいことがあって参りました。ぜひ忌憚なきご忠言をいただければ幸いです。わたしは幼いころから美しいものに惹かれてきました。なぜなのかよく分からないのですが、何となく大いなるお方というか、高遠な何かを讃えずにいられなくて心から歌が溢れ出てくるのでした。結局、芸術を究めることに一生を捧げてまいりました。でもごらんのとおり、年甲斐もなくいまだに渇き求めてきたものが得られていません。心から讃えてきた高遠な何かは、やはりまだ遠いままなのです。どんなに目を凝らしてみても、まるで透きとおった雲の向こうにあるかのように、あるいは透明なベールの向こうにあるかのように捉えどころがなく、そのおぼろげな何かを讃えようとして心から歌がほとばしってくるのですが、自分でもなぜ歌がほとばしってくるのか理解できません。しいて言えば、まさに神に向かって歌を放ったときにのみ、心が満たされるということは分かってきた気がするのですが……。

神父　その最後に出てきた「神」という呼称からお話を始めましょう。そう、まさに神のみが、人

(2) Игнатий (Брянчанинов), святитель. Полное собрание творений Т. 4, М.: Паломник, 2002. стр. 503.（『成聖者イグナティ（ブリャンチャニノフ）著作全集』第四巻、モスクワ、パロムニク出版、二〇〇二年、五〇三頁）。

間の属神的な渇きを満たすことができるのです。いかんせん私たちは神を渇き求めるように生まれついていますし、それこそ神を希求せんがために造られた存在だからです。しかも自然界を観察すれば、ガラス越しに見るようにして造り主の存在が見えてきますし、自分自身の内面を観察すれば、まるで鏡に見るようにして造り主が見えてきます。そして、それらをとおして神を観ることもできるのです。

自然界をとおして神を観ていると、いかに神が途方もなく賢い全能者であることか分かってきます。そして、それが分かれば分かるほど神が偉大に見えてきて、大自然は小さなものに見えてきます。そもそも自然とはそういう途轍（とてつ）もない知識をもたらしてくれる媒体にすぎないからです。

いっぽう内面を観察しながら神を観ていると、もっと大きな成果を得られます。観察者は自分の内に神を見出したとき、その観察対象と溶け合って一体となります。すると、それまで自分は自立した存在だと思ってきたのに、自立どころかしょせん造られた分際にすぎず、ほとんど受け身でしかあれないという現実に気づきます。その現実に気づくなり、むしろこれからは真に自存されるお方をやどす器になるか、もしくはそのお方をやどす神殿にでもなるべきではないかと自覚するのです。そういうお方を受け入れる使命を持って生まれてくるのが人間だからです。人は、ハリストス教（キリスト教）を学んでゆくことで、神をやどす神殿になるべきだという使命が分かり、さらに信仰生活を歩んでゆくことで、知でも心でも霊（たましい）でも体でもこの使命を実感してゆくのです。

しかし最も深くこの使命を確信できるのは、恩寵による至福を体験したときです。というのも、どんなに自然界や自分自身を観察したとしても、どうしても神[3]が求めている大いなる恒常的至福を味わえなくて満たされないからです。完全な至福に満たされていないうちは、まだまだ心に欲求が湧いています。そもそも欲求が湧いているのだから満たされるわけがありませんよね。ですから、心がすっかり満たされるためには、すなわち至福を味わえるようにするためには、何ひとつ頭で考えず心で求めない状態になることが必要なのです。つまり、あらゆる思考も欲求も超越した状態になることが欠かせないのです。しかし、いくら自然観察や自己省察に励んでみても、このような精神状態は体験することも体得することもできません。自然界や人間の心をよく見てください。そこには薬物もあれば毒物もあり、善もあれば悪もありますよね。そのせいで、どんなに自然観察や自己省察に精を出したところで一向に至福を味わえないのです。なぜならば、至福というのは害悪の微塵もない完全無欠な善を楽しむことだからです。

芸術家　でも、そのような理論を実践している人を見かけないのはなぜでしょうか。

神父　いつの時代でも、世間ではなかなかそのような実践者を見つけることはできませんでした。現代であれば、なおのこと見つけにくくなっています。それでも、ハリストス教の歴史を振り返って

（3）訳注。本書第一章の脚注（1）参照。

みれば、このような理論を実践してきた人はいつの時代にもいましたし、現代でも実践している人はいますよ。たんに大衆が物質的繁栄ばかり求めがちだから、そういう人の存在が目に入らない上に、真に美しいものを見ても共感できず理解できず、真の美の価値を見出せなくなっているだけのことなのです。現に、生まれつき才能に恵まれた人でも、その貴重な賜をどう活かすべきか分かっていませんし、どう才能を活かすべきか説明してくれる相手もいません。かてて加えて、自然界にも毒があるように、人間のうちではとくに毒なものが本性を隠して着飾っているため、若い芸術家ほどその不健康な旨味につられて偽物に嵌まりやすく、本物っぽく見える悪にありったけの情熱を傾けてしまうのです。そして心身の力を使い果たした末に、何となく無意識のうちに幻滅してしまうわけです。これまでにも優秀な芸術家の大半が、こってりと人間の慾を描きあげてきました。歌手も画家も音楽家も、ありとあらゆるかたちで毒なものを描きあげてきました。与えられた能力のかぎりをつくして、哀れにも悪の混ざった美を描いて才能を伸ばしてきたのです。いっぽう善を描くのは苦手で、描いてみても色あせてわざとらしい代物が出来上がってしまうのでした。

芸術家　いやはや、痛いところを突かれましたね。たしかにどの芸術分野においても、慾や毒なものを表現するのにはうんと長けてきた一方で、おっしゃるように何か善いものを描こうとした途端、色あせてわざとらしくなってしまうのです。もしも善いものですらろくに描けないとしたら、聖なるものなど尚更でしょう。たとえば美術史の傑作とされているラファエロの聖母像をご覧ください。どことなく恥じらいのある魅力的な風貌に仕上がっていますよね。でも処女は、どのような年齢に差し掛かったときに恥じらいを覚えるのでしたか。女性という役目を感じ始めたときですよね。しかし恥じらいというのは罪を覆い隠すものでこそあれ、聖性の輝きではありません。ボルトニャンスキーの聖歌「ヘルヴィムの歌」も同じような曲想ですし、ラシーヌの史劇「エステル」「アタリー」や、トマス・ア・ケンピスの著書『キリストに倣いて[4]』も同じ傾向があります。どれもこれも研ぎ澄まされた肉慾の香りがするのです。それなのに、大衆ときたらそういう作品を前にして涙を流したり祈ったりする始末……。とは言ってみたものの、われわれ芸術家としてはどうしたらよいのでしょう。わざとらしくなく徳や聖性をありのままに描き上げるためには、いったいどのような方法があるのでしょうか。

神父　ぜひとも人間の本質を突いている聖書を開いてみてください。そこには、人は心という宝庫を持っており、その宝庫の中にあるものしか取り出すことができない、と書いてあります。たしかに人間ってそういうものですよね。したがって、正真正銘の才能の持ち主であるならば、真に美しいものは神以外にはないと悟った上で、心の中から慾を取り除き、頭の中から偽りの教えを排除しなければなりません。そのうえで、福音書の戒めを学んで頭に叩き込み、その戒めを実践して心を養うこと

(4)『キリストに倣いて』は、福音書もどきの恋愛小説にすぎない。愚かにもこの本を「第二の福音書」などと高評価する人もいるが、それは聖なる恩寵と研ぎ澄まされた肉慾の違いを区別できていないだけである。

です。そうすれば、福音書のいうとおりに考えたり感じたりできるようになるでしょう。そのように実践してつかんだ手応えは、努力の成果として心の宝庫に蓄えられていって永遠の財産となります。したがって芸術家たるもの、そういう福音書らしさを身につけることが先決なのです（それには最初のうち労苦や内面的闘いを伴いますが）。そしてついに身につけたとき、天から霊感を受けて見事に輝き、もはや何を語るにしても歌うにしても描くにしても、そのすべてが聖なるわざとしてできるようになるでしょう。

だいたいわたしたちは、この人体のことですらも、体中を罪から清めて恩寵で満たさないかぎり正しく理解できていませんよ。この体は、地上で生きている間のみ変化するわけではありません。死んだらピタッと変化が止まるわけではないのです。たしかに地上における変化の様子は（つまり受胎した瞬間から霊（たましい）が離れる時まで変化していく様子は）、この目で見て知っているつもりです。それでさえ、いつどこがどう変化しているのか気づいている人はほとんどいませんよね。しかも万人の復活の日を迎えたら、すっかり変わり果てた体になって永久不変の世に入ることになるのです。その日、その人が永福にふさわしく生きてきた場合は体ごと属神的至福に入れますが、罪に仕えてきた場合は体ごと永遠の死に入ることになるのです。

ですから、属神的に考えたり感じたり表現したいと思うのであれば、知と心だけではなく体も含めて属神的になるようにすべきでしょう。ただしそのためには、単純に善について思いめぐらしたり正しい知識を持ったりするだけでは足りませんよ。それどころか自分自身のうちに善を宿らせ、善がほとばしってくるくらいでなければならないのです。なにせ善というのは実践しなければはっきり理解できないものですから、これればかりは実践するしかありません。しょせん理論など、どのように善を捉えたらよいか示しているだけだからです。だからこそ、戒めを実践してはっきり善を理解できたとき、その理解はすでに善そのものだと言えるのです。なぜなら善とはそもそも福音書の理念であり、福音書の精神であり、神ご自身だからです。聖書も、実践をとおして理解すべきことを指して、「味わい、見よ」（聖詠三三・九／詩編三四・九）と呼びかけていますよね。つまり、人は属神的な手応えに基づいて、属神的に物事が見えるようになるのです[5]。

芸術家　となると、いったいどのような思いや心境を抱いたときに、神にもよしとされる思いや心境だと言えるのでしょうか。つまり、芸術家として何を表現できるのか弁えておくために聞いておきたいのですが、たとえば分かりやすい具体例として、教会の聖歌にはどのような思いや心境が表現されているのでしょうか。

神父　そもそも属神的に物事が見えるようになったとき、人はどういう心境になると思いますか。そうです、限りある身として造られたものであることを痛感します。そして、自分の罪や堕落を目の

（5）訳注。この段落も、本書第三章の結句にあった「（研究とは）対象を生きぬいて、感じること」につながるものがある。

当たりにしながら、いかに罪深い受造物であるか自覚します。そのような自覚に至ったとき、おのずと泣いて悔い改めたくなるものです。まさしく痛悔の思いと、涙の心境です。じつのところ罪深い状態にいる人がほとんどですよ。義人と言われている人でさえ、かなりひんぱんに微かな罪に陥っています。ただ義人たちは念入りに自己省察して人一倍強く罪深さを自覚し、この広大な宇宙史における己の小ささも清い知性でより明瞭に見抜いているからこそ、さほど自己を省みることのない仲間よりもずっと深く痛悔と涙の心に徹しているだけのことなのです。したがって痛悔や涙の心というものは、もとより全人類に共通した心境だと言えるでしょう。

さて、教会の聖歌を見てみましょう。この痛悔と涙の心に満ちた歌がたくさんありますよね。奉神礼にて何度も反復される「主、憐れめよ」という祈りなどは、その意味深さからいっても代表的な例と言えるでしょう。ここでは全人類がおのおの苦しみを担いながら、こぞって「主、憐れめよ」と祈って涙を流し、まさに牢屋にいる者も王位にある者もひとしく神に憐みを乞うているわけです。

とはいえ、どの聖歌も涙で貫かれているというわけではありませんよ。聖歌によっては、まるで天国から借りてきたかのような思いや心境に満ちた歌もあるわけです。現に、桁外れに崇高な聖歌の中には、物質を超えた観照を目の当たりにして知も心も途方に暮れてたたずんでいる精神状態も見受けられます。そのとき、人は感極まって心身ともに固唾を呑むしかないのですが、それはいかなる言葉よりも尊い絶句であり、賢明なる沈黙なのです。かくなる状態に至るためには、あらかじめ敬虔な生活を送って霊（たましい）を浄めて備えておかなければなりません。真に神に仕えていれば、神性がいきなり目の前に啓かれてきます。それは常識を超えたかたちで啓かれてくるため、この物質界にて物質的な言葉で説明しても肉の頭には理解できません。この感極まった絶句の状態は、神の宝座を囲む上級天使たちの状態、つまり炎のヘルヴィムや六翼のセラフィムの状態です。この上級天使たちは二翼で飛び回り、残り四翼で顔と足を隠し「聖、聖、聖なるかな、主サワオフ」と叫びつづけています。何千年ものあいだ同じ一句を繰り返しているのも、ありとあらゆる言葉を超えきった精神状態にあるためです。つまり、絶句したまま叫んでいるわけです。そして高く飛びまわっては神の宝座の前に立ち、その光栄を目にしては顔を伏せて全身を隠しています。なにせ観ている対象があまりにも偉大すぎて、驚嘆のあまり相反する動きが同時に生じているのです。

ときおり、まだ地上の旅を歩んでいる間にこのような状態に至った人もいましたよ。大聖人といわれる人たちがそれです。いつか天使とともに味わうことになる来世の至福を、いち早く味わえたというわけです。しかも実体験したその至福の心境を、できるだけ教会の全信徒に伝えようとして書き残してくれました。その際、「驚嘆状態」「畏怖状態」「忘我状態」などと言い表しています。これぞ、神への畏怖心からくる敬虔さの極みでしょう。ちょうど目の前に神の偉大さが現出してきたときの心の状態であり、何ひとつ考えられなくなります。まさに聖預言者ダヴィドが「なんじの知識はわがために奇異なり、高尚なり、われこれを測るあたわず[6]」と謳い上げた、あの状態なのです。

（6）聖詠一三八・六／詩編一三九・六。共同訳は「その驚くべき知識はわたしを超え、あまりにも高くて到達できない」。

聖体礼儀(7)では、この状態から借りてきた心境で「ヘルヴィムの歌(8)」という聖歌が詠われています。まさに上述した至福の状態を表していますね。また、聖祭品(9)の成聖以前に詠われる「安和の憐れみ、讃揚（ほめあげ）の祭を」という聖歌なども、同じ心境で詠われるものです。そして、いよいよ聖祭品の成聖時には、最も深くこの心境で詠うべき歌が詠われます。そのとき、この聖歌(10)の意味するところにそっていえば、もはや何か言えるような状態ではなく……、何ひとつ考えられなくなっているのです。そこにあるのは、ただ驚嘆した絶句で悟りがたき神を讃えている聖歌のみ、あらゆる多弁や雄弁を退けた清い知性による神学のみ、聖体機密の前で途方に暮れながら全身全霊で畏れ捧げたてまつる感謝のみしかないのです。

こうして聖祭品が成聖された後で、神の母（マリヤ）への讃歌が詠われます。この歌を聴きながら、心は緊張状態から解かれます。ちょうど、かのモイセイ（モーセ）が雲や雷鳴を背にして山から下りてきたのと同じです。山の上で神からじかに律法を授かったモイセイは、山から広い平野に出てきたときには聖なる清い喜びを感じていました。そういう心境に満ち溢れているのが、この「常に福（さいわい）にして」という聖歌(11)です。この聖歌は、たまにこの箇所で詠われる他の聖歌と同様、神言（かみことば）(12)の藉身を仲介された神の母マリヤを謳い上げており、属神的な楽しみと歓喜に溢れています。なにせ神が人となってくださったおかげで、人間は以前よりもずっと神に近づきやすくなったのですよ。だから、わたしたちは神が人となられたという福音を耳にするたびに思わず嬉しくなるのです。さあ、このあたりでご質問への回答としておきましょうか。

芸術家　心に火がついて熱くなりました。これからは、神に献げるために歌や聖歌を作っていくつもりです。神父さん、どうか新しい道のりを祝福してください。

神父　だれもが道理を究めながら主に近づいて献身するよう、「人となられた主」から祝福を受けています。ゆえに、あなたもすでに主の祝福を受けているわけですから、何もあえてそれに付け加え

（7）訳注。ハリストスの尊体血をいただく正教会の儀礼。カトリックでいう「ミサ」のこと。

（8）訳注。聖体礼儀において、大聖入の際に（最も神秘的な箇所に入っていく際に）詠われる聖歌。歌詞は以下の通り。「われら奥密にしてヘルヴィムをかたどり、聖三の歌を生命を施す三者に歌いて、いまこの世の慮りをことごとく退くべし。神使の軍の見えずして荷い奉る万有の王を戴かんとするによる。アリルイヤ、アリルイヤ、アリルイヤ」。

（9）訳注。パンとぶどう酒のこと。これが聖体礼儀の中で成聖されて（聖変化して）、ハリストスの尊体血となる。

（10）訳注。歌詞は「主や、なんじを崇め歌い、なんじをほめ揚げ、なんじに感謝し、わが神やなんじに祈る、なんじに祈る」。

（11）訳注。歌詞は「つねに福にしてまったく玷なき生神女、わが神の母なるなんじを福なりと稱うるは、まことに當たれり。ヘルヴィムより尊くセラフィムに並びなく栄え、貞操を壊らずして神言を生みし、じつの生神女たるなんじを崇め讃む」。

（12）訳注。「受肉」の正教用語。「神が人となられたこと」を意味する。

るまでもないでしょう。私はただ主の祝福の証人にすぎません。とにかく欲深く生きるのだけは止めましょう。それこそ野獣と一緒に荒野でもさまよっているかのように、次から次へと慾を満たして肉的に生きるのを止めましょう。ぜひとも「痛悔と涙」という門をくぐって、ハリストスの牧場に入ることです。いま痛悔して涙を流しておけば、ゆくゆくは喜べるようになります。しかもこの世で息をしているうちに、この世ならぬ喜びに与るようになります。まさに心の中でまぎれもなく罪に打ち勝った時、そういう属神的な喜びに与れるのです。さあ、いまこそあなたの涙を詠いなさい。その涙によって、いつの日か喜びも詠い上げることができますように。そして私もその歌を聴いてご一緒に喜ばせてもらい、その歌とあなたのことを感謝して神を讃えることができますように。アミン。

訳者より

このように聖イグナティと重ねた交流の結果、グリンカは教会聖歌「ヘルヴィムの歌」を作曲した（一八三七年頃）。時期としては、ちょうど傑作オペラ「皇帝に捧げし命」（一八三六年）を発表した頃である。グリンカの「ヘルヴィムの歌」は日本ではあまり知られていないが、実際にネット上でも数多くの演奏動画を観ることができる。[13] 動画を鑑賞すれば明らかなように、この聖歌は本章でいわれている「天国から借用してきたような至福の状態」を、グリンカなりに見事に表現した出来栄えとなっていると言えるだろう。しかも、その神を求める精神性は、ロシア音楽の本髄として今日まで受け継がれてきた。[14] グリンカが「ロシア音楽の父」と呼ばれる所以である。

以上のような歴史的背景は、ロシア音楽やロシア文化を理解する上で欠かせない。その真髄にはつねに正教がある——それがロシアであり、ロシア人なのである。ゆえにロシア音楽を演奏するときには、そういう属神的な縦軸を持っていないと嵌まらない。「痛悔」の深みから「至福」の高みまで（そしてそれらはしばしば同時に起こりうる状態でもあるのだが）、いわゆる「自己表現」とは異なる次元の芸術が息づいているからである。

この「至福」の状態こそ、本章の核心的主題である。それは「平安」とほぼ同じと言えるだろう。まさに救主ハリストスが世にもたらした属神的平安である。[15]演奏上、この「平安」があるかないか、あるいは少しでも感じたことがあるかないか、は大きな違いとなって現れてくる。現に偉大な音楽作品を見てみると、最も感動的な場面ではこのような「平安」を示していることが少なくない。それは祈りの行きついた境地であり、地上的な動きが止まって永遠に入る時。[16]ところが、どんなに技術的に優れていても、残念ながらこの「平安」（ないし永遠）を感じたことがないばかりに、しかるべく弾

（13）日本語でも検索可能だが、「Glinka Cherubic Hymn」「Глинка Херувимская песнь」で検索すると量が多い。
（14）本書第三章、及び動画「ロシア音楽にみるロシア文化の魅力」参照。
（15）主は「わたしは、平安をあなたがたに残し、わたしの平安を与える。わたしはこれを、世が与えるように与えるのではない」（ヨハネ一四・二七）と言われた。ここで重要なのは「世が与えるように与えるのではない」と断言された点である。なぜなら主がお与えになるのは、あくまで「属神的平安」であって「世俗的平和」ではないからである。この属神的平安は、ふつう領聖（主の尊体尊血を領けること）をとおして多少なりとも授かることができる。ラフマニノフも領聖（聖体機密）を非常に重んじていた（本書第一章Ⅱ⑤参照）。

けない人が多い。ちなみにハリストス教における「平安」とは、ハリストスご自身のもとにいる状態を指す（マトフェイ一一・二八、及び本書付録『修行訓話』第八十九訓話の後半参照）。

本章は、かなり高度な内容であることは否めない。題名の示すとおり、ある程度求道心のある芸術家に対して人間の本質的課題を述べたものとなっている。大聖人でなければ到達できないような至福を、一般人が同じレベルで味わえるわけがない。それでも芸術家にとって、そして地上を旅するすべての人にとって、鑑として仰ぐことのできる理想があるのとないのとでは雲泥の差である。事実、だれもが可能な範囲で福音書の戒めにそって生き、かくも崇高なる聖体礼儀に与ることで、恩寵によって多少なりとも至福を味わう可能性は開かれている。そして、だれもが死後、ついに現実として「何か」にぶち当たる可能性も開かれている。

本章の底本は Полное собрание творений и писем святителя Игнатия Брянчанинова. В 8-ми томах. Том 7. «Новое Небо». 2017.（『成聖者イグナティ・ブリャンチャニノフ全集（全八巻）』第七巻、ノーヴォエ・ニェボ出版、二〇一七年、六一四〜六一八頁）である。

なお、聖イグナティ・ブリャンチャニノフの著書の重要性については、アレクサンドル・エセーニン長司祭による「基礎から読もう師父の本」という動画にて紹介されているので参照されたい（日本語字幕付）。https://www.youtube.com/watch?v=DuSb08JLj-U

（16）この状態を、シリアの聖イサアクは「あらゆる動きを失くしてたたずむ」「もはや何かに向かおうとする動きを失う」と表現する（聖イサアクにとって「動き」とは、「思い」や「祈り」を意味する。本書付録『修行訓話』第十六訓話参照）。聖イグナティも、本章にて「至福を味わえるようにするためには、何ひとつ頭で考えず心で求めない状態になることが必要」であり、「あらゆる思考も欲求も超越した状態になることが欠かせない」と述べている。聖イサアクが生きたのは七世紀シリアであり、聖イグナティが生きたのは一九世紀ロシアである。ここに、時空を超越した「聖師父の合意（コンセンサス）」が見てとれよう。

第七章　永遠の愛を宣べ伝えるために　演奏する極意を追い求めて

本章は、十年前に「尚絅学院創立一二〇周年記念特集」（尚絅学院大学紀要第六五号、二〇一三年）に掲載されたエッセイである。ちょうど東日本大震災や恩師の永眠という大きな人生の変わり目で感じていた抱負を赤裸々に綴った文章で、私自身としても思い入れが強い。本書では前章まで「われわれは何を観ているか」という問題を追究してきたが、それが演奏会のプログラムを逆転させてしまうほど重要な問題であることが本章に示されている。恩師メルジャノフ教授には観えていた世界が、私には観えていなかったという実話である。

姉妹書『ラフマニノフを弾け』では、前半が体験記、後半がその研究成果であった。本書では、諸章の研究成果へのテコとなった体験記を最終章に配置した。芸術において「体験」と「研究」は切っても切り離せない。「芸術はたましいの叫びだ」ともいうように、たましいが何を観て何に打ち震え、何を目指して生きたかに左右される世界だからである。

主旨

「なぜ、何のためにピアノを弾くのか」――演奏することの意義を、物心ついた頃から追求してきた。青年期において掴んだそれは「人々の喜びのため」であった。しかしこの定義では、陰律や悲劇性を含む全ての音楽の存在意義を包括しきれなかった。そして最近、長い時を経てついに究極の意義に辿り着いた。それは「永遠の愛を宣べ伝えるため」である。

背景

この二年間、大切な人と別れることが相次いだ。震災をはじめ、家族の一人もこの世を離れていった。そして去年の暮には恩師メルジャノフ教授が永眠された。この敬愛する恩師の訃報を受けた時、なぜかシューベルト最晩年の「即興曲　変ト長調　作品九〇―三」が脳裏で流れ出した（この曲は少年の頃、♭が六つもある調号のせいで譜読みに挫折して以来、触れてこなかった曲である）。しかもそれに追い討ちをかけるかのように本学子ども学科の石田一彦教授が急逝された。石田先生はたった前日、学科会で「あんまりぎすぎすしない方がいいよ」と鶴の一声を放ったばかりである。ますますこの曲が、頭から離れない。その理由を究明したいという思いから学生にもこの曲を奏でてその感じたところを問うてみたりした。そうした探求の末にとうとう見出したものは、思い出を振り返るようなこの曲の底辺に流れる深い悲しみの雫であった。強いて言えば、これぞ涙を湛えた「惜別の歌」なのである。ちなみに、この曲の作られたちょうど一八二七年の三月にシューベルトの深く慕っていたベートーヴェンが他界している。

そのように敬愛する人々を次々と見送る中で、ふだんにも増して「永遠」について思いを巡らすようになった。われわれは一体どこへ行くのか。そしてそのためにはどう生きるべきで、今、どう奉職すべきなのか。これが未来とはいえ限りある残り時間を現実的に見据えた、今の私の最重要研究課題である。

よく言われることだが、芸術家の感性が捉えるものとは、その時宜に適って深い意味を持っているという。時にそのことが長じて、芸術家はその時代の精神性を表す代弁者とも呼ばれる。私も芸術家の端くれとして何故いまこの音楽が私を捕らえて離さないのか、よってこの音楽をどう弾くべきかという問いに対して正鵠を射た答えを見出そうと必死になる。そこに何か大切な真実が隠されている気がしてならないからである。

というわけで、まずどうしてこの「永遠の愛を宣べ伝えるために」という極意に至ったのか、その経緯を少し顧みたい。でないと、この言葉が滑稽に聞こえる恐れがある。もっともこの言葉の発話者自身が己れの器を度外視している点において笑止千万の沙汰であることは否めない。しかしそれを承知の上で敢えてここに今までの経緯を記し残すことにより、亡き恩師を偲び悔悛の念を改める契機とし、現在の抱負の揺るぎない礎石としたい。

過去

まず初めに、演奏する醍醐味は演奏自体にあるのみならず、演奏会の構想、つまりプログラミングにも多く存することを押さえておきたい。それどころか演奏会の成否を分ける諸因の五割は、すでにプログラミングで決まると言われるくらいである。それほど演奏会のプログラミングは重要であり、演奏家も多大な時間と労力を費やして構成を練るものである。その際に考慮すべき側面は多次元に亘る。たとえば、曲順や調性における連関性、抑揚の強弱緩急や明暗の織り成す文脈性、各曲の立ち上がり方と消え入り方、また間や余韻の中でしか掴むことのできない残象……、つまり各曲が互いに引き立て合うように、プログラム全体を貫く起承転結の全素材が生き生きとした体験をもって味わい尽くされていなければならないのである。

ところで最近、ちょっとしたプログラムを見出した。色彩を極限までモノトーンに抑えた上、徐々に暗い深淵へと掘り下げていくプログラムである。興奮してモスクワ音楽院の恩師メドゥシェフスキー教授（芸術学博士）に伝えたところ、師が「実に面白い！　しかし聴衆が堪えられるかどうか……」と懸念されたプログラムである。しかしこのプログラムこそ、青年期には絶対に構成できなかったプログラミングであるのみならず、一〇年前に恩師メルジャノフ教授が自腹を切って強制した地平にようやく私の理解が辿り着いた証なのである。

繰り返すが、青年期に見出した演奏の意義は「人々の喜びのため」であった。当時、コンクール受賞によって生活が一変し、モスクワ音楽院の小ホールでリサイタルを開く機会も与えられた

（二〇〇二年一一月一九日）。私のプログラムの要点となる大曲は、第一部がラフマニノフの「コレルリの主題による変奏曲」、そして第二部がシューマンの「幻想曲」であった。端的にいうと第一部が闇で、第二部が光である。この闇から光へという過程はベートーヴェンの名句「艱難を突き抜けて歓喜に至れ」にも明らかなように、クラシック音楽の伝統に基づいた正統的なプログラムであり、いわば文句なく「人々に喜びをもたらす」プログラムであると思われた[1]。

ところが演奏会も近づいてきてポスターが張り出されると、それを一瞥した恩師メルジャノフ教授が怒り出す。「何てふざけたプログラムだ！　絶対にシューマンが第一部でラフマニノフが第二部でなければならん！」。そして恩師は私を連れ出すと印刷屋に赴き、ポスターを一から刷り直すように注文し、その費用をご自身の懐から出されたのである（しかも演奏会わずか六日前の出来事である）。

この出来事に際して、教会の教える聴従により外見上は従ったものの、内面では激しい葛藤を堪えきれなかった。「僕のやりたかったことが、台無しになる」。そのため不本意ながら弾いた第二部を弾き終えるや否や、舞台袖に引くこともなく一礼すると聴衆を慰めるために心温まるアンコール曲を弾き出した。

この行為を恩師が非常に不満に思ったこと、言うまでもない。演奏会終了後、恩師は哀しそうな目をして「サダカツ、お前はまだコレルリ（の主題による変奏曲）を分かっていないのか……」と呟かれていた。そして私の顔を真剣に見つめながら「分かるか、これは属神的な曲なんだ。お前なら分かると思ったのだが……」と言われた。それなりに分かっている気もしたので「分かっております」と答えたものの、「いや、分かっておらん」ときっぱり。実際、恩師がまさに何を意味して「属神的な曲」とおっしゃったのか理解できていなかった。

現在

この半年間で開催した一連の主要演奏会を並べると、「尚絅学院大学礼拝堂新設記念演奏会」（二〇一二年一二月一〇日）、「宮城学院女子大学音楽科教員コンサート新年演奏会」（二〇一三年一月一一日）、そして地元練馬文化センターにおける「土田定克ピアノ・スプリング・リサイタル」（二〇一三年三月九日）の三つである。この三つはどれもほぼ同一のプログラムで構成された演奏会だが、まさに上述した恩師の方向性に挑んでいる。ただしそれはかつてのように抗った不遜な挑戦ではなく、むしろ「あなたの高みに肖りたい」という思いの丈からきた、自分の限界への挑戦である。[2]プログラミングと一言で言っても、多くの場合その着手段階では終着点が見えないまま決めるほか

(1) 当初の予定は、第一部がベートーヴェンの月光ソナタとラフマニノフのコレルリ、第二部はシューマンのトッカータと幻想曲だった。だが結局は、第一部が月光ソナタと幻想曲、第二部はラフマニノフの前奏曲三曲とコレルリを弾いた。

(2) まさに第一部のメインがシューマンの「幻想曲」、第二部のメインがラフマニノフの「コレルリの主題による変奏曲」という恩師メルジャノフ教授の強いたプログラムである。三つとも第一部ではシューマンの「トッカータ」等、第二部ではチャイコフスキーの「秋の歌」等の小品を前奏として弾いている。

なく、ある一定の方向性と予感（「なぜか今これが絶対に必要」という引力のごとき直感）で決定したプログラムの上で練習や調査を始めることとなる。今回もその例に洩れずプログラムを決定し、練習や調査を始めた。ところが二つ目の宮城学院の演奏会の前で思わぬ発見に遭遇する。それは長年の謎だったシューマンの「幻想曲」の初版における、第一楽章と第三楽章の終結部がほぼ同一であることの意味である。

よく調べると、この終結部はシューマンが愛したベートーヴェンの連作歌曲『遙かなる恋人に』作品九八からの引用であることが判明した。そして、原曲の譜面を見るとNimm sie hin denn, diese Lieder,「さあ愛する君よ、受け取っておくれ。私の歌ったこれらの歌を」という歌詞が付いている。この事実は、シューマンの「幻想曲」が丸ごと愛の献呈歌であったことを示している。さらに、シューマンがこの同じ終結部をそもそも両端の楽章、つまり一般的に人生の移り変わりの象徴と言われている本作品のうち、「青年期」（第一楽章）でも「晩年期」（第三楽章）でも響かせようとしたのは一体どういう意図があったのか。おそらく当時結婚を強く反対されていた若きシューマンが、無言歌という粋な形で、たとえどんなに永い時が経っても変わらぬ愛のあることをクララに告げたかったのではなかろうか（ちなみにシューマンがクララへの一途な愛に生きた事実はあまりにも有名である）。

かくして、シューマンの「幻想曲」がかの難解なラフマニノフ最晩年の「コレルリの主題による変奏曲」（難解すぎて国内では演奏会で弾かれる頻度が低いと聞く）と共に同舞台で弾くべきと予感した原因がついに解明したのである。この二曲が放つ一見対照的な性格の奥に、共鳴し合う一本の琴線が張られていたからである。ここでシューマンは「献身の愛」を描き、ラフマニノフはそれを極めた「捨身の愛」を描いた。[(3)] とするならば、つまるところこの両曲がこぞって謳い上げているのは「永遠の愛」である。同じ方向性をもった愛である。それはまたの名を自己犠牲の愛ともいう、かの十字架上の永遠者に行きつく愛である。この予期せぬ大発見が導火線となって「永遠の愛を宣べ伝えるために演奏する」という極意が閃(ひらめ)いた。それが今、眼前の展望となって無限大に広がっている。

永遠の愛などと語り出すと近年は冷笑されるのが落ちかもしれない。履き違えた自由思想とその世界観は留まるところを知らず、夫婦の愛ですら、その神聖さに疑義を挟むのが現代である。だがそのような基軸なき時代に生きるからこそ、いま音楽を通して永遠の愛を伝えていく必要が生じている。それはもし主の御旨が許すのなら、多様性という名で孤立した人々の心に一致団結と調和による喜びを思い出させ、生きる力を呼び戻すきっかけとなるかもしれない。もちろん「永遠の愛」という言葉

（3）恩師メルジャノフ教授が「属神的な曲」とおっしゃったのは、このことであったか！　シリアの聖イサアクが「しかるべく生きていなければ神の真実は観えてこない」（第三十訓話）と喝破したように、属神的な作品を理解するにはそれ相応の生き方が求められる。さすが恩師は母国のために志願して戦地に赴いただけのことはある（拙著『ラフマニノフを弾け』第三章参照）。まさにこの曲と同じ精神で生きてこられたからこそ、この曲の真意が観えておられたのである。この曲の真意については、拙著『ラフマニノフを弾け』二一八〜二二〇頁参照。

の奥には、神の愛が照準されていることは言うまでもない。

永遠

「永遠」について探求する中で、最近、発見したことがある。それは教会の教える永遠というものが、時間の無限性とか生命の停止を意味するものではないということである。そのため教会の教えによれば、来世において苦しみに遭う者も、その者の為に献じられる祈祷の力によって、永遠の苦しみから脱け出て神の光栄に満ちた永遠へと入ることができるという。そしてその可能性は最後の審判の時まで続くという。このことについて、ヴラジーミル・ロースキイは次のように述べている。

> かりにわれわれが時間というものを「運動」「変化」「一定の状態から他の状態への移動」という概念で捉えているとしても、いざ永遠を捉えるときには、あたかも以上の対義語となる「静止」「不変」「不動」という概念を対置させることはできない。それはプラトンの思弁的世界における静的な永遠であって、生ける神の永遠ではない。もし神が永遠の中に生きているのならば、この生きた永遠は、運動する時間と静止した永劫という対置を超越したものでなければならない。（Лосский В.Н. Очерк мистического богословия Восточной Церкви. Догматическое богословие СТСЛ., 2012. стр. 442. 傍点部は原文では斜体で強調）

運動する時間と静止した永劫という対置をはるかに超越する「生きた永遠」があるとは、想像すらできない次元であった。この言葉が恩師亡き後の私に与えた光と希望の力は計り知れない。ならば死者のために奉ぜられる祈祷をはじめ、追悼演奏会などもより深い意味と未知なる可能性を帯びてくる。私達は永遠に生き、神の御前で死滅する人格は存在しないからである。

「永遠」など所詮、人間には知ることの許されない神秘の次元である。が、現実として、私達は必ず永遠へ入らなければならず、今この瞬間にも私達は「永遠」に包まれ、「永遠」と隣り合わせで生きている。この永遠のうちに生きているという神の愛。ここで捉えられるエネルギーこそ、生演奏に聖なる息吹を賜う力であり、偉大な名作・名演が証すまでもなく、人々に真の喜びをもたらす音楽の源泉でなくて何であろうか。

未来

留学してまだ間もない頃、当地でお世話してくれた恩人の坂口俊さんが父親を亡くした。その時に坂口さんが語った言葉が今でも深く印象に残っている。

「ある人から聞いたんだ。人はね、生まれたときは四分の一人前。で、結婚して四分の二人前。つまりようやく半人前になったってこと。つづいて子どもを育てて四分の三人前。そしてね、」と嬉しいとも悲しいともつかない表情で続けた。「親が死んで、一人前、ってさ」。

「違う」と頭では分かっていても、キリストを失った弟子達はこんな気持ちだったのかと恩師を失って想像したりした。何か今までずっと判然としなかったものが突如自分の中で固まった。それが何であり何故そうなったのかは全く分からない。分かっていることはただ一つ。「僕は、恩師の分も弾かなければならない」[4]。これが、今の私の抱負の全て。その上で、演奏によって得られた知識や技量を色々な形で学生や未来を担う子ども達へ伝えていきたい。そしてその際に万が一、やる気をなくした若者や生きることに疲れた人々の心に、また正邪判別の覚束なくなった我が国の思想的土壌に、真実の愛の潤いを注ぐことができたら幸いである――授けられた音楽という言葉の雫をとおして。

（4）震災後からコロナ禍までは演奏会が多かった。その一部をなす震災復興祈念にまつわる演奏活動については、拙著「震災復興祈念演奏会を通して見る心の変遷」『公衆衛生情報みやぎ』第五三七号所収、宮城県公衆衛生協会、二〇二三年一二月、一～三頁参照（「公衆衛生みやぎ」のサイトからダウンロード可）。

付録一　『修行訓話』抜粋集

シリアの聖イサアク（七世紀）
土田定克／アレクセイ・ポタポフ 共訳

訳者より

ピアノの道を極めるならば、修行するようなものだ。「真・善・美」という言葉があるように、「真の美」を現出させたければ、全身全霊が「善」で貫かれなければならない。どうやって善に拠って立つのか。第六章「神父と信徒芸術家」でも説かれているように、善という理念をくまなく打ち出している福音書に学ぶのが早い。ただし福音書は正しく解釈しなければならない。深遠な芸術作品は優れた指導者の元で学ばないと弾けるようにならないのと同じように、福音書も一生涯をかけてそれを知悉した人たちに学ばなければ正しく理解できるようにならない。「聖師父」と呼ばれる人たちがそれである。なかでも「克肖者」とは「克己して神に肖（あやか）った者」という上位の称号である。七世紀の克肖者聖イサアクが[1]『修行訓話』という歴史的名著を遺した。死を恐れずに立ち向かうこと、偽善ではなく真の善を極めること。聖イサアクの言葉は厳しいが温かい。つまるところ「清い良心よりも強いものはない」というのが聖師父の教えであり、これぞあらゆる恐怖（本番への緊張も含む）に打ち勝つ秘訣なのである。これぞ、青空に高く掲げる白帆なのである（「まえがき」参照）。

興味深いことに、聖イサアクは「思い」や「祈り」のことを、しばしば「動き」という言葉で表現する。[2]つねに動きの中にいる演奏家にとって、この点は無視できない。ラフマニノフも、音符や休符の長さを決めるのは霊（たましい）[3]だと断言したように、演奏とは内面の動きから流れ出てくるものだからである。[4] ところが心が演奏中に飛べないことは多い。弾くのが精一杯だったり気負っていたり悩みを抱えていたりする。でも心が自由に飛べなければ、音も飛ばないし音楽も流れない。そこで、いつも心を脱力して、弾くときに爽やかな風に乗れるよう整えておこうと励むようになる。しかし励めば励むほど、自力だけでは整えきれないことを悟る。そのとき、心底から神に祈るようになる。かくして「歌いつづける、[5] 思いつづける、祈りつづける」という姿勢が、目に見えない部分まで最善を尽くす姿勢となる。

---

(1) 六一三年頃～七〇〇年頃。六六〇年代にニネヴェの主教にも選ばれたが、半年もしないうちに主教品を辞して隠遁生活に戻る。その長年の黙修生活の中で人の深層心理を突いた言葉を多く遺し、卓越した洞察力で有名。

(2) 本付録第十七訓話など参照。各国語によって単語の意味の射程が異なるため、シリア語の「動き」という単語の直訳では論旨が乱れてしまう場合には、ギリシャ語版やロシア語版でも「思い」や「祈り」と意訳している。和訳版もしかり。

(3) 本書第五章X、第一章脚注13参照。

(4) 歌いまわしは抑揚(イントネーション)で決まる。イントネーションは思いから湧き出てくる。イントネーションには本音が出るため、偽れない。自然なイントネーションで演奏したければ、邪念を断って思い（念力）を温め、心がそれになりきっていなければならない。「心技体の一致」である。

(5) 楽器で旋律を美しく奏でることも、音楽界では「歌う」という。たとえばホロヴィッツやハイフェッツの演奏は、楽器をとおして人声のように艶やかに歌っている。

もう一つ大事なことは、聖イサアクが「神を畏れる心」を底辺に据えた点である（第一訓話参照）。聖書にも「主を畏れることは知恵の初め」（箴言一・七）とあるとおり、神を畏れるか否か、そこが人生の最大の分岐点だからである。神を畏れて生きていると、徐々に神以外のものを恐れることが無くなる（第三八訓話冒頭部参照）。逆にいうと、神を畏れていないからこそ、小さなことまで不安になるのである。[(6)] 階梯者聖イオアンも「気が弱いのは、自分をより良く見せようとしているせいだ」[(7)]と教えたが、かの本番を恐れる緊張感も、神を畏れる心が足りないから怖気づく。心が世界の中心（人生の主要課題）へ向いていないから、周囲に振り回されたり他人の目を意識したりしてしまうのである。その意味で、この『修行訓話』は無駄な恐れをそぎ落として大事なものに心眼を向け、神（最後の審判）を畏れる心を呼び戻すのに効果覿面である。とくに現代人は快適な暮らしに慣れ、その快適さを失うことを恐れている。神なき孤独のうちに精神力も弱まり、必要以上に死を恐れている。死を恐れているうちは、真の自由はない。真の自由は、神のうちにしかない。使徒も「愛には恐れがない。完全な愛は恐れを締め出します」（ヨハネ第一、四・一八）と述べたように、愛の力が恐れを打ち砕くのである。舞台に堂々と出たければ、確信をもった毅然エネルギーが必要である（第四章参照）。そのためには、自信ではなく神信、すなわち神を畏れる日々の生活が欠かせない。行動においても思いにおいても神を畏れながら生活したとき、恩寵の力が降ってくる。これが、本書の冒頭の問いに対する究極の回答である。[(8)]

底本は、二〇一九年にモスクワの聖三者聖セルギイ大修道院から出版された新訳改訂版 Преподобный

Исаак Сирин Ниневийский. Слова подвижнические. СТСЛ. 2019. である。これは二〇一四年に同修道院が発行した新訳版（ロシアにて史上初、ギリシャ語ではなくシリア語原語から訳された）の改訂版であり、膨大な研究成果が詳しい解説となって付記されている。従来の版では意味を捉えにくかった箇所が明瞭になっている点がその特徴である。

（6）この不安感を、聖イサアクは「要するに、体にまつわる不安である」と言い切る（第二訓話、198頁参照）。この不安に打ち勝つには、その対極にある「神の平安」を得るしかない。ある調査によると、聖書には「恐れるな」（「心を騒がせるな」等も含む）という意味の聖句が、最も頻出する聖句の一つとして一〇〇回近く（数え方によってはそれ以上）も繰り返されているという。これぞ、楽園を追放されて怯えている人類に対する神の呼びかけであろう。「神の平安」については本書第六章参照。

（7）『階梯』第二一段・六。また、「幼児のようにびくびくするのは、神を信じずに虚勢を張っているからだ。信仰がないから、思わぬ困難に遭わないかびくびくする」（同段・二）、「思い上がっている者は気が弱い。自分自身に期待しているので些細な音や影すらも怖がる」（同段・四）とも教えている。Преподобный Иоанн Лествичник. Лествица. Сретенский монастырь, 2008, стр. 246–247.

（8）一九世紀ロシアの哲学者I・キレエフスキー（一八〇六～一八五六）は、「信じる理性について」という論文の中で、「人間とは、その人の信仰だ」（＝人は何を信じているかによって決まる）という名句を遺した（Киреевский И.В. Полное собрание сочинений. Москва, 1861 г., т. II, стр. 338. 本書第三章参照）。実際に、人間は自分の信じたとおりに人生が展開してゆく。神を信じれば、神に助けられて生きていく。お金の力を信じれば、お金がないと生きていけなくなる。ゆえに人生における選択は「神を信じるか否か」の一つしかない、と言いきる人もいる（マタイ六・二五―三四参照）。

本邦では明治時代に正教会から『シリアの聖イサアク全集』(堀江復訳)が出版されたが、明らかな誤訳も散見されるうえに直訳調の文語であり、現代日本人には読んでいてとても理解しがたい(聖イサアクの主旨が伝わりにくい訳文になっている)。また、一九九〇年に聖公会から『同情の心』という題で抜粋集が出版されたが短文ばかりの寄せ集めに過ぎず、どうも聖イサアク独特の論証力やその主張が実感できない。本書ではあえて最初と最後、すなわち第一訓話と第九十一訓話のみ全文を載せ、あとは本書に関連の深い部分を載せておこうと思う。本書の読者用の訳注も付し、本書内で引用した箇所には傍線を引いた。

第一訓話

世を捨てることと修道生活について

　徳の初歩は、神を畏れる心である。神を畏れる心は信仰の産物といわれ、世の中のことをあれこれ考えず、ただ来たる復活のことだけを考えるようになったときに芽生えてくる。もし徳の土台を据えたいならば、いちばん良いのは世の務めを離れて光の法に向き合うことだ。つまり聖神が聖詠者ダヴィドをとおして名づけた「聖なる義の道」を学ぶことだ（聖詠二二・三、一一八・三五）。どだい人間なんぞ、たとい天使のような心の持ち主でさえ名誉を受けた途端にぐらついてしまう。どうもころころ変わりやすく生まれついていることが原因らしい。

　さて、いかにして救いに至る道を踏み出してゆこうか。いつも神の言葉を学ぶこと、そして清貧に暮らすに尽きる。この二点には相乗効果がある。神の言葉に没頭していればたやすく貧しくなれるし、貧しい暮らしに慣れれば神の言葉を学ぶ余暇が増える。この二点を両立させれば、あっという間に徳の家を築き上げることができるだろう。

　そもそも世を離れずして神に近づける者などいない。「世を離れる」とは、体から離脱せよと言っているのではなく、世の務めから遠ざかれという意味である。世の諸事で頭をいっぱいにしないこと、ここに徳がある。まだ外部の物事に気を取られているうちは、夢見がちな心を鎮めにくい。荒野で暮らさなければ体の慾も収まらず、邪念も枯渇することがない。要は、精魂を傾けて神を信じきった陶酔に至れるかどうかだ。ただ、この「神を信じきった陶酔」に至る日までは、どうしても感じやすい性質が治っていないので、つい目に見える物に気を奪われてなかなか内面に向かえない。ゆえに理性の指令どおりに動けず、慾の罠に絡まったまま「自由」を感じられないのである。したがって、こう言いきれるだろう。世を離れず（初級）して、神を信じきった陶酔（中級）など味わえない。ひとえに神を信じきって正しく陶酔できたとき、はじめて自由を操れるようになるのである（上級）。

人は豊かに恩寵に恵まれると、正しくあろうとするあまり死を恐れてなんぞいられなくなり、ここはいかに辛くとも神を畏れて耐えるべきだと思える理由を次々と見出す。そして体の負傷や自然災害でさえ取るに足らぬものとみなすようになる。将来に桁違いのものを望んでいるからだ。だいたい試練を受けずして真実を知ることなどできない。真実を知る道において試練が欠かせないことは、とくに神に身を捧げて迫害に耐えた人々を見ればよく分かる。現にわれわれがこうして生きているのも、ひとえに神の偉大な摂理のおかげであり、誰一人として摂理に導かれていない人などいないではないか。だからこそ、どんなつらい目に遭ったとしても真実を知るために耐えるべきなのである。

　ところが、恩寵を得られなくなると、右記したことはすべてほぼ真逆の形で現れてくる。つまり研究を重ねて信仰よりも知識を増やすようになり、もはやすっかり神に期待することなどできなくなり、神の摂理も違う風に捉えるようになる。すると「闇に矢を放つ輩」（聖詠一〇・二参照）の陰謀に嵌まって、神の摂理を信じられずに苛まされることになる。

　真の人生は、神を畏れることから始まる。ところが、あれこれ世俗のことを思いめぐらしているうちは神を畏れることができない。気が散っているようでは神を知る楽しみを味わえないからだ。というのも、何かを思いめぐらそうとするときに内へ向かうべき思考が外へ向かっていると、どうしても外の方へ引っ張られてしまうからである。

　疑念を抱けば怖気づく。だが、信仰を持てば四肢を切られても揺らがないほど意志が強まる。肉体を愛する気持ちが強ければ強いほど、その愛する肉体を四方から攻めてくるものに対して大胆に立ち向かうことなどできまい。

　名誉を求めているうちは、事あるごとに思うようにいかずがっかりする。人は置かれた状況が変わっただけで、取り組んできた事柄が今までとは違って見えてくるものだ。もし「感覚をとおして欲望が生じる」と言われているとおりであるならば、こともあろうに気晴らししながら知性を穏やかに保てるなどと豪語する輩は口をつぐむがよい。

貞潔な人というのは、苦行中に下品な想念が止むようになったと公言する人のことではない。むしろ心底から心眼を清め、ふしだらな想念を恥じなく覗きこまなくなった人のことを指す。そして良心が、どれほど誠実に物事を見てきたか裏づけるようになったとき、恥じらいという幕が想念の至聖所に掛かって淫らな思いを遮断する。こうして貞潔な処女のごとく、ハリストスへの信仰でもって心身を汚さないようにするのだ。

かつて心を占めてきたふしだらなものへの愛着を断ち、肉体に湧く乱れた思い出から遠ざかって炎の渦を逃れたければ、聖書をこよなく愛して学び、聖書の深い考えを悟ろうとすることほどためになるものはない。頭が聖句に秘められた叡智を悟る楽しみでいっぱいになると、聖句から理解を汲み取った分だけ世から離れていく。すると世に関する記憶も薄れ、生々しい具体的な形状も忘れ、思い出も心の中からどんどん消えてゆく。生理現象としてやってくる想念さえ消してしまうことも稀ではない。なにせ聖書という神秘の海の中を泳いでいるので、次々と新しいことを見出しては胸を躍らせているからである。

それどころか、たとい知性が水面を泳ぐだけであったとしても、つまり聖書という海の表面に触れるだけで根底の考えまでは悟れず、根底に秘められた宝をすべて捉えきれなかったとしても、その行為自体、すなわち聖書を理解しようと必死に頭を働かせていたこと自体が、すでに想念を縛りつけておくのに十分なのだ。それは、誘惑にやられて邪念に打ち負かされている惨状であっても変わらない。ある捧神者が「聖書の驚嘆すべき奇蹟をちょっとでも思い出せば、体の慾を満たしたくなる気持ちを抑えられる」と述べたとおりである。もはや心得ているでしょう。邪念というやつがどれほどやりきれないものか。要するに、心というものは知恵で満たしておかないと、体の欲求の嵐に耐えきれないのだ。

そう、天秤に重いおもりを載せておくと嵐の中でも揺れにくくなるように、知性にも「恥じらい」と「畏れ」という重りを載せておけば揺れにくくなる。知性というものは「恥じらい」と「畏れ」という重りが足りなければ足りないほど飛び回りたくなり、その天秤は畏怖心が失せれば失せるほど空っぽになってふわふわ揺れ動く。しかし天秤にどっしりした重荷を置いておけば風に吹かれてもたやすく揺れることがないように、知性にも「畏れ」と「恥じらい」という重荷を置いておけば篩（ふるい）にかけられてもそう簡単には揺れない。他方、畏れを失えば失うほど、たやすく見解が変わって気移りするようになる。だからこそ、こう進んでゆこうと決めたその道の礎に、神を畏れる心を置いて賢く歩め。そうすれば数日もしないうちに、道に迷うことなく天国の門前に立っている自分に気づくだろう。

聖なる書物を読むときには、つねに言葉に込められた目的を探し当てよ。聖人の深い考えを洞察し、その考えをきっちり正しく理解するためである。神の恩寵に導かれて生活していれば、頭脳が明晰になるにつれて感じ取れるものがある。まるで光のようなものが文面に差し込んできて、いかにそれが霊的本質をうがった意味深長な文章であるか見えてくるのだ。[9]

せっかく味わい深い箴言を読んでいても、その真意を読み取れなければ心に何も残らず、霊（たましい）でうまく悟ったときに得られる聖なる力も楽しみも得られない。

およそ万物はおのれに近いものに引かれてゆく。だから聖神の恩寵に多少なりとも与（あずか）っている者は、属神力を秘めた話を耳にするなりその内容を熱心に取り込もうとする。だが偉大な力を秘めた属神的な話は、だれもが聞いて驚嘆できるような代物ではない。心を世から離さなければ、徳に関する話は聴けたものではない。過ぎ去る事柄に振り回されて忙しいうちは、せっかく徳を目の前にしても愛し求めて身につける気になれない。

まずは物質を断たなければ、神と結ばれることはない。むろん万物を司るお方の恩寵のおかげで、物質を断つ以前に神に結ばれることもある。というのも神を愛するなり物質に惹かれなくなるからである。だが、それは恩寵が先に降ってきた場合の話であって、人類共通の順序とは異なる。われわれとしては人類共通の順序を守ったほうがよい。万が一、恩寵が先に降ってきたとしたら、それは恩寵の自由だ。もしも恩寵が先に降ってこないのであれば、先人たちが歩んだ道にそって属神の塔の高みへ登ってゆこうではないか。

いくら観照内における戒めを守っていたとしても、その様子は何ひとつ肉眼には見えてこない。だが実践的な戒めを守るときには、領域をまたがるようにして守ることになる。なぜなら「〇〇を行なうべし」という戒めは、じつは目に見える領域と目に見えない領域にまたがっており、「観照」と「行動」の両領域で同時に行なう必要があるからだ。そもそも観照と行動は、表裏一体のものだからである。

どんなに清くあろうと励んでいても、犯した罪を思い出すたびにざわつく感情を抑えることはできない。しかし犯した罪を思い出すなり悲痛が胸を貫くのなら、その痛みは賢慮から来たものだ。そしてそう胸が痛むようになった時から、罪を思い出すことが知恵を深めるのに役立つようになる。つまり、何が何でも徳を身につけたいと思っていれば、その思いは身体的欲求よりも強い渇望となるのだ。ただし、何事にも節度というものがある。もしも節度を越えたりしたら、素晴らしいはずの渇望でも仇（あだ）となってしまう。

さて、感覚に左右されない楽しみを感じ、知的に神と交わっていたいだろうか。ならば、施しなさい。喜捨の精神を持てば、かの聖なる美があなたのうちに描き出されて神に似た者となるであろう。霊（たましい）は施せばこそほどなく神性に交ることができ、唯一の光栄なる神性に結びつく。

この神性との属神的一体感は忘れがたく、愛の炎となって心のなかで燃えつづける。そして人性を

（9）訳注。この段落は、楽譜についても同じことが言える。

強いることもなく人性によることもなく、ただ戒めを守ることによってのみ一体感を保ちつづける。戒めを守っていればこそ、しっかり霊的に観えてくるからである。道理で、肉慾も邪念も断って心身の感覚を閉ざすなり心が躍るわけだ。要するに、何はさておき父が完全であるのと同じくらい気前良くなろうとしなければ、属神的な愛へ至って神に似ることなどできない。まさに主が、主に従う者に対して「まずは施しなさい」と戒めたとおりである（ルカ六・三六、マトフェイ一九・二一、同五・四八参照）。

　体験から滲み出た言葉は、饒舌に語りかける言葉とは違う。そう、身をもって体験していなくても、小賢しい麗句を並べて知りもせずに真実を語ることはできる。巷には、徳を体験せずに徳について解説できる人がいる。だが体験から滲み出た言葉が希望をよぶ宝であるのに対し、未体験の事柄をひけらかす賢さなど恥さらしのもとだ。

　体験に裏打ちされていない訓話は、ちょうど画家が本物っぽく描きあげた水と同じで人の渇きを癒せない。それは眠りながらすてきな夢を見ているようなものだ。だが身をもって体験した徳を語る人は、まるで苦労して稼いだお金を他人にあげるかのように聞き手に徳を伝えることができる。そして、そのようにして自ら汗水垂らして得た教えを蒔きながら大胆に語り、属神的な教え子を育てていく。まさに年老いたイアコフが貞潔なイオシフに向かって、「お前には兄弟たちよりも多く、わが剣と弓をもってアモリ人の手から取った分け前の一部を与えることにする」（創世記四八・二二）と言ったとおりである。

　清く生きていないから、あるいは善とはどういうものであるか知らないから、この世の人生が愛おしいのである。「人は良心に咎（とが）があると、死ぬのが怖くて悲しむものだ」と言った人がいる。じつに言い得て妙ではないか。だが、心に善き証があるならば、生を求めるのと同じくらい死を待ち望むものだ。生き長らえようとしてびくびく怖がっているような人を真の賢者と思うな。肉体に生じることはすべて、良いことも悪いこともたかが夢でしかないと捉えよ。現に、肉体的な良し悪しなんぞ死んだらおさらばするだけでなく、しばしば生きている間にもこの身から遠のいていくではないか。ただ、何にせよ愛着を持ったものが、現世で得た財産として来世まで付いてくる。その財産が何がしか良いものであれば、喜んで神に感謝せよ。もしも悪いものであれば悲しんで嘆き、まだ体の中にいるうちに何とかしてその悪いものから逃れられるようにせよ。

意図があったにせよ無かったにせよ、何か善いことができたときにはハリストスを信じて洗礼を受けたおかげだと心得よ。われわれは信じて受洗して召し出されたからこそ、ありがたいことに主イイスス・ハリストスの善行へ向かえるのだ。光栄と尊貴と感謝と伏拝は父と子と聖神に帰す、今もいつも世々に。アミン。

第二訓話

神への感謝について。簡潔に述べた初歩的な教訓を含む。

受けとった側が感謝をすれば、与えた側としてはもっと大きな賜を与えたくなるものだ。だいたい小さなものにも感謝できないような者が、大きな物事を正しく忠実に扱えるわけがない。

病人は、病身であることを把握したら治療法を探さなければならない。病んでいる身を自覚すれば治りやすく、治療法も見つけやすい。だが意地を張って強がるのであれば、病は悪化するしかなかろう。いちいち医者の言うことに逆らおうものならば、痛みも倍増せざるを得ない。赦されない罪はただ一つ、犯したくせに悔い改めていない罪だけだ。また、増えない賜もただ一つ、与えられたのに感謝しなかった賜のみである。愚か者の目には、与えられたものがちっぽけなものとしてしか映らない。

自分よりも高徳な人々のことをいつも思い出し、その水準に対してどれほど足りていないか常に省察せよ。また、ひどい目に遭って苦しみを耐えている人々のことを絶えず思い出し、取るに足らない目下の些細な苦難にどう感謝すべきか考え、その与えられた苦難を喜んで耐えられる人となれ。

闘いに負けて落胆したり怠けてしまった時、または敵にやられて重罪の中で苦しんだりする時は、かつての熱意を思い出せ。以前、どれほど何もかも細部まで気を配っていたか、いかなる苦行を見せたか、歩みを妨げてくる力にどれほど激しく逆らったことか。さらに怠けてつまずいたことをどれほど深く嘆いたことか。そしてそういうことを思い出した上で、さらにどうやって勝利の冠を受けたかも思い出せ。なぜなら、そうすることで霊はあたかも深い眠りから醒めて覇気を帯び、まるで死者が起き上がるかのようにどん底から立ち上がって昇り出し、ついには悪魔や罪に対して決戦を挑んで元の地位に戻るからである。

強者でさえ堕落することがあったという史実を思い出し、なにか徳行をした気がしても遜れ。逆に堕落しきってから悔改して見事に栄誉を授かった人々のことも思い出し、勇気を出して悔い改めていくことだ。

(10)自分自身を追及する手をゆるめるな。ゆるめなければ敵は耐えきれずに離れ去るだろう。自分自身と和解せよ。和解すれば天とも地とも和解できるだろう。何とかして自分の内の倉に入れ。そうすれば天の倉を見出すだろう。なぜなら内の倉も天の倉も同じものであり、一方に入れば両方とも見出せるからだ。天国への梯子はわれわれの内、霊の内に秘められている。罪を離れて自分自身の内に潜っていれば、そこに一歩一歩昇りゆく階段を見出すだろう。

聖書は、あの世でどんな福楽が待っているか解き明かさなかった。ただ、恩寵によって天に上げられないかぎり永福など感じとれまい、とだけ教えてくれた。たしかにわれわれが永福を欲するよう、「目いまだ見ず、耳いまだ聞」いたことのないほど途轍もない福楽が天にあると説明してくれたのだが（コリンフ前二・九）、むしろそう説明したことで、将来の福楽なんぞ理解できるような代物ではなく、この世の福楽とは似ても似つかぬものだと宣言されたのである。

属神的に楽しむということは、人の外側に独立自存している物質を利用して楽しむことではない。でなければ「神の国はなんじらの内にあり」（ルカ一七・二一）とか「なんじの国は来たり」（マトフェイ六・一〇）という聖句が、あろうことか物質的な何かを取り入れて楽しむという意味になってしまう。第一、得るべき財産と担保には類似性がなければならず、全体と各部分には類似性がなければならない以上、属神的な事柄は属神的に感じるしかない。現に「鏡によりて見るがごとく」（コリンフ前一三・一二参照）と書いてあるように、独立自存するもの自体（神の国）は捉えられずとも、それに似たものは得られるはずなのだ。そして、聖書を説き明かした師父の証言どおりであるならば、属神的な手応えを感じたとき、その知的変化が聖神の作用なのである。つまりそのような知的変化こそ、すでにかの全体の一部分をなしているに違いないのだ。

徳を愛するということは、ただ必死に徳を行なうことではない。それどころか、徳行のつらさに耐えることでもなければ、快感の渦中で断固として理性的に善を選ぶことでもない。むしろ徳行の後に降ってくる苦難を喜んで甘受することこそ、徳を愛している姿勢だといえるのである。

高齢になって慾の嵐が収まってから悔いてみせたとしても、そんな後悔にはなんの喜びも褒美も与えられまい。

罪を犯した者を見たら、とばっちりを受けないかぎり庇（かば）ってあげよ。庇うことでその人を元気づけ、自分自身に主宰の憐みを呼び寄せるだろう。病人や悲しんでいる人には、手にしている物と言葉でめいっぱい支えよ。そうすれば、万物を治める全能者の御手があなたを支えてくれるだろう。嘆いている人とは、交流して心にかけて祈りつづけよ。そうすればあなたの願いに対しても憐みが降り注いでくるだろう。

（10）訳注。この段落はあまりにも有名。

いつも清らかな思いを抱き、傷感に満ちた心で神に祈るようにせよ。そういう心で祈っていれば、ふしだらな邪念を神に遠ざけてもらえるし、あなたのせいで神の道が非難されるような事にもならない。

つねに聖書を読んで正しく理解しながら、じっくり思索することだ。つい知性が暇を持てあまし、他人の卑しい不品行をみて美意識を汚してしまわないように。

何のこれしきと思う時でさえ、あえてふしだらな想念や惹かれる顔を見つめて理性を試練にかけてはならない。賢者ですら、そうやって理性がくらんで狂ってしまったのだ。炎を懐にかきこんで、肉体が激痛を受けずにいられようか（箴言六・二七参照）。

青年期には属神的修行の仕方を教わらないと、なかなか聖なる重荷を負えないものだ。どうも奉神礼に出るのも私祈祷を挙げるのもおっくうになったなと感じたときには、それが何よりも知性の暗みはじめた証拠（霊の暗みはじめた兆候）である。というのも、まずはこの点で霊が落ちないかぎり、霊的に惑うことはないからだ。霊は神から離れて神の助けを失うなり、敵の手に落ちやすくなる。

それと同様に、霊は徳への関心が薄らぐや、必ず徳の反対側のものに引き寄せられる。なぜなら、どちら側からにせよ「居場所を移す」ということは、すでに反対側への第一歩だからだ。そもそも徳行とは霊的なものに気を配ることであって、この世のことに気を配ることではない。いつも弱さを痛感しながら神に祈っていれば、ご加護を失って孤立することもなく、よそ者の罠にかかることもない。

（中略）

ひたすら心身を守っていれば、清く想えるようになって分別がつくようになる。すると五感では捉えがたく学びようのなかったものを、恩寵に助けられて知的に観るようになる。

かりに徳行を「体」のようなものとし、観照を「霊」のようなものとして捉えてみよう。その両者がそろってはじめて、ちょうど感覚と理性が神でつながったひとりの人間のごとくなるわけだ。そしてわれわれの霊というものが、先に体ができあがらないことには勝手に生じて存在することなどできないように、この観照という「霊」もまた、先に「体」となる徳行を成しとげておかなければ生じえない。ひとえに徳行を積んだ者だけが属神的に生まれ変わる可能性を持ち、この後期の観照に入って啓示を観るのである。まさに、分別によって啓示を授かる世界である。

そもそも観照とは、事物とその原因の奥にある神秘を実感することである。「世を離れる」とか「世を捨てる」とか「世のすべてから解放された清らかさ」とか聞いた際には、次の点を心得ておくべきだ。この「世」という呼称自体が、まさに一般的概念としてではなく属神的概念として何を意味し、いかなる多様性を秘めているのか。この点を押さえておけば、あなたも自分の霊がどれほど世から離れ、逆に世から何を混ぜてしまったか見破ることができるだろう。

「世」という単語は集合名詞であり、「慾」と呼ばれているものを何もかも含む。あらかじめ世とは何であるか見破っておかないと、自分の体がどの部分で世から離れ、どの部分で世に縛られているのかきちんと認識できない。実際、肢体の二〜三ヶ所では世を断ち切り、その箇所では世との交流が途絶え、ほれ世とは無縁になったぞと思い込んでいる人は多い。なぜなら肢体の二ヶ所で世に対して死んだ自分を目にして、じつはまだ他の部分では世に対して生きている自分を見抜けなかったからである。もっとも慾という奴を自覚できなかったわけだ。慾を自覚できなかった以上、その治療についても考慮できなかったわけだ。

ちなみに思弁的考察において「世」というときには、この集合名詞の元となる「成分」（諸慾）を意味することもある。ふつう諸慾をまとめて示したいときには「世」と呼び、諸慾の違いを区別したいときには「慾」と呼び分けている。そもそも慾とは、世の濁流から流れ込んでくる世の構成分子である。ゆえに、われわれが慾を断ち切れば、世はわれわれの外で堂々巡りすることになる。慾には以下の種類がある。富への執着（収集癖）、身体的快楽（ここから肉欲が生じる）、名誉欲（ここから嫉妬が生じる）。そして、人の上に立って仕切りたくなる欲や、権力を見せて威張りたくなる傲慢。さらに、美しく着飾って気に入られたいという欲求や、名声の追求（これがしばしば怨念の原因となる）。要するに、体にまつわる不安である。

　これらの慾が生じなくなったところでは、世もまた死んだと言えるだろう。そして心の中で右の構成分子のどれかが欠ければ欠けるほど、世は心の外に留まってその分子には作用しなくなる。聖人というのは生ける死者だ、と言った人がいるが、まさに聖人は肉体で生きながら肉体によらずに生きていたのである。だから、あなた自身も右のどの分子によって生きているのか見極めよ。そうすれば、自分がどの構成分子で生きていて、どの分子で世に対して死んでいるのか見抜くことができるだろう。そして世とは何であるか悟ったとき、いったいどの点で世に縛られ、どの点で断ち切れたのか、右記した分子の種類の違いに基づいて正確に知ることができるだろう。

　以上を端的に言えば、世とはつまり「肉的な生活」と「肉の思い」なのである。この二点から離れたか否かによって、その人が世から抜け出たか否かが分かる。現に世と無縁になった人には、次の二点を見出せるであろう。すなわち、とびぬけた生活形態と、考えていることの比類なき高尚さである。そして、ここから導き出される結論はこうだ。あなたの思考内では、あなたの理解水準で思いめぐらしている物事の見方が生じているのである[11]。

　したがって、自分が何を考えているのかを注視して自分の生活レベルを把握せよ。はたして本性は強いずともそれを渇望しているだろうか、なかなか引っこ抜けない悪の芽や、ふとした拍子に生じてしまう芽はなかろうか、知性はまったく目に見えない事柄について考えられるようになったか、それとも丸っきり物質上でうごめいているか、しかもその物質的な事柄に捕らわれてしまったか。というのも、具体的にどう徳行すべきか思いめぐらすこと自体は徳だからである。まさにその想像のおかげでひるまない集中力を得、身体的にも善良な目的に向かって一心不乱に突き進めるからである（ただしその想像が、徳を渇望するような想像であり、欲を刺激するような想像でなければの話だが）。とにかく、この秘めた想像を思い浮かべたときに、頭がくらみやしないか注意せよ。知性が神を求めてより良い方向に燃えていれば、くだらない思い出など断ち切れるものだ。

　以上の点を押さえておけば、隠遁する黙修者の知性を照らすには充分だ。もはや多くの書物を読みあさるまでもなかろう。体にまつわる不安はあまりにも大きい。それが理由で誉れ高いことや高潔なことを行えなくなる人もいるくらいだ。だが、その不安に霊（たましい）にまつわる不安がもたれかかれば、そんな不安はまるで火をつけられた蝋燭（ろうそく）のように萎えるであろう。光栄は神に世々に帰す、アミン。

（11）訳注。これはすごい言葉だ。

第五訓話

感覚と試練について

　感覚を貞潔にして引き締めていれば、霊的に落ち着いて物事に魅了されなくなる。そして霊（たましい）がいろいろな感触を受け入れずにいれば、勝利は闘わずして君のものだ。もし怠慢に陥って敵に想念の突破口を与えてしまうのならば、もはや闘わざるを得ない。すると元来の、ごく単純でむらのない清らかさは乱れてしまう。なにせこの怠慢によって人類の大半、もしくは全世界の人々が本来の清らかな状態から外れていくのである。ゆえに世間で生活する人や世俗人と親しい人々は、悪習を知りすぎたせいで知性を浄めることができない。知性を元来の清らかさに取り戻せる状態にある人はほんの僅かだ。よって、だれしもつねに用心して感覚を守り、知性に邪念を入れないようにしなければならない。大いに覚醒して眠らずに警戒していなければ、清くなれないからである。じつに純朴でありきることこそ、すばらしい。

人間の性質として、神へ聴従しきるためには畏れを必要とする。神を愛すれば徳行も愛せるようになり、そのようにして善行に励むようになる。すべての土台には、神を畏れる心がある。畏れと愛を持てば徳行に励むようになり、徳行を積んだ後に属神的知恵が与えられるのだ。ぬけぬけと前者（畏れと愛）なくして後者（徳行や属神的知恵）を得られると言いのける者は、まちがいなく霊的滅びへの一歩を踏み出してしまった連中だ。まさに畏れと愛があればこそ、徳行や属神的知恵が与えられるからである。それが、主の道である。

兄弟に対する愛を、物とかに対する愛に替えてはならない。なぜなら兄弟は万物よりも貴いお方（ハリストス）を己れのうちに秘めているからである。高偉大なものを得たければ、小さなものは捨てよ。高級なものを手に入れたければ、余計なものや安価なものは気にしないことだ。いつか死ぬ日に生きんがためには、今生において死者であれ。だらだらと生きるのではなく、修行して死すべく献身せよ。ハリストスへの信仰ゆえに致命した者だけが致命者なのではない。ハリストスの戒めを守ろうとして死にゆく者もまた致命者なのだ。ちゃちな知恵で神を侮辱しないよう、つまらない願い事はするな。光栄に与れるよう、祈るときには賢くあれ。賢い欲求に対して誉れをもらえるよう、妬まず与えられるお方には尊いものを求めることだ。

ソロモンは叡智を求めた。そして大いなる王（神）に賢く求めたために、叡智だけでなく地上の王国をも授かった。また、エリセイは師が手にしていた聖神の恩寵を二倍求めた。二倍も求めて、それが叶わずに取り残されることはなかった。

だが、イズライリ人はつまらないものを求めたので、天誅が下った。なにせ神のなさる畏るべき奇蹟に驚嘆する代わりに、腹を満たすことを求めたからである。ゆえに「ただかれらの慾未だ去らず、食のなおその口にある時、神の怒りはかれらに臨みて、その肥えたる者を殺し、イズライリの若き者を倒せり」（聖詠七七・三〇―三一）となるほどの罰が下ったのである。

神の前では神に喜ばれるよう、堂々と神の光栄にふさわしい願い事を捧げよ。もし王に対して厩肥（肥料用の糞）を求めたりしたら、無礼な要求で愚かさを露呈して自分自身を貶（おとし）めるだけでなく、王をも侮辱してしまうだろう。祈るときに神に対して地上の福を求める者は、そういう要求をしている。なにせ王（神）の高官である天使や大天使は、あなたが何を願って主宰に祈っているのか見ているのだ。そして土くれにすぎないあなたが肉体を捨てて天のものを求めている姿を見ては、驚いて喜んでいる。逆に、天のものを捨てて厩肥を求めている姿を見ては、がっかりするのである。

神が慮っていてくださるものを、まさにこちらから願うまでもなく与えてくださるようなものを願い求めたりするな。しかも神に愛されている敬虔な信徒はおろか、神を知らぬ者にまで与えてくださるものを求めたりするな。なにせ祈るときには「異邦人のごとく無駄事をいうなかれ」（マトフェイ六・七）と言われているからだ。主は、「無駄事」とは体にまつわる事柄であり、異邦人が切に求めているものだと解き明かされた。まさに「何を食らい、何を飲み、（中略）何を着んと慮るなかれ。（中略）なんじらの天の父は」これらの物がすべてなんじらに必要であることを「知」っておられるからだ（マトフェイ六・二五、三二）、と。そもそも息子であれば父に対してパンを求めたりはせず、父の家にあるもっと高級で大いなるものを求めるはずだ。というのも、主は人間の知力が弱いため日々の糧を求めよと戒めたのであって、霊（たましい）が健康で完全な知恵を持つ者には次のように戒めたからである。「食べ物や着る物については慮るな。もし神が、言葉をもたぬ動植物のことを慮り、生命なき受造物のことまで慮っておられるのなら、いったいあなたがた人間のことをどれほど深く慮っていらっしゃることか」と。そう、だからこそ「まず神の国とその義とを求めよ、しからばこれらの物皆なんじらに加わらん」（マトフェイ六・三三）と告げられたのである。

もし神に何かを願い、その願いがすぐ聞き入れられなかったとしても悲しんではならない。なぜなら人が神よりも賢いわけがないからだ。時々なかなか神に聞き入れてもらえないことがあるのは、まさに求めた事柄を受けとる資格がなかったり、心の道が願い事にそぐわなかったり反していたり、まだその賜を受けられる水準に達していなかったりするからである。とにかく神の賜をたやすく入手すると駄目にしてしまうことがあるため、時期尚早に高度なものに触れてはならないのだ。なぜなら、たやすく入手したものほど失いやすいからである。だが心痛を伴って手に入れたものは、どれもこれも気をつけて大事に保とうとする。

　喉が渇いていてもハリストスのために耐えよ。耐えていればハリストスの愛に潤されるだろう。快適な生活を目に入れるな。目に入れなければ神の平安に満たされるだろう。目に見えるものを断ち切れ。そうすれば属神的な喜びを得られるだろう。たいして神を喜ばせることができていないのであれば、飛びぬけた恩賜を求めたりするな。でないと、神を試す者のごとくなってしまう。人は生活形態に応じて祈らなければならない。というのも、地に縛られた者が天のものを要求することなどできず、世に追われている者が神聖なものを求めることなどできないからだ。なにせ本心は行動に出るものだし、そもそも人は打ちこんでいるものを祈り求めるものだからだ。偉大なものを求めている者は、つまらないものに追われることはない。

　体に縛られていようとも自由であれ、そしてハリストスゆえに聴従できる自由人であることを証明せよ。また、純朴でありながらも徳を盗られないよう賢明であれ。何をするにしても謙遜を愛し、思い上がるなり引っかかる見えない罠から逃れよ。ただし苦難からは逃げるな、苦難をとおして真実を知るからだ。それに試練も恐れるな、試練をとおして尊いものを得られるからだ。ただ霊的試練には陥らないように祈れ、いっぽう身体的試練にはあらん限りの力をもって備えよ。というのも、身体的試練なくして神に近づくことはできないからだ。まさに試練のうちに、神聖なる安息が用意されているのである。試練となる誘惑（いざない）から逃げる者は徳からも逃げる。むろん肉欲をつつくような誘惑ではなく、苦難という誘惑を意味して言っている。

（後略）

第八訓話

だらだら怠けている人々から自分を守ることについて。そのような人に近づくと、やる気を失って怠惰心が芽生え、不浄な欲の渦に呑まれてしまうためである。また、知性が要らぬ想念で汚れてしまわないよう、青少年との距離を保つことについて。

　人の悪口を言うまいと踏み止まる者は、心を欲念から守るだろう。心を欲念から守っていれば、つねに主を見ることができるだろう。つねに神に思いを馳せていれば[12]、悪鬼を追い払ってその怨恨の種を抜き取ることができる。いつも霊の動きを注視していれば、いろいろなことが見えてきて心から楽しめるだろう。内側に心眼をこらしていれば、属神的な曙を見る。思いが飛び回らないようにしていれば、心の中に主宰を見る。全受造物の主宰を見る清さを愛するのなら、だれの悪口も言うな。そして兄弟の悪口を言う人には耳を貸すな。喧嘩している人がいたら、その罵り合いを耳にしたばかりに霊が命を失って死んでしまわないよう、耳を塞いでその場から逃げよ。苛立つ心は神の奥義を受け入れられないが、温柔で謙遜であれば来世の奥義を湧き出す泉となる。

　というわけで、清ければ内面に天がある。自分

（12）訳注。聖イグナティ・ブリャンチャニノフの解説によると、このように「つねに神に思いを馳せる」「ひたすら神に祈る」「神を記憶する」という表現は、聖師父の修行的文脈において、修道士が常時用いる短い祈祷句や定型の思いを意味する。短い祈祷句の代表は「イイススの祈り」で、「主イイスス・ハリストス神の子よ、われ罪人を憐れめよ」と唱える（これは「第五福音書」とか「属神的な剣」とも言われている）。定型の思いとは「罪の痛悔」「死の思い」「最後の審判」など、それによって神の前で覚醒できるような思いを指す（Полное собрание творений и писем святителя Игнатия Брянчанинова, том 5, стр.206 参照）。

自身の中に天使とその光を見、天使とともにおられる主宰を見るだろう。褒められるべくして褒められた者は害を受けないが、褒め言葉が甘く感じるようではいくら修行していても水の泡だ。謙遜であれば内面に主という宝を秘めている。発言に気をつけていれば決して口で失敗することはない。重い口は神秘を解き明かすが、すぐ話したがる口は造物主から離れていく。

善良な霊(たましい)は太陽よりも明るく輝き、朝な夕な神の啓示を観て喜んでいる。神を愛する人に従うならば神の奥義に満たされるが、間違ったことを平気でする者に従うならば神から離れて友にも嫌われる。口数が少なければ見るからに謙遜の風格を帯び、たやすく慾を支配できる。ひたすら神に没頭することこそ慾を殺す剣であり、その剣で慾を根こそぎにできる。ちょうど波立たない穏やかな海でイルカが泳ぎ回るように、苛立ちや怒りを鎮めた穏やかな心の海に、神の奥義や啓示が見えてくるのだ。

内面に主を見たければ、絶えず神を思って心を清めようと努めるものだ。そうやって磨きをかけた心眼で、つねに主を見られるようになるのである。知性は、神を記憶することを止めて世を思いめぐらすとき、ちょうど泳ぐのを止めて水揚げされた魚と同じようになる。逆に、人との会話から離れれば離れるほど大胆に神と対話でき、世の慰めを断てば断つほど聖神による喜びに与れる。したがって、修道士がしょっちゅう世俗人と過ごすのなら、魚が水不足で息絶えるように、その心も神という源泉を失って知的に動かなくなってしまうだろう。

（中略）

この世を去る日を念頭におきながら、世の快楽にしがみつかないよう自制する者は幸いである。なぜなら臨終時には数倍に膨れ上がった幸福感になみなみと満たされるからだ。そうなれるのは、神から生まれて聖神に育てられた者。まさに聖神の懐に抱かれて活力を吸い、聖神の匂いを嗅いで喜んでいる。しかし世と世の安楽にしがみついて交流したがる者は、永遠の生命を得られない。そういう人については何と言えようか。心を引き裂く慰めがたい号泣で嘆き悲しむほかない。

闇の中にいる者よ、首を挙げよ。顔面いっぱいに光を浴びて、世の慾の支配下から抜け出すのだ。そうすれば父よりの光（ハリストス）が会いに来てくださるだろう。そして天使らに足枷を解いてあげなさいとお命じになって、ハリストスについて父のもとへ歩んでゆけるようにしてくださるだろう。ああ、どうしてわれわれはこうも縛られているのか。何に引っ張られて主の光栄が見えなくなっているのか。おお、この足枷を解き放ち、神を探し求めて見つけることとさえできたならば。

人の本心を知りたくてもまだ神で見抜けないうちは、せめて頭を働かせて語調や生き方や仕事ぶりでその人を知れ。霊が清くて無垢な生き方をしている人は、いつでも貞潔に聖神の言葉を発し、あたうかぎり神と自分自身を考究している。しかし霊が慾にやられた者は、慾に突かれて言葉を発する。ゆえに属神的な議論に加わった日には慾によって考察し、不正でもって勝利を得ようとする。賢人はそのような者を初対面で見抜き、清い人はそのような者の悪臭を嗅ぎ分ける。

いい気になって無駄話ばかりしている者は淫行者である。そういう人に賛同して話に加わる者は姦通者であり、さらに交流までする者は偶像崇拝者だ。青少年との友情は、神が厭う淫行である。そのような者を治す薬はない。だが同情心から分け隔てなく公平に人々を愛する者は、完徳の域に達している。若者が若者を追いかけるとき、知者は嘆き悲しむことになる。だが老人が若者を追いかけるとき、その慾は若者の慾よりも臭い。たとえ徳について語り合っていようとも心は病んでいる。その若者が人々を離れてつつましく黙修し、羨んだり苛々したりしないよう心を浄めて自己注視しているのであれば、即座に怠けた老人の慾を見抜くだろう。そして老人が年配よりも若者を好んでいるのを目にしたら、そんな老人とは力づくでも関係を断ち切って離れ去った方がよい。

取り繕って清く見せておきながら、じつは慾を満たしているような怠け者は禍だ。だが想念を清く保ったまま老年に至り、舌を制して善良に生きた者は、この世にいながら属神的知恵の実を満喫し、体から離れる時には神の光栄を受けるだろう。人と会っておしゃべりすることほど強く、聖神の火をかき消して成聖の道から逸らすものもない。もちろん神の知恵を増すような会話や、神に近づこうとするような会話は別だ。というのも、人はとくにそういう会話によって属神的に生きたくなり、慾や汚れた想念を忘れるからである。ゆえに、よろけて主の道から逸れてしまわないよう、属神的な会話のできる者以外には友や親睦者を持つな。ますます神を愛して神から離れないようにし、腐りきった「世への愛」に惑わされないようにしよう。

修行者の傍にいて交流させてもらえれば、たがいに神の奥義を分かち合って豊かになれるだろう。しかしやる気のない怠け者を愛するならば、ともに思考が浮ついて際限なく腹を満たすことになる。そういう連中は、友のいないところで食べることがしんどく思えて「ひとりぼっちで食らうやつは哀れだ。おいしくないじゃないか」などと言う。そしてたがいに宴会へ招き、あたかも借りを返すかのように支払いあう。こんな呪われた愛、ふしだらで不敬虔な時間の過ごし方を絶対にしてはならない。兄弟よ。こういった暮らし方に慣れた人々から逃げよ、そしてどんなに必要に迫られても彼らと食事をとるな。なぜならその食卓は汚れており、悪霊が給仕しているからだ。花婿ハリストスの友たるもの、そのような食事は口にしない。

しょっちゅう宴会を開く者は、人々の肉慾を満たしながら謙遜な霊をも汚す。逆に慎ましい粗食を差し出す人は、それを食する者の霊を清めてゆく。無教養な者は、ちょうど野良犬が肉屋の匂いに釣られるがごとく、美食家の食卓からくるおいしいご馳走の匂いに釣られてしまう。だが、いかなる香水や香油よりも香しいのは、昼夜祈っている者の食卓だ。神を愛する者は、高価な宝のごとくその食卓を慕う。

ぜひとも徹夜で主に仕えている斎行者のもとへ

行き、その食卓で食生活を正してもらって自分の死んだ霊を呼び覚ませ。というのは、斎行者のそばには愛すべき主がおられるからだ。主は斎行者を成聖され、斎行者の苦行をご自分のたとえようのない甘味へ変えてくださっている。それに加えて、主に仕えている天使らも属神的に斎行者に聖号を画し、その聖なる食卓にも聖号を画しているという。その様子をこの目ではっきりと見たと言った兄弟もいる。

　造物主を遠ざけてしまうような甘味に対して口を閉ざした者は幸いだ。そして天より降って世に生命を与えるハリストスを糧とするならばもっと幸いだ。おのが田畑（心身）に御父の懐より降る「生命の慈雨」（尊血）を見届け、その慈雨を賜わる主を仰ぎ見る者は幸いである。というのは、主の尊血を飲むことで活気づいて心が花開き、喜び楽しむことになるからだ。そうやって主に養っていただいていることを悟ってからは、人々から隠れて独りきりで領聖するようになる。要らぬしがらみに捕らわれて主の光照を失ってしまわないよう、ふさわしからぬ者とは関わろうとしない。ところが食生活に致命的な毒（慾）を混ぜたが最後、友人なしではおいしく食べることができなくなる。すると、おいしく食べるために友達をつくるようになり、死体を食らう狼となる。浅はかな者よ、だらだら食べて腹を満たすだけでなく、霊まで慾で満たしたいとはなんたる卑しさか。腹を自制できる者にとっては、右の警告だけで充分であろう。（後略）

第九訓話[13]

初心者の振る舞いや規定、初心者に相応しいことについて

　神に喜ばれる貞潔な振る舞いとは、左記のとおりである。

　あちこちに目を向けず、つねに視線を前に向けること。無駄口を叩かず、必要最低限のことのみ話すこと。服は粗末なもので満足し、暑さ寒さをしのげれば十分とせよ。食事は満腹になるためではなく、体力を維持するために摂れ。何でも少しずつ食

（13）訳注。初心者用に分かりやすくてためになる助言の数々。

べ、これは嫌だとか、あれをもっと食べたいとか言って偏食しないように。徳の道では、判断力こそ肝心だ。酒は友といるとき以外、または病床に伏したり体力が落ちたりしたとき以外には飲むな。人が話しているときに遮ってはならない。愚か者みたく言い返さず、賢者のように寡黙たれ。そしてどんな場面でも最も卑しい者と思い、兄弟に仕える者となれ。人前では肢体の一部たりとも見せるな。やむをえぬ理由なくして他人の体に近づくな。いわゆる避けがたい理由でもない限り、この身に近づくことを誰にも許してはならない。あたかも死を厭うかのように、大胆な話し方を避けよ。眠るときにも貞潔な佇（たたず）まいを保て、そうすれば守護天使の力が去ることはないだろう。どこで寝ることになろうと、なるべく人目につかないようにせよ。人前でよだれを出したりするな。食事中に咳をしたくなったら顔を背けて咳払いし、神の子にふさわしく貞潔に飲み食いすることだ。

無遠慮にも手を伸ばして、友に差し出されているものを取ろうとするな。もし旅人が近くに座っていたら「どうぞ召し上がれ」と一度か二度誘い、投げやりではなく丁寧に食事を差し出すこと。座るときは礼儀正しく控えめに座り、肢体の一部たりとも見せてはならない。あくびが出そうになったら、人に見られないように口を閉じよ。息を止めればあくびは止まるからだ。他人の僧房に入ったら、それが修道院長の僧房か、友人の僧房か、弟子の僧房であるかを問わず、そこに何があるのか見ようとするな。もし想念が「見ちゃえ」と迫ってきても自戒して逆らい、あちこち目を向けるな。というのも、この点において恥知らずな者は、こういう生き方を賜ったハリストスご自身や修道生活に縁がないからだ。友の僧房では、物のしまってある場所に視線を向けるな。おのれの僧房であろうと友人の僧房であろうと、扉は静かに開け閉めせよ。人の部屋へ入るときには突然入り込むな。まず外側からノックして許可をいただいてから、畏れ入りつつ入ることだ。

急用があるときでもない限り、あくせく歩いてはならない。善行においては誰に対しても聴き従え。ただし悪魔の業を行なうことにならないよう、所有欲や金銭欲や執着心の強い者の言うことに従ってはならない。だれに対しても柔和に語れ、すべての人を貞潔な目で見よ、どんな顔も見つめてはならない。道を歩くときには年上を追い越すな。もし同行者が後れを取ってしまったら少し前に進んだところで待て。待てないのは作法のない豚のようなものだ。もしも同行者が人と会って語り始めたら、しばらく待って急かすな。健康な者ならば病人に対して、「なすべきことはきちんとやっておきましょう」と優しく言うものだ。

他人の過失を目にしても、暴いてはならない。むしろこうなったのは自分のせいだと思うようにせよ。いかに卑しい仕事であってもへりくだって行ない、断ったり逃げ出したりするな。笑わなければならないときには、歯をあらわに見せないこと。女と話さなければならないときには顔を背けてそのまま話せ。修道女と会って話すことや顔を見ることを火のごとく恐れ、悪魔の罠と思って避けよ。神への愛が冷えて慾の泥で心を汚さないためだ。たとい修道女が実の姉妹であったとしても、他人の女と思って身を守れ。心の中で神への愛が冷えないよう、家族と近づくことさえ気をつけよ。

また、気の向くまま青少年と会って話さないようにせよ。悪魔と友情を結ぶようなものだからだ。親しい話し相手を作るのなら、つねに自己省察して神を畏れる者や、貧乏でも神の奥義に富む者に絞れ。自分の神秘的経験や修行や闘いをだれにも見せるな。どうしようもない例外の場合を除いて、人前で修道帽を被らないまま腰掛けてはならない。用を足すときは貞潔に足せ。それも守護天使に対して敬虔の念を持ちながら、神を畏れつつ用を足すことだ。たといそうするのが不愉快であったとしても、死ぬときまでそうするように努めよ。

実の母や姉妹といえども女と一緒に食事するよりは、致死量の毒を食らう方がましだ。実の弟といえども若者と一枚の布団の下で横になって寝るよりは、蛇と暮らす方がましだ。道を歩いていて、年上に「こっちへ来い、歌おうじゃないか」と言われたら素直に従っておけ。言われなかったら口をつぐんだまま心の中で神を讃美せよ。だれにも逆らわず、言い争わず、嘘をつかず、主・神の名によって誓うな。蔑まれても蔑まず、傷つけられても傷つけるな。身体的なことは体と一緒に滅びるがいい。ただ霊的なものが何かしら痛手を蒙(こうむ)らないようにすることだ。裁判を起こしてはならない。だが、裁かれるべきでない身なのに裁かれたときには耐えよ。世の何かに愛着を持たないようにしつつ、修道院長をはじめ高位の者には従うこと。ただしかれらとの近い関わりは持つな。なぜなら権力者との近しい関係は罠であり、怠け者を釣って滅ぼすものだからだ。

いつも食欲旺盛で腹いっぱいにしないと気がすまない者は、君主や高位聖職者のご馳走を食らうよりも焼け炭を呑みこんだ方がましだ。すべての人を憐れみつつ、だれからも相手にされないほうがよい。しゃべり過ぎないように気をつけよ。しゃべり過ぎると、神がよこしてくださる思考活動が心の中で途絶えてしまうからだ。飛びかかってくるライオンから逃れるように、教義にまつわる議論を避けよ。これについては相手が信徒であろうと未信徒であろうと関わらない方がよい。つい頭にきて霊(たましい)が迷妄の闇に陥らないよう、怒りっぽく口うるさい連中には近寄るな。霊(たましい)が聖神の働きを受けられなくなって邪念の巣窟とならないよう、傲慢な者と暮らしてはならない。人間よ、もし右の警告を守っていつも神を思うようにしていれば、じつに霊(たましい)のうちにハリストスの光を見、もはや永遠に闇に覆われることはないだろう。光栄と権能はハリストスに世々に帰す、アミン。

第十六訓話

（前略）

祈りというものは、どのような形で祈っていようともつねに動きのなかで息づいている。しかし知性が属神的動きに入るなり、すでに「祈る」ということはしない。たしかに「祈り」と「観照」は互いに生み出し合うものではあるとはいえ、それでも両者はやはり異なる行為である。ちょうど「祈り」が種まきのようなものであるのに対し、「観照」は刈り取った穂を束ねて積み上げるようなものだ。そのとき収穫者は、かつて自分の手で地面に蒔き散らしたわずかな種が、突如これほど見事な穀物の山になったのを目のあたりにして、その言いようのない直観に目をみはる。そして、あらゆる動きを失くしてたたずむのだ。なにせ祈りとは、そもそも願いや感謝や讃美を神にささげる動的行為を意味するからである。はたして知性が極限を超えてかの領域に入ってゆくとき、これらの祈願がどれか一つでも生じうるかどうか、より抜かりなく分析してみよ。これは真実を知っている人に問い質している。だが皆がこの点を見極めているわけではない。ただ祈りを父に習った者、または師父から教わって真実を知っていて、師父の言葉に基づいて人生を送った者のみが見極めていることだからである。（中略）

知性というものは、しょせん清い祈りという限界点までしか自分自身の動きを見分けられないのだ。この限界点へ達したが最後、もといたところへ戻るか、あるいはさらに突き進んで祈りを放棄するかしなければ、その祈りは「霊的祈り」とも「属神的祈り」ともつかない祈りのごとくなるだろう。まだ知性が動いているうちは霊的領域に留まることになる。しかし知性が属神的領域へ入るなり祈りも途切れることになる。なにせ聖人は、来世に踏みこんで知性が聖神に呑まれてゆくとき、祈りで祈るのではなく、すばらしいと讃えて光栄のうちに住みついて楽しませてもらっているからである。これと同じことが、われわれにも起こる。知性は来世の福を感じるや否や、自分自身とこの世のすべてを忘れ、もはや何かに向かおうする動きを失うのだ。だから次のように確信を持って言いきる人がいる。「人は、そもそも自由意志を働かせて徳をなしたり祈ったりする。まずは自由意志でこうせよと意識に働きかけたからこそ、体をつかって徳をなしたり祈ったり、思いのうちに徳をなしたり祈ったりすることができるわけだ。しかも「知性」という、この慾を支配する王ですらも、日頃から自由意志で操っている。ところがだ。こうして日頃われわれの感覚や想念をつかさどっている知性が、かの統治者たる聖神に掌握されたときには、われわれの本性から自由も奪われることとなる。そのとき、自由意志は聖神に誘導されこそはすれ、もはや自ら誘導することなどできなくなるのである」と。（後略）

第十七訓話

霊的に深く観照したいとき、どうすれば事物を思いめぐらす肉的な想念を離れて観照へ沈むことができるかについて。

　より上にあるものは、より下にあるものには秘められている。そしてこれは、なにも上にあるものが幕のような何かに覆われていて、その幕さえ開けば秘められたものが見えてくるとかいう話ではない。およそ知能体（知能ある生命体。つまり天使や霊（たましい）や悪鬼）というものは、その特性を外から入手するのではなく、逆に自己内でどう動いているかによってその特性を決めている。つまり自己内の動きでもって、じかに原初の光に近づいていくこともできれば、いっそ他の階級の知能体のようになることもできるのだ。ここでいう「他の階級」とは、当然地位の違いからくる階級ではなく、むしろどれだけ清く受けとめて清い身であれるか、どれほど天上の暗示や力を理解できるかという能力の差異による階級という意味である。いずれの知能体も、おのれより下の知能体からは見えない。それも生まれつきではなく、徳の動きが違うから見えない。

　何を言おうとしているのかというと、聖天使や霊（たましい）や悪鬼のことだ。天使は霊（たましい）からは見えないし、霊（たましい）は悪鬼からは見えない。単に生まれつき見えないだけでなく、居場所も違うし動きも違うので見えない。いかなる知能体も（肉眼で見える知能体かどうかを問わず）、知恵をつけなければ自分自身も見えないだけでなく、同じ階級にいる知能体同士も互いに見えない。だが、より下位の階級にいる知能体からは、その本性ゆえに見えない。なぜならば、霊的実体というものは身体的実体とは異なり、おのれの外にあるものを見ているわけではないからだ。むしろ霊的実体が互いを「見る」ということは、つまり自分が見ている実体の動きの内に、徳と動きでもって「いる」ということなのだ。[14] したがって、同じ宿命を負う身として敬うべき知能体同士ならば、たとい互いに離れていたとしても、たしかに幻としてではなく真に本性のままの相手を見る。唯一、見ることができない対象は、全受造物の原因たる神だけである。神は唯一伏拝されるべき方として、かくなる差異を超越されたお方だからである。

　悪鬼はひどく汚れているが、悪鬼階級の中では互いに見えないというわけではない。だが、おのれよりも上位にある二つの階級を見ることはできない。なぜなら、属神的直観というのは動きによる光[15]であり、この光こそ見ようとする者の鏡となり目となるものだからである。だから動きが曇ったが最後、その知能体はより上位にある階級が見えなくなる。悪鬼同士が互いに見えるのは、属神的階級（天使や霊）よりも肥っているからだ。

　人の霊の場合、汚れていて暗いうちは互いのことも見えなければ自分自身のことも見えない。だが、清めて古来の受造時の状態に帰れば、これら三つの階級をはっきり見るようになる。つまり下位階級と上位階級と、自分自身の階級にいる者同士が見えるようになる。しかも、天使や悪鬼や霊が体をまとってくれたから見えるようになったのではなく、むしろそれらの本性がそれぞれの属神的階級にあるがままの姿で見えてくる。ところが「変身して見える形でもとってもらわない限り、天使や悪鬼が見えるわけがないじゃないか」と言う人がいたとしよう。しかしそう言っていること自体がすでに、心眼ではなく肉眼で見ていることを示している。肉眼で見るくらいなら、なにもわざわざ清めるまでもなかろう。なにせ汚れた人々でさえ天使や悪鬼を目に

（14）訳注。これは音楽家にとって迫真の演奏をする上で欠かせない。作曲家の心の動きに入りこむことで見えてくるものがある。聖イサアクが「動き」というとき、それは「祈り」や「思い」など内面的な動きを指す。われわれは楽譜をとおして、時空を超えた作曲家の心の動きを、真に本性のまま見抜かなければならない。

（15）訳注。見事な一文である。演奏家に欠かせない。

することがあるではないか。ただ、そういう人たちは肉眼でしか物事を見ない以上、あえて清めるまでもないだけのことだ。ところが、霊が清さに達したときには、汚れた人々とはちがって属神的に見るようになる。つまり本性の目で、知恵の目で、洞察眼で見るようになる。それに、霊が体の中にありながら互いに見ることができると聞いて驚いてはならない。ここに真実の証人による明証があるからだ。まさに、福なる聖大アファナシイが『聖大アントニイ伝』の中で記したくだりである。

> あるとき、聖大アントニイは祈祷中に、ある人の霊が大いなる栄誉を受けて昇ってゆくさまを見た。そして、そのような栄誉に与った者を褒め称えた。ニトリアの福アンモンの霊であった。しかし、ニトリアといえば聖アントニイの祈っていた山から徒歩で十三日もかかるほど、遠く離れたところにある土地だったのである。

この事例は、すでに先述した三つの階級があるということ、つまり属神的本性は離れていても互いに見ることができ、五感や距離に左右されないことを裏づけている。そしてこの事例にも書いてあるように、霊は清まると身体的にではなく属神的に見るようになる。なにせ身体的視力では目前のものしか見られないため、かけ離れたものは別の視力（直観）を用いなければ見えないからである。（後略）

第二十訓話(16)

ただ自分自身のみを注視すべく僧房にこもった者が、毎日欠かさず思うべき有益なことについて。

こんなことを書いて壁に貼り、いつも読みあげて忘れないようにしている人がいた。

汚れた奴め、ずいぶん愚かに人生を過ごしてきたものだ。これではどんな目に遭ってもおかしくない。せめて残された日々のうち、今日くらいは気をつけて過ごせないか。ろくな善行もなく愚かなことばかりして徒らに過ごしてきたのだ。もう世の中がどうなったとか、人々がどう暮らしているかとか訊いたりするな。それに修道士の様子とか、修道士が何をしてどう生活してどれだけすごい修行をしているかとか、そういったことも一切気にかけるな。なにせ神秘的に世から抜け出て、ハリストスにおける死者となったようなものなのだ。これ以上、世と世にあるものに対して生きるな。そうすれば穏やかにハリストスのうちに生きられるようになるだろう。どんな暴言や侮辱を浴びても笑われても非難されても持ちこたえられるように武装せよ。何を言われようと「おっしゃるとおりです」と喜んで聞き入れ、苦労や苦難が相次いでもありがたく耐え忍べ。悪鬼の言いなりになった分際として悪鬼のよこす災難をも忍び、必需品に事欠いても潔く我慢して不運にも耐えよ。本当に必要ならば神が与えてくださると信じて、食糧が足りなかろうと涙をのめ。しょせん糞尿と化すだけのものじゃないか。万難を甘受しながら神に救われることを願い、つい逃げ道とか慰めてくれそうな人がいないかとか探したりするな。まさに「なんじの重任（おもに）を主に負わしめ」て（聖詠五四・二三）、つまりあらゆる杞憂を神に委ねて、誘惑を受けるたびに自分を責め、とことん自分のせいだと思うのだ。他人の悪事を見ても真似るな。傷つけられても咎めるな。なぜならお前自身も禁断の木の実を味わって、ありとあらゆる欲を身につけた分際ではないか。しんどい不運だって喜んで受け入れよ。そうすれば、いま少しばかりわなわな慄（ふる）えても、後々きっと喜び楽しむことになるだろう。吐き気のするお前の名誉こそ禍のもとだ。あろうことか、その罪にまみれた霊（たましい）をよしよしと労わりながら、言葉と思いでもって片っ端から人を裁いてきたではないか。いい加減にしろ。こんな豚用の餌を今日まで食らい続けてきたうえに、さらに食らって生きつづけていく気か。汚らわしい奴め。どこに人間らしさがある。かくも愚

（16）訳注。個人的には最も愛した訓話の一つ。よく手帳に貼り付けてくり返し読んだ。

かに過ごしておきながら、なおも人間社会に留まって恥ずかしいとも思わないのか。
もし右に記したことを注意深くすべて守るのなら、あるいは神に助けられて救われることもあるかもしれない。もしも守らないのであれば、闇の国に入って悪鬼と暮らすようになるだけさ。鼻高々と悪鬼に盲従してきた身として当然の仕打ちだ。さあ、何もかも証言したぞ。胸に手を当てて考えよ。一生の間、その胸の中でどれだけ人を非難し、どれだけ冷水を浴びせてきたことか。もしも神がその人たちに対して「さあ、こやつに報いるために立ち上がれ」とでも命じようものならば、世界中の人々がお前のせいで忙殺されてしまうだろう。だからこそ、もう人を悪く思うのは止めろ。そして、降りかかってくる報いを耐え抜くのだ。

この修道士は、右に書いたことを毎日思い起こして、襲ってくる誘惑や苦難に対して備えていた。むしろそういう逆境を肥やしにして感謝できるようにするためである。ああ、われわれも人を愛する神の恩寵によって、降りかかってくる災難をありがたく忍んで肥やしにすることができたならば。光栄と権能は神に世々に帰す。アミン。

第三十三訓話(17)

知性が祈ったときに生じる多くの変化について

人間は善い志を選ぶことはできる。だが、その善い志を成しとげるのは人間ではなく神である。ゆえに、神に助けてもらわなければならない以上、善いことを求めた瞬間からひんぱんに祈るようにしよう。ただ助けを乞うばかりでなく、その願いが御旨に適っているかどうか問いただそう。というのも、善い願いが必ずしもすべて神から来るわけではなく、唯一ためになる願いのみが神から来るからである。いかに善いことを求めていても、神に助けてもらえないこともある。なぜなら、あたかも善いことに見えてしまう願望が悪魔から来ることもあるし、それをすれば役立つような気がしてしまうこともあるからだ。だが実際には、その願望が力量を超えた願望であることも少なくない。たとえば悪魔自身が人をダメにしようと目論んで「ほれ、求めたことをやってみろ」と強いてくることがある。しかし実際には、その人がまだその願望にふさわしい生き方に達していなかったり、とてもそんなことを求めうる生活をしているわけではなかったりする。あるいは、その願望を叶えるには時期尚早だったり、状況的にまだ着手しようがなかったりする。あるいは、その業を成しとげる技能や知恵や体力を持ち合わせていない場合もあるし、どうも時や場所がそぐわない場合もある。だからこそ悪魔はあらゆる手立てを尽くして、あたかも善いことに見せかけて人を惑わし、無理をさせて体調を壊させ、知性に罠を仕掛けてくるのだ。もっとも、すでに述べたように、われわれは善い願望が芽生えた瞬間から必死に祈り続けようではないか。こう心の中で呟くのだ。

> 御旨にさえ適っていれば、こんな善いことに挑戦してみたいと思ったが、まずは祈ることにしよう。主よ、どうか御旨のままになりますように。求めるのは楽ですが、あなたに与えられなければ成しとげることはできないからです。もっとも、求めることも行うこともすべてあなたから授かるものなのですが（フィリッピ二・一三）。なにせ恩寵を送ってくださらなければ、せっかく善いことが閃（ひらめ）いたとしても求められなかったでしょうし、尻込みしていたに違いないからです。

善いことを求める人というのは、このような習慣を持つものである。つまり冷静に判断して行動する前に祈り、賢慮を得るために祈り、そうやって真実と虚偽の違いを見極めようとする。そしてたくさん祈って徳を積み、つねに自分自身を守って汚れなく保ち、よく涙を流して謙虚に天の助けを得ようとする。とくに高慢な思いが頭をもたげてきたときにそうする。というのも、高慢の想念があると神の助

(17) 訳注。善いことを求めるだけでは足りない。それだけだと危険だ、と警鐘を鳴らす訓話。

けがここまで届かなくなってしまうので、その想念の動きを止めるためにこそ祈りに向かうのだ。そのようにしているとき、ほんとうに善いことが見えてくる。

第三十四訓話

だれよりも神の近くで生き、知恵に富む日々を送っていた人々について

僧房の壁にいろいろな言葉や考えを書き留めていた長老がいた。そして、「これは何を意味しているのですか」と訊ねられるたびにこう答えていた。「それは、守護天使が教えてくれた正しい想念で、おのずと心に湧いてきたものです。正しい考えが心に湧いたときに書き留めておけば、迷ったときに目を覚ましてもらえると思ったのです」と。

別の長老は、「過ぎゆく世を捨ててきた代償として、見事に朽ちない希望を得たじゃないか」と邪念におだてられたとき、「やつら」に対してこんなふうに答えていた。「まだ道中にある者を誉めたところで何になる。まだ歩き終えてもいない身だ」と。

すばらしい徳行に励んでいるはずなのに、どうも得るところがない気がしても驚くな。というのは、いくら徳行をしていてもへりくだらないかぎり恩賜を得られないからである。徳行をしたからといって恩賜を得られるわけではない。へりくだったときに恩賜を授かるのであり、へりくだろうとしなければ恩賜を手にすることはない。善良な生活によってすでに恩賜を授かった人は、いま徳行に励んでいる者よりも上である。そもそも徳とは悲哀を生むものだ。その悲哀から謙遜が生まれ、その謙遜に恩寵が降る。だから、われわれは徳や修行をしたからではなく、ひとえに徳や修行をとおして謙遜になったときに報いを受けるのである。謙遜にならなければ、どんなに徳や修行に励んでいても空しい。

徳を行なうということは、つまり主の戒めを守るということである。よく考えて慎んで戒めを守っているとき、たくさん徳を行なうことができる。そして、ついに戒めを必要としなくなったとき、戒めの代わりに謙遜を抱くようになる。そもそもハリス

トスは戒めの実行ではなく霊を健全にすることを要求されたのであり、戒めは霊を健全に戻すための法則として定められたにすぎないからだ。現に、見た目で戒めを守っていれば正しいと認められ、戒めを破れば間違っているとみなされる。しかし知的には何を思っているかによって正しいか否かが決まるのである。たとい曲がった行動に見えても神の叡智のうちに人生を築き上げてゆく人もいれば、義人のふりをしながら罪を犯している者もいる。

　自制する者は、つい犯した失敗でさえも自負心予防のために役立てる。なんの苦心もせずに賜を得たりした日には滅びてしまうからだ。もし神の前で善いことをして賜を受けたのであれば、どれだけへりくだるべきか教えてくださいと神に祈れ。あるいは賜を守る者（天使）を置いてくださいとか、いっそ賜を取り除いてくださいと祈れ。賜が滅びの原因とならないようにするためだ。なにせ皆が皆、富を手にして無傷でいられるわけではないからである。

　神を畏れて注意深く生きながら徳についても気にかけるとき、悲哀を覚えずに日々を過ごすことなどできない。なぜなら徳というのは悲哀を伴うからだ。つらい苦難から逃げる者は、あきらかに徳からも遠く離れることになる。徳を求めるなら、あらゆる苦難に身を委ねよ。苦難を乗り越えればこそ謙遜になるからだ。気苦労せずにいることは神に求められていない。気苦労したくないと思う者は、小賢しくも御旨に合わないことを考えている。ここでいう気苦労とは衣食住を慮ることではなく、徳にしたがう者がぶち当たる壁を意味する。真の知恵、つまり奥義の啓示を受けるまでは、試練をとおして謙遜へ近づこう。つらい苦難を避けて自分勝手な徳に生きる者には、高慢の門が開かれている。

　というわけでこの期に及んでもまだ、とにかく悲しい思いだけはしたくないと思う者がいるだろうか。なにせ屈辱を味わっていないと謙虚に考えられないし、謙虚な思いがなければ清く祈ることなどできないのである。そもそも思いがしかるべき気苦労から遠のいてしまうから、自負心が湧く。しかも自負したままでいるから摂理の天使が去っていき、去っていくなりよそ者の使い〔悪鬼〕が近づいてきて、その瞬間から正義について一切慮らなくなるのである。

智者ソロモンは「痛手に先立つのは驕り」だと述べた（箴言一六・一八、一八・一二）。ならば、賜に先立つのは謙遜だ。どれだけ霊が驕っているかによって、神から教育目的で送られてくる痛手の度合いも異なる。ここでいう驕りとは、つい頭の中に生じる高慢な想念とか、抑えがたい一時的な思い上がりではなく、つねに人の中に巣食っている傲慢さを意味する。一時的に思い上がっていれば痛手を蒙るが、ふんぞり返って開き直った日には一切痛手を受けることがない（神に見離されてしまう）。光栄と威厳はわれらの神に世々に帰す。アミン。

第三十六訓話(18)

（後半部）

ついに徳をなしとげたぞと思って努力をやめて羽を伸ばしたとしたら、そんな徳はすでに徳とは言えない。むしろ聖神が宿った場合、かりにもっと楽にできる方法があったとしても始終自分を服従させようとするものだ。それが聖神の御旨だからである。聖神は人に住み着くと、その人をだらけさせはしない。それどころか一心不乱に修行に打ちこませ、よりつらい苦難に向かうよう仕向け、試練をとおして鍛え上げて賢慮に近づけてゆく。まさに「聖神に愛された以上は努力を貫け」と思っておられるのだ。

いっぽう、いつものんびり生きている者には、聖神ではなく悪霊がその心に住み着くようになる。ゆえに、神を愛した聖人は「日々死ぬことにいたします」と誓ったのである。神の子たちは辛い生活を送って抜きん出るが、世の子らは悠々自適に暮らして楽しむ。そもそも神は、ご自分の愛する者たちが体をまとっている間はのんびり生きることをよしとされなかった。むしろつらい苦難や重荷を背負って汗を流し、貧窮して孤独で裸でも、病気で見捨てられても耐えよと望まれたし、たとい心身が弱って親族に見捨てられて胸が引き裂かれようとも耐えよと望まれた。それに加えて、人目につかない場所に隠遁して風貌まで変わっても、楽しめる物のない僧房で独り静かに黙修せよと求められたのである。隠遁者は泣き、世は笑う。隠遁者は嘆息をつき、世は喜び楽しむ。隠遁者は斎（ものいみ）をし、世は贅沢にふける。隠遁者は追いつめられた環境で日中も働き、夜も修行に身を入れる。その中には、すすんで困苦に身を置く者もいれば、慾と闘って汗を流す者もいる。迫害される者もいれば、慾や悪霊にやられて苦労する者もいる。もちろん追放される者や殺される者、羊の皮を着て放浪する者もいる（エゥレイ一一・三七）。そのとき、かれらの上に「世にありてなんじら患難を受けん、しかれども我において喜ぶべし」（イオアン一六・三三参照）という御言葉が実現するのだ。主は、人がのんびり暮らしながら神の愛など貫けないことをご存じである。だからこそ、ご自分の愛する者たちに安楽な暮らしを禁じられたのである。救主ハリストスのうちにこそ、体の死をも恐れない愛がある。主よ、どうかわれわれにもなんじの愛の力を現わしたまえ。

第三十七訓話

（結尾）[19]

だれだって誘惑や試練を受けた方がためになる。かのパウェルでさえ誘惑を受けてためになったというのなら（コリンフ後一二・七参照）、もはやその事実に対して反論の余地はないだろうし、全人類はただ神の決められたとおりに従うしかない（ロマ三・一九）。ただし、人によって誘惑や試練を受ける目的はそれぞれだ。修行者ならば、より経験を深めるために誘惑を受ける。だらけた者ならば、これ以上悪い方に行かないように病気にかかったりする。眠りこけている者ならば、目覚めるために事故や事件に遭ったりする。すっかり遠のいてしまった者ならば、神に近づくために災難に遭ったりする。しかし神の身内となった者ならば、大胆にも試練を楽しむことになる。神は、まず誘惑や試練を送って人を困憊させ、人が悩み抜いた末に賜を示されるのである。こうし

(18) 訳注。徳にともなう試練についての訓話。
(19) 訳注。試練の必要性について。

て苦い薬で病を治し、健康を楽しめる身にしてくださっている神にこそ光栄を帰すべし。

だれであろうと学習中はつらく、誘惑や試練の毒を味わえば苦い思いをするものだ。そういう苦い思いを体験しなければ意志の力は強まらない。かといって、誘惑や試練は自力で耐え抜けるものではない。陶器も窯で焼かないとぐにゃぐにゃして水漏れしてしまうように、人も恩寵の火を受けなければ慾の動きは止められない。われわれがへりくだって絶えず願い求め、忍耐して神に従うことができれば、主イイスス・ハリストスにおいて何もかも受け取ることができるだろう。アミン。

第三十八訓話

人が今どのような水準にいるかは、湧いてくる想念によって見分けられることについて

だれでも怠けているうちは、死ぬのが怖い。ところが神に近づいてゆくと、むしろ最後の審判を恐れるようになる。しかしもっともっと前進すると、愛によって一切恐れなくなる（イオアン第一、四・一八参照）。なぜこんなにも違うのだろうか。まず肉の思いに基づいて生きているうちは、死は壮絶な恐怖としてしか映らない。ところが霊的知恵に基づいて善良に生きていくと、最後の審判のことばかり思うようになる。なにせ生来の霊的法則にのっとって正しく行動し、善良な生活をして神に近づきやすくなったからである。しかるに、もっと前進して真の知恵に至るや、真の知恵を用いて神の奥義を悟り、来世に期待していた事柄を確信するようになる。すると、かの屠殺を怖がる動物のようであった肉の人も、かの神の裁きを恐れていた理性的な人も、愛によってことごとく生まれ変わるのだ。そして神の身内となるや、もはや罰を恐れてではなく、ただ愛するがゆえに神に仕えるようになり、「私は一家をあげて主に仕えます」（ヨシュア二四・一五参照）と喜び勇むのである。

神の愛へ至った者は、もはや二度とここに留まりたいとは思わない。なぜなら神の愛は恐れを締め出すからだ（イオアン第一、四・一八参照）。愛する兄弟

よ、私もこうして佯狂者になってしまった以上、秘密を隠して押し黙っていることができないので、愚かになって皆さんに役立つことを書き残しておこうと思う（コリンフ後一二・一一参照）。真実の愛とはそういうものであり、愛する者に何事も隠せないからである。じつを言うと、この文章を書きながら幾度となく紙の上を走る筆が止まり、あまりに心地よくて忘我状態になったほどである。とはいえ、つねに世俗的なものを避けて神のことを考え、ただ神と知的に対話しつづけている者は幸いだ。もし耐えつづけることができれば、ほどなくして成果を目にすることができるであろう。

この世で生きることよりも、神における喜びの方が強い。神において喜ぶようになると苦痛を物ともしないだけでなく、命を奪われても平気になり、喜び以外の感情はなくなってゆく。もちろん本当にこの喜びがあった場合の話ではあるが……。そして、神を究明すればこそ愛するようになるのだが、その愛は、蜂蜜や蜜房よりも甘く、この世で生きることよりも甘く、愛する者のために苦しんで死ぬことも厭わない。まさに長らく忍耐して霊的に健康になったとき、その健康力からくる知恵で愛するようになるのだ。

質問　知恵とは何でしょうか。

回答　永遠の生命を感じることだ。

質問　永遠の生命とは何でしょうか。

回答　身をもって神を知ることだ。いま「知恵で愛するようになる」と言ったが、そもそも神を知りたいという欲求ほど強い欲求もないわけだ。ゆえに心でもって神を知ると、もはやこの世の快楽などどれもこれも要らなくなる。神を知ることの甘さに匹敵する物事など存在しないからである。

主よ、どうか永遠の生命でわが心を満たしたまえ。

永遠の生命とは神における慰めだ。ゆえに神における慰めを得てしまったら、もはや世の慰めを必要としなくなるのである。

質問　しかし聖神から英知を得られたとき、得られたと自覚できるのでしょうか。

回答　英知自体から教わるはずだ。人は英知を得ると、心身ともに謙虚な姿勢を学ぶようになる。そして、どのように遜(へりくだ)ったらよいか見えてくる。

質問　どのようにして謙遜に至ったと分かるのでしょうか。

回答　もはや交流や会話をとおして世を喜ばすのが厭わしくなったときだ。この世の名誉にすっかり嫌気がさしたときだ。

質問　慾とは何でしょうか。

回答　この世の事物と関わったときに湧いてきて、体にとって必要最低限なことを必要以上に刺激してくるものだ。しかもこの世の続くかぎり、慾が湧かなくなることはない。ただし神の恩寵にあずかった者は、世の快楽よりも高尚な何かを感じて体験したため、心に慾を入れない。なぜならより良い渇望に燃えているため慾を受けつけず、慾のせいで生じる事態も起こさせず、慾に活動させないからである。なにも慾がまったく湧かなくなったというわけではなく、ひとえに慾が湧いても心がそれに対して死んでおり、何か違うものによって生きているということである。もちろん思慮分別を失くしたわけでもなく、単に何が起ころうとも知性が動じず、意識が何か違う楽しみに満ちているということである。

心は属神的な手応えを感じてはっきり来世を観照するようになると、慾について思い出すなり、まるで高級料理で満腹のときにそれに合わない一品を出されたのと同じ思いを抱く。つまりその一品に目もくれなければ欲しもせず、むしろうっとうしくて顔を背けるのだ。単にその一品がうっとうしくて厭うべき一品であるせいだけでなく、まさに最初に口にしたもっと高級な料理で満腹だからである。ちょうど、かの放蕩息子が父の財産を分けてもらっておきながら使い果たし、豚の食べるいなご豆でさえ食べたくなったのと真逆の心境だ。さらにこうも言えるだろう。そもそも宝の管理を任せられた者は眠りやしない、と。

覚醒して知恵をもって正しく判断しつづけることができたら（それが永遠の生命をもたらすわけだが）、知性はいちいち慾を刺激しにくるものと闘わなくて済むようになる。闘って心に慾を入れさせないのではなく、意識が冴えわたって心に知恵が満ち、霊の内に生じる奇跡を観照したいと渇望しているからだ。その渇望が防壁となって、心に慾を入らせない。なぜなら先述したように、決して心を守らなくなったり分別を失ったりしたからではなく（むしろ分別こそ霊を照らして真の知恵を守るものだ）、単に知性が右述の理由で闘う必要がなくなったからである。実際、富者は乞食の粗食を厭い、健康な者は病人食を食べたがらない。ここで「富者」とは覚醒者のことを意味し、「健康な者」とは用心深い者のことを意味する。よって人は息のあるかぎり、自分の宝を守るために用心深く覚醒していなければならない。この「用心深く覚醒する」という垣根を取っ払って油断して眠りこけていれば、病魔に侵されるだけでなく宝まで盗まれてしまう。単に修行の成果を実感するまで修行すればよいというものではない。むしろ息を引き取る瞬間まで修行すべきなのだ。なにせ熟した果実がいきなり雹に見舞われて傷んでしまうことなどよくあるではないか。ゆえに修行者が俗事に割り込んで話に花を咲かせた日には、すでに健康であれるかどうか分かったものではない。

祈るときは、「主よ、どうか本気で死んでこの世と口を利かずにいられるようにしてください」と祈れ。こう祈ったとき、あらゆる願いを打ち明けたことを悟れ。そして、そう祈ったとおりに生きよ。というのも、そう祈ったとおりに生きるならば、真にハリストスの自由の内にいることになるからだ。世に対して死ぬということは、世にあるものと関わらないだけでなく、頭の中でも世の富を欲しがらないことである。

善いことばかり思いめぐらすのに慣れてしまえば、慾とぶち当たるなり慾を恥じるようになる。そういう体験をしたことのある者ならば分かるだろう。しかし、まずは慾に気を取られることを恥じ、慾を刺激した日には成れの果てにどうなってしまうか思い出して、そうなる原因には近寄らないようにしよう。

神を愛するがゆえに何か成しとげたいと思ったら、死ぬ気になって成しとげたいと思え。そうすれば、慾と闘いながら文字どおり致命者の域まで昇らせてもらい、最後まであきらめずに耐え忍ぶことができれば、そして覚醒して用心することを忘れなければ、いかなる物事からも一切害を受けることがないだろう。理性が弱いと、忍耐力まで弱めてしまう。だがしっかり理性に従っていけば、生まれつき備わっていなかった力まで帯びるようになる。

主よ、なんじのうちに生きんがため、この生命[20]を憎む力を与えたまえ。

この世の人生というものは、一覧表にある文字からいくつか文字を取って組み立てていく文章に似ている。だから、こうしよう、こうしたいと思ったら、その部分に必要な文字を足したり減らしたりして文章を書き換えることができる。だが、来世の生命というものは、きれいな巻物に筆で書かれて王の御璽(ぎょじ)が押され、もはや何の添削もできなくなった文章に似ている。だから、まだ修正できる人生を歩んでいるうちに自分自身に注意せよ。まだこうして綴っている「わが人生」という手記を意のままに添削できるあいだに、善く生きた年月を加筆できるように努め、過去の過失は悔改して消し去るようにしようではないか。

なにせ神は、人がこの世に生きている間は、つまり未知の国へ旅立つ瞬間までは、この地上で働いているわれわれの人生に「善き人生」ないし「悪しき人生」という印影の決裁印を押さないでくださるからだ。聖エフレムが言ったとおりである。

こんな風に思いめぐらすと良いだろう。われわれの霊(たましい)は、あたかも出航準備の整った船のようだ。ただし、いつ風を浴びて出航するのか分からずに待機している船だ。あるいは軍人のようだと言ってもいい。ただし、いつ「出陣せよ」というラッパの合図が鳴り響くのか分からずに待機している軍人だ。ところで、もしそういった船なり軍人なりが、ささやかな利益を得るために準備し、あわよくば再び挑戦できるかもしれないのに万全を期しているとしたら、いったいわれわれはかの恐るべき日のために、どれほど準備して武装していなければならないだろうか。それこそ新しい世へむかう橋に足をかけ、来世への門を開いて入ってゆく瞬間なのだから。

願わくはその念願の日、われわれも仲保者ハリストスによって堂々と信仰告白できますように。そしてそのために、今からしっかり準備してゆくことができますように。光栄と叩拝と感謝は、主に世々に帰す。アミン。

(20)訳注。これ以降、結尾までの譬えはじつに面白い。

第四十七訓話

（結尾）

この世とは、つまり競技場であり、競い合うための戦場である。この世で生きていられる時間とは、戦いの時間である。戦時中は、どこの国でも法律で縛られない。つまり王は戦争が終わるまでは戦士たちに限界を設けない。ただし戦争が終わったら、だれもが諸王の王（神）の門へ連れていかれ、そこで戦時中にどう戦ったか、つまり戦い抜いたのは誰で、逃げてきたのは誰なのかが問われるのだ。というのも、いくさ下手でいつも負けてばかりいる無力な戦士が、時にいきなり敵軍の旗を奪って名を挙げ、連戦連勝してきた名戦士よりも称えられて冠を受けたり、戦友よりも褒賞を多く手にしたりすることもあるではないか。だから、だれ一人として絶望してはならないのだ。ただひたすら怠けずに祈り、必死に主の助けを乞え。

まだこの世で生きていて肉体を着ているあいだは、たとい天の蒼穹まで昇ったとしても努力をやめて無為に過ごしてはならず、始終用心すべきことを肝に銘ぜよ。これぞ（つまり悔い改めてへりくだることこそ）、完徳なのだ（と言いきる私を赦せ）。そしてこれ以上に関する事柄は、身の丈に合わない思考の遊びに過ぎない。光栄と権能と威厳は、神にこそ世々に帰すべし。アミン。

第四十八訓話

（前略）

質問　謙遜はいかなる点で優れているのでしょうか。

回答　かたや自負心が、好きなように雲上を飛んで次々と受造物を眺めまわして霊力を浪費するのに対し、謙遜は黙修に集中して自分自身に目を凝らす。ちょうど霊というものが肉眼では捉えられず見えないように、謙遜な者は世間に知られることはない。そして、霊が体内で人目につかず誰とも交際しないように、真にへりくだった者は人々から離れて清貧に徹するあまり人目を引こうとしないどころか、できれば自分自身からも隠れて自己に沈潜して静寂のうちに住みつきたいと思うものである。そして以前の考え方や感覚をどれもこれもきれいさっぱり捨て去って、あたかも受造物のうちに存在しない者のごとくなり、まだ生まれざる者のようになりたい、つまり自分自身にも知られざる存在になりたいとさえ思うのである。そして、そういう者が世を離れて自分自身のうちに隠れて留まっているうちは、全身全霊でおのが主宰（神）の傍に留まっていることになる。

謙遜な者は、集会を見たがらない。人だかりも熱狂も宣伝もどんちゃん騒ぎも耳に入らず、市場動向や娯楽にも興味がない。それらは自制力を奪うものだからだ。演説にも討論にも扇動にも惑わされず、何よりも現世を避けて黙修することを優先し、どの受造物からも離れて一人きりになり、静寂の国で自分自身のことを慮る。万事において少量と清貧を好み、赤貧のなかで欠乏を渇望するのだ。物をたくさん持って仕事に追われるのではなく、いつも自由な身で気苦労を持たず現世のことで思い煩わないようにし、どうか内面に集中できますようにと願う。多くのことに身を乗り出したら、思い煩わずにいられなくなると確信しているからだ。なにせ仕事量が増えれば心配事も増え、いろいろな思いが次々と湧いてきて、せっかく必要以上に生活を慮らず超越していた平安を失くし、高尚なことだけを考えていた視野も失ってしまうからだ。しかも所用に追われるあまり高尚なことを思いめぐらす時間がなくなれば、状態が悪化して躓いてしまう。その途端、抑えていた欲が解放されて冷静な判断が効かなくなり、謙遜も平安も吹き飛んでしまうのだ。だからこそ、へりくだる者はつねに多くの事柄を避け、いつも物音ひとつしない僧房で穏やかに温柔に敬虔であれるようにする。

謙遜な者は、あくせくしたり急いだり、どぎまぎしたりしない。軽い気持ちや極端な考えに飛びつかず、いつ何時も落ちついている。万が一、天が地に落ちたとしても驚きやしない。人は黙修しているからといって謙遜とは限らないが、へりくだる者はみな黙修している。高飛車な態度だと不遜なことがすぐに分かるが、謙虚そうに見えて実はそうでない人も多い。ゆえに謙遜であられる主は、まさに「われに学べ、われは心温柔にして謙遜なればなり」（マトフェイ一一・二九）と告げられたのだ。謙遜であれば、いつも穏やかでいられる。そもそも動転したり衝撃を受けたりする対象がない。ちょうど山が泰然として微動だにしないように、謙遜な知性は不安な思いを抱かない。そしてもしこう表現することが許されるのなら（いや、こう言うのに絶好の文脈かもしれない）、謙遜な者こそ「この世に属せず」（イオアン八・二三）といえる人々なのである。なぜなら悲運に遭っても震えあがらず心変わらず、楽しいときにも飛び上がらず羽目を外さず、むしろ主においてのみ真に楽しんで喜ぶからである。へりくだった思いを抱いていると柔和になって凛とするのは、心意気が清まるからだ。声を荒げず無駄に語らず、自分なんかどうでもよいので服装も貧しい。歩くときにも慎ましく、いつも目線を落としている。とびきり慈愛深くてすぐに涙を流し、ひとりきりで心を痛め、おっとりしていて純情。持ち物を少なくしてあらゆる需要を減らし、何もかも我慢して持ちこたえ、この仮住まいの世を憎んで毅然（きぜん）としてびくびくしない。誘惑や試練にも耐え、じっくり考えて軽々しく考えず、想念をしずめて貞潔の奥義を守り、恥を知って敬虔に生きる。以上に加えて、つねに自分の無知を責めながら黙修に徹しているのだ。

　謙遜であれば、困惑したりうろたえたりするような事態には遭わない。驚くべきことに、真にへりくだった者はときおり一人きりでいながら自分自身のことを恥入り、神に祈ろうとしてもおこがましくて祈る気になれず、何かを願う気にもなれないので祈れない。何について祈ったらよいのか分からないからだ。ひたすらあらゆる思いを鎮め、ただただ拝むべき偉大な方（神）が憐れんで良しとしてくださることだけを待ち望み、顔を地に伏して内なる心眼をいと高き至聖所の門に向ける。そこは、闇の向こうに住まわれるお方がおられる場所で、セラフィムの視力をもってさえぼやけてしまってよく見えない聖域。天使の全軍もそのお方の徳をほめ歌いつつ、驚嘆のあまり絶句する。ゆえに謙遜な者は、ただ「主よ、御旨のままにわれに行ないたまえ」としか祈れなくなるのだ。ぜひわれわれも同じように祈るようにしよう。アミン。

第四十九訓話

（後半部）[21]

　そもそも人は、目に見える助けを拒んで他人に期待せず、清く信じて神にしたがい始めた途端、恩寵が付いてきて手とり足とり助けてもらえる。まずはもろに見えるこの体に関することで助けてもらえるのも、どれだけ神に慮ってもらっているか感じやすい次元だからである。そして、こうもあからさまに配慮されている身を理解することで、見えない部分も配慮されていることを確信する。これは、まだ初歩的に考えたり生活したりしている人にとっては自然なことだ。でなければ、なぜ探してもいなかったのに必要物資が与えられたのか。なぜ用心すらしていなかったのに間一髪で危険をすり抜けてこられたのか。だが実際には、親鳥の羽に包まれた雛のように、気づかぬうちに恩寵に守られて見事に敵の矢を逃れてきたのである。そして恩寵によって目が啓(ひら)いたとき、いかなる危機を無事に切り抜けてこられたかに気づく。

　こうして人は目に見えない神秘を学び、見抜きにくい邪念や捉えがたい想念の綾まで見破るようになる。また、やすやすと想念同士の結びつきや危険度を見抜き、どの想念に執着しがちか、どの想念からどの想念へ引っ張られて霊(たましい)が滅ぼされるかも見抜くようになる。さらに、恩寵によって悪鬼の奸計(かんけい)や想念の巣窟も暴き出し、将来まで見とおす分別を持つようになる。つまり、純朴であるがゆえに神秘的な光に照らされて、かろうじて想念にやどる智略を見抜き、もしその智略を見破っていなかったらどんなにひどい目に遭っていたかも見えるようになるのだ。そのときから、小さなことでも大きなことでもすべて創造主に祈って助力を乞おうと思うようになる。

　そして、何事も神に期待しようという考えが恩寵によって固まったとき、背負える分ずつ試練を受けるようになる。しかも尻込みしないで済むように、知恵を体得する日まで、いずれ神に期待して敵を軽視できるようになる日まで必ず助けてもらえる。なぜなら血と汗を流して試練を乗り越えなければ属神的戦いに長けることもなく、ひそかに神の摂理を身近に感じて信仰が強まることもないからだ。

　しかし、ひそかに自負して思い上がるなり強い誘惑に嵌まり、自分の弱さを痛感して神に走りついてへりくだる日まで恩寵に見放されてしまう。

　このようにして神の子を信頼しきる日まで、信仰を深めて愛まで昇りつめることになる。まさに絶望しそうな状況においてこそ、神の悟りがたき愛を悟りうるからだ。絶望的状況から救われた者は神の力を見る。というのも、満たされて自由に生きているうちは、神の力を知ることなどできないからだ。

(21) 訳注。力強い言葉の数々。不安を断ちきって無敵の闘魂になるために必要な考察である。

現に会話も噂話もない荒野の黙修においてほど、神の力が強く現われた試しはない。

徳に向かって歩み出したとき、ありとあらゆる艱難辛苦に見舞われても驚くな。なぜなら楽にできてしまう徳など、徳とは言えないからだ。むしろ「徳とは四苦八苦するものだ。楽にできる徳行など言語道断だ」と聖イオアンが述べたように、苦しみに堪えてこそ「徳」と言えるのである。福なる修道士マルクも「聖神の戒めどおりに徳を行なうならば、その徳は十字架となる」と述べている。だからこそ、使徒も「およそ敬虔をもって、ハリストス・イイススにありて生をわたらんと欲する者は、皆窘逐せられん」（ティモフェイ後三・一二）と述べ、徳の道が十字架の道であることを示したのだ。そもそも主ご自身が「われに従わんと欲する者は、おのれを捨て、その十字架を負いてわれに従え」（マルコ八・三四）と命じられたではないか。つまり、ゆったりした生活に背を向けて、ハリストスのために「おのれの生命を喪わん者は、これを得ん」（マトフェイ一六・二五）という。しかも実際に十字架を背負って見せられて、まずは死を覚悟してから全霊でわれにしたがえ、と見本を示されたではないか。

死を覚悟するほど強いものはない。死を覚悟して現世へ対する望みを断てば、左右どちらから攻めてこられようとも負けやしない。この世の人生に対する望みをことごとく断ち切ることができれば、これ以上に勇壮な者はいない。これぞ、どんなひどい話を聞いてもぐらつかない無敵の賢者である。なぜならどんな苦しみに見舞われようとも死ぬよりは楽だし、とうに死を受け入れるべく首を垂れているからである。

「この身は汗水垂らして苦しみを耐えるべき分際だ」という自覚を持てば、いつどこで何をするにせよ達成したいと思った万事において勇敢に壁に立ち向かえるだけでなく、弱々しい想念が「ついに野垂れ死ぬかもしれないぞ」と脅してきても知力でやすやす退治できる。そして、どんなに越えがたい難関にぶち当たろうとも楽々と越えてみせるだろう。ときに思わぬ窮地に陥ることもあるかもしれないが、場合によっては一切そういう目に遭わないことだってありえる。

あなたも知っているだろう。いつの時代も大半の人が、安穏に生きたくて偉業や善行や徳に励むのを諦めてしまったことを。しかしだ。現に日々の生活に追われている人でさえ、ひそかに辛苦を耐え抜くぞと腹をくくらなければ、望んだ事柄を成しとげることなどできやしないではないか。これは体験的に知られていることなので、あえて御託をならべて説得するまでもなかろう。どの民族も太古の昔から、まさに安穏に生きたくてへこたれて降服しただけでなく、至高のものまで手放してきたからだ。それは現代でも変わらない。だから一言でいってしまえば、もし人が天国をあきらめるとしたら、この世のちっぽけな慰めが欲しいというただそれだけの理由に過ぎないのだ。しかも天国をあきらめて好きなように生きていれば、おのずと肉慾に釣られていくため、痛ましい事件や生き地獄に嵌まってしまうことも稀ではない。

鳥でさえ安息を求めて罠に近づいてしまうのは周知のとおりだろう。だが、人間の知恵も罠に気づけないという点においては、鳥の知恵と大差ないようだ。悪魔は場所や状況をうまくこしらえて、それとなく「さあ、こんなふうにくつろいでみたらどうだ、たんまりのんびりできるぞ」などと囁いて、ずっと昔からわれわれを釣ってきたのである。

とはいえ思いつくままに述べたことにより、この訓話の当初の狙い（信仰とへりくだりについて）からやや逸れてしまったようだ。要は、主に向かう以上は、どんな苦難も甘んじて受けるぞという覚悟を忘れず、その初心にそって修道の終点を見失わないこと。主のために何かしようとするとき、ついこんなふうに自問したりしないだろうか。「このまま進んでも大丈夫かな。もうすこし楽にできる方法はないのかな。体が持たないくらい苦しむのは勘弁してくれ」と。ごらん、いかにわれわれは常時、ありもしない安息を天にも地にも求めてしまうことか。人間よ、何を言う。天に昇ってかの国を得たい、神と交わってかの福楽に安らぎたい、天使と交わって不死の生命を得たいと申し出ておきながら、どの面下げて「もしや痛い目に遭わないだろうか」などと訊く。この世のはかないものを求める者でさえ、困難に遭っても克服するぞといきり立ち、目の前のそそり立つ荒波の海を泳いで渡ろうとするとき、いちいち大変な目に遭ったらどうしようなどと口にしないではないか。なのに、いつでもどこでも楽をしたがるわれわれの根性よ。もとより十字架の道を念頭に置いている者にとって、はたして十字架よりもつらい苦しみなど存在するのだろうか。

この戦いは、困苦を屁とも思わないくらいでないと勝てない。このことを、この期に及んでもなお納得できない者がいようか。現に、楽をしたがる思いを断ち切らなければ、朽ちる冠でさえ得られず、すばらしい望みも果たせず、神の事業も徳行も何一つ行えないではないか。楽をしていればおっくうになり、倦んで怠けて不安になり、そうやって万事においてひ弱になっていくではないか。

知性が徳にむかって意気込んでいれば、五感（視覚・聴覚・臭覚・味覚・触覚）は不自然な異常事態に置かれても惑わされない。義憤にいきり立っていれば、身体的生命なんぞゴミ屑よりも軽んじられる。というのも、心に覇気があれば、逆境に出くわしても苦にならずびくともせず、知性がまるで金剛石のように固い防壁となってあらゆる試練に立ち向かうからだ。だから、われわれもイイススの御旨にそって属神的覇気に燃えよう。そうすれば、だらけたくなる気持ちをことごとく追い払えるだろう。なぜなら覇気を持っていれば大胆不敵になり、霊力も体力も倍増するからだ。霊（たましい）が覇気を帯びたとき、悪鬼ごときに何ができよう。まさに覇気から熱心が生じ、無敵の闘魂となるのだ。修行者も致命者もこの「覇気」と「熱心」でもって苦行に耐え、致命の冠を授かってきた。この二つがあれば、身を引き裂かれるような拷問にあっても苦痛を感じない。願わくはわれわれも神からそういう熱心さを賜わり、そういう熱心さでもって神を喜ばすことができますように。アミン。

第五十七訓話

（中間部）

罪を犯しているうちは、祈ろうとしても祈れない。なぜなら良心が責めるので大胆になれないからだ。いっぽう良心が清ければ、祈りながら喜んで涙を流す。世に対して死んでいれば、喜んで侮辱を耐えられる。でも世のことで頭がいっぱいのままだと侮辱に耐えられず、虚栄心に突き上げられてこの野郎と怒り出したり、その逆にがっかりして気持が萎えたりしてしまう。おお、侮辱を甘受するとはなんと実践しにくい徳であることか。しかし実践できればどれほど神に褒められる徳であることか。この徳を成しとげたいと思うならば、なるべく親族を離れて旅人になるべきだ。なぜなら生まれ育った土地でこの徳を身につけることは不可能だからである。ただ偉人や強者のみ、親族と暮らしながらこの苦しみに耐えることができる。また、心から世に対して死んだ者や、現世の慰めへの期待を捨てきった者も耐えることができる。

へりくだっていると恩寵を呼びよせるように、傲慢なままでいると痛々しい事件を呼びよせる。謙遜であれば主に目をかけてもらい、いつも憐れみを受けて喜ぶことができるが、不信仰で意地を張っていれば恐ろしい目に遭う。いかなる人の前でも、すべての点で自分を低めよ。そうすれば、この世の有力者よりも高められるだろう。人とすれ違ったときにはお辞儀して気持ちよく挨拶せよ。そうすれば、贈り物としてオフィルの金を持参した人よりも尊ばれるだろう（列王記上二二・四八参照）。

自分をおとしめよ。そうすれば自分の中に神の光栄を見出すだろう。というのも、謙遜を培った場所には神の光栄が湧き出すからだ。もしあからさまに貶められたままでいようとするならば、神によって万人から褒め称えられるようになるだろう。心に謙遜があれば、そこに神の光栄が見えてくるだろう。偉業を成しとげた分野で、軽蔑されやすい人であれ。その逆に、何もできていない分野で、すごい人だと思われないようにせよ。人々に鼻であしらわれるように努めよ。そうすれば神の誉れを受けるだろう。内面に罪の疾患を抱えているというのに、尊敬されようとしてあくせくするな。栄誉を蔑視せよ、そうすれば人望を得るだろう。そして栄誉を好むな、そうすれば酷評を受けずに済むだろう。必死に栄誉を求めるならば、栄誉はどんどん逃げていく。だが栄誉から逃げるならば、後ろから栄誉が追いかけてきて、その謙遜ぶりを万人に広く知らせることになる。自分を意識せず尊敬されないようにしていれば、神があなたのことを宣伝される。もし真実ゆえに非難の的となるのを耐えるならば、造物主は全受造物にあなたを誉めたたえよとお命じになり、その光栄の門を開いてあなたを輝かせて誉めちぎるだろう。なぜならば、あなたのうちに本当に神の像(ぞう)と肖(しょう)があるからだ。

　高徳な知恵者が健全に暮らして謙遜であるとき、人々に蔑まれていた試しがあろうか。あらゆる点で自らへりくだる者は幸いである。高められるからである。なにせ神のために万事においてへりくだって自分を小さくするならば、神から栄誉を授かるからだ。神のために飢え渇くならば、神の福楽で潤って満たされる。神のために裸である身を耐えるならば、朽ちない光栄の衣を掛けてもらえる。神のために貧しくなるならば、神の真の豊かさで慰められる。

　神のために自分をおとしめよ。すると、知らず知らずのうちに誉められることが多くなるだろう。一生のあいだ罪人であることを自認せよ。そうすれば死ぬまで義人であれるだろう。知恵があっても無知のようであれ。逆に無知であるのに賢そうに見せるな。もし教養のない平凡な男が謙遜であるがゆえに敬われるとしたら、著名な偉人が謙遜であったらどれほどの誉れを受けることになろうか。

　虚栄から逃げよ、そうすれば誉れを得るだろう。高慢を恐れよ、そうすれば誉めたたえられるだろう。人の子として生まれた以上は見栄を張るべきではなく、女から生まれた分際で思い上がってはならない。せっかく世俗にまつわることをすすんで捨てたのであれば、万事において他人と競うな。それに虚栄を厭うことにしたのであれば、自分をより良く見せようとしている連中から逃げよ。物欲自体を断つがごとく、物を集めたがる人との関係を断て。快楽自体を避けるように、快楽を好む者を避けよ。下品なものに目を背けるように、下品な輩を見るな。というのも、そういう行為を思い出すだけで知性が濁るとしたら、その行為に仕えている人を眺めたり、そういう人たちと一緒に時を過ごしたりしたらどれほど知性が濁ってしまうことか。むしろ義人に近づいて、義人をとおして神に近づくのだ。そして謙遜な者と交わって謙遜な品性を身につけよ。謙遜な者を眺めるだけで得られるものがあるとしたら、謙遜な者から教えを伺ったらどれほど役立つことか。

貧者を愛せ、貧者をとおして憐みを得るためだ。口やかましい連中には近づくな、でないとせっかく与えられた静寂を失ってしまう。病人や乞食から悪臭がしても顔を背けずに耐えよ、なにせ同じ体をまとった人間なのだ。不幸な目に遭った人を叱るな、あなたも同じ目に遭わないとも限らないし、もし叱ったりしたら同じ目に遭ったときに慰めてくれる人を見出せないであろう。身体障害者を貶めるな、みな地獄には等しい身分で落ちるのだ。罪人を愛せ、しかし罪状そのものは憎め。ダメな部分があるからといって罪人を軽蔑するな、同じ罪に誘惑されて堕落しないとも限らない。自分だって慾という性質をもって生まれたことを忘れず、万人に対して善をなせ。祈ってくれと要求してくる者を責めたりするな、ついでに優しい言葉をかけて慰めることも忘れずに。でないと、その人が滅びて霊（たましい）の代償を請求される羽目に陥るかもしれない。むしろ医者の業を真似よ。医者は炎症を冷えた薬で治し、冷えた症状を温かい薬で治しているだろう。

第七十九訓話

（後半部）

あらゆる苦境や苦難に見舞われたとき、忍耐力がないから余計にしんどくなるのだ。忍耐力があれば災難を追い払うことができるのに、逃げ腰だから苦しむことになる。ふつうどっしり構えていれば忍耐力がつき、耐えていればこそ慰められる。ただ苦難の渦中では、神に与えられない限りこのような忍耐力を自分の内に見出すことはできない。ただひたすら祈って涙を流してはじめて授かる賜だからである。

人は大きな災難にぶち当たることを神によしとされたとき、ついおどおどして臆病になる。すると抗いがたい倦怠感に襲われて、霊（たましい）が押し潰された感じがするのだが、これこそ地獄を味わっている瞬間なのだ。この押し潰された圧迫感のせいで気がおかしくなると、どんどん取り乱すようになる。戸惑ってイライラし、冒瀆して運命を呪い、邪念が湧いたり国々を放浪したりする。「どうしてそこまで見苦しくなってしまうのでしょうか」と訊くだろうか。お答えしよう。「あなたが怠けていたからだ。まさに、そこまで見苦しくならないようにするための特効薬を見つけようともしなかったからだ。気がおかしくならないようにするための特効薬は一つしかない。ただその薬によってのみ、すぐに心が癒される」「その薬とは何でしょうか」「心からへりくだることだ。へりくだらずに気を落ち着かせられる人はいない。むしろ災難のせいで、ずたずたにやられてしまったと思うだけだろう」。

いや、本当のことを述べているからといって怒らないでくれ。たしかにあなたは全霊で謙遜を探そうとしなかったのだ。しかし、探したいと思うのならば、ぜひ謙遜の領域に入ってみることだ。謙遜の領域に入るなり、乱れていた自分が落ち着くのを目の当たりにするだろう。謙遜であればあるほど、苦難を耐える力が与えられるからである。そして、耐えれば耐えるほど重苦しかった気持ちも軽くなり、そのようにして癒されてゆくのである。癒されれば癒されるほど神への愛が増し加わり、神を愛すれば愛するほど聖神における喜びが増す。天の父は懐が深いため、真に神の身内の試練を軽減される際にも単に試練を取り除こうとはされない。むしろ試練への忍耐力をお与えになる。すると人は、忍耐力でもって右の恵みを余すところなく受け取り、霊的完成に向けて成長してゆくのである。願わくはハリストス神の恩寵によって、われわれも神を愛して深謝しつつ苦難を耐える力を授からんことを。アミン。

第八十三訓話

（結尾[22]）

だれしも舟なり船なりに乗らなければ大海原を渡れないように、神への畏怖心がなければ愛にたどり着けない。われわれと属神的天国のあいだにある汚臭に満ちた海をわたるには、悔改という名の船に乗り、畏怖心という漕ぎ手に漕いでもらわなければならない。畏怖心によって悔改の舟を操らなければ、いくら悔改の舟で神を目指そうとしても現世という腐臭ぷんぷんの海に沈んでしまうからだ。ゆえに、われわれは畏怖心を舵手として悔改の舟に乗り、愛という神の港を目指す。畏怖心があればこそ、悔改という舟に乗りたくなり、現世という臭い海を越えて愛という神の港を目指せるからだ。だれしも汗水垂らして悔改しつづければ、この愛という神の港にたどり着く。そして愛に至ったときに神に至り、悔改の航路を終えたことになる。すなわち来世という離島に、まさに父と子と聖神のおられる島に上陸することになる。光栄と権能は神に帰す。どうかわれわれも神を畏れる心によって、神の光栄と愛にふさわしい者にしていただけますように。アミン。

(22) 訳注。何とも美しい比喩。これも心の白帆を張るコツかもしれない。

第八十五訓話

（中間部）

生まれつき体よりも霊（たましい）の方が優れているように、身体的活動よりも霊的活動の方が優れている。そもそも体が造られた上でそこに生命が吹きこまれたように、まずは身体的に活動すればこそ霊的に活動できるようになる。ささやかな生活をひたむきに継続することこそ大いなる力だ。点滴穿石ともいうように、小さな滴（しずく）でもしたたり続けていれば、固い石をも穿つではないか。

あなたの中で属神的な人が復活しそうになると、何に対しても内面的に死ぬようになる。そして桁外れの喜びに心が熱くなって甘い思いに満たされ、もはや他の思いを抱くことはない。

その反対に、あなたの中で世が復活しそうになると、何かとあれこれ思いめぐらすようになり、何かにつけ俗っぽく考えるようになる。ここで「世が復活する」というのは慾が復活することに他ならず、まさに慾がうごめくせいであれこれ思いめぐらしてしまうことを指す。そうやって慾が生じて熟した結果、罪を犯して身を滅ぼすのだ。母がいなければ子は生まれないように、頭であれこれ思いめぐらさなければ慾は生じず、慾が作用しなければ罪を犯すこともない。

忍耐力がついてきたなと実感したら、ひそかに慰めの恩寵を得たしるしだ。胸の高鳴る喜ばしい思いよりも、忍耐力のほうが頼りになる。そもそも神において生活するということは、つまり五感を殺すということだ。きちんと心が生きていれば、五感は強く作用しない。逆に五感が復活してくると、心は死んでしまう。ゆえに五感が勢いを持ったとき、それは心が神において死んだことを意味する。いくら世間で徳を実行しようとも、それで良心が正当性を得られることはない。

どんなに他人をとおして徳を行なったとしても、それで霊的に清まるわけではない。なぜなら神は、そういう徳行に対しては褒賞をお与えになるだけだからだ。むしろ自分自身の内部で行なう徳こそ完徳として認められる徳であり、褒賞もいただければ浄化もしてもらえるという一石二鳥の徳なのだ。だからこそ、見える徳から離れて見えない徳へ向かえ。もしも見えない徳ができないまま見える徳までやめてしまったら、あからさまに神から離れ落ちることになる。だが見えない徳は、たとい見える徳をしていなくても、見える徳の代わりになる。

第八十九訓話

（後半部）

自分自身の霊（たましい）の中で正しいという確信があるのならば、それ以外のものに認められようとしてあくせくするな。あらゆることにおける大前提は、体の貞潔と良心の清さ。この二点がなければ、何をなしても神の前では意味がない。とにかく考えもせず検討もせずに行なったことは、どんなに立派な行ないに見えても空しいことを心得よ。なぜなら神は、その人の分別を見て義としてくださるのであって、無分別な活動を認めて義とされるわけではないからだ。

いくら義人であろうと愚かであれば、燈明が日光の下で輝いているようなものだ。人を嫌に思いながら祈っていても、石の上に種を蒔いているようなものだ。修行していても慈憐がなければ、実のならない木が突っ立っているようなものだ。嫉妬ゆえに相手を暴き立てるのは、毒矢を放つようなものだ。おべっかが誉めるとき、それは目に見えない罠である。頭が悪いのに助言する輩は、盲目の番人のようだ。愚者と時を過ごすのなら、心に傷を負うだろう。だが賢者と語らえば、甘い泉を得る。賢い助言者は頼りになるが、頭の悪い愚友は百害あって一利なし。愚者を追いかける賢者の姿を目にするよりは、泣く女と暮らす男を見る方がましである。悪習に染まった連中と暮らすよりは、よほど猛獣と一緒に暮らす方がましである。際限なく欲しがる奴といるよりは、いっそ死体を食いつく禿鷹といる方がましである。口論好きの友となるよりは、（悔い改める余地のある）殺人犯の友となる方がましである。大食漢と会話するよりは、豚と語らう方がましである。大食いの口元よりは豚の飼葉桶のほうがましだからだ。高慢ちきと暮らすよりは、皮膚病患者と暮らす方がましである。迫害してくる輩にはさせておけ、でもこちらからは迫害するな。磔にしてくる連中にはさせておけ、でもこちらからは磔(はりつけ)にするな。侮辱してくる相手にはさせておけ、でもこちらからは侮辱するな。中傷してくる奴にはさせておけ、でもこちらからは中傷するな。どこまでも温柔であれ。そして、たちの悪いことで勝ち抜こうとするな（聖詠三六・一、七—八参照）。

ハリスティアニンたるもの、言い訳はするものではない。それはハリストスの教えの中に暗示としてすら存在しない。楽しむ者とともに楽しみ、泣く者とともに泣け（ロマ一二・一五参照）。これこそ、清い証拠だ。病人とともに心を痛め、罪人とともに涙を流し、痛悔する者とともに喜ぶことだ。だれに対しても友好的であれ。ただし思考内では孤独を貫け。苦しんでいる人を見たら手助けせよ、ただし体ではだれからも離れているように。たとい相手が極悪人であろうとも、一切悪いところを暴いたり咎めたりするな。罪を犯した者には、自分の着ている服を掛けてあげて庇え。もしも罪を肩代わりしてあげることができず、代わりに罰や恥を受けてあげることができなかったとしても、せめて大目に見てあげて窘めるな。兄弟よ、なぜわれわれは僧房から一歩も外へ出ない方がよいのか分かっていてほしい。まさに人々の悪行を知ることがないようにするためなのだ。そうすれば、清い知性においてどの人も聖人で善人に見えるようになるだろう。もしも相手の罪をすっぱ抜いて教訓を垂れ、裁いたり審議したり罰したり叱ったりするとしたら、いったいわれわれの生活は都会の生活とどこに違いがある。しかもそういう態度を続けていくとしたら、はたして荒野に留まることほどあくどい生活が他にあろうか。

[23]心の中で黙っていられないのであれば、せめて口では黙れ。良いことばかり思えないのであれば、せめて清らかに感じられるようにせよ。思考において独りきりになれないのであれば、せめて体だけでも独りきりになれ。体で修行できないのであれば、せめて知性で悲しめ。立って覚醒できないのであれば、せめて座ったり寝床に横になったりしながら覚醒せよ。二日間も断食できないのであれば、せめて夕方までは断食せよ。どうしても夕方まで断食できないのであれば、せめて食べ過ぎないように気をつけよ。心が聖人でないならば、せめて体だけでも清くあれ。心で泣くことができないならば、せめて顔だけでも泣くようにせよ。憐れむことができないならば、せめて「罪深い者なのです」と公言せよ。和平を行なうことができないならば、せめて紛争を好む者にはなるな。どうしても勤勉になれないならば、せめて思考内だけでも怠けるな。自分自身も慾に勝てないならば、処分される者の前で思い上がるな。友人を悪く言う者を黙らせる力がないならば、せめてその人との関わりを避けよ。

もしも怒りにまかせて人を深く傷つけてしまっ

たら、神にその傷ついた霊を返せと求められることを肝に銘じておくべきだ。たとい怒りをぶちまけなかったとしても、実際に怒った者の尻馬に乗って憂さ晴らしをするのなら、最後の審判においてその人の仲間として裁かれるだろう。柔和な心の持ち主になりたければ、平安を貫いて過ごせ。平安を貫くことができれば、いつも喜んでいられるだろう。探すべきは、金塊でなくて知恵だ。まとうべきは、高級服でなくて謙遜だ。得るべきは、王国でなくて平安なのだ(24)。

謙遜がなければ知恵もない。へりくだらなければ知恵はつかない。謙遜な者は、取り乱すことなく平安を保っており、いつ何時でも喜んでいる。人は、どんな人生を歩もうとも、神への希望を持たな

(23) 訳注。この段落は深い慈愛に満ちている。
(24) 訳注。この三つはものすごい格言である。この格言を受けて次段落より本訓話の結尾までは、『修行訓話』全体のクライマックスであるのみならず、本書にとってもクライマックスとなる。ここに、本書で示したかった究極の極意がすべて詰まっているからである。

いかぎり平安を得られない。希望を持って平安になって喜びが溢れてくるまでは、苦労や困難に太刀打ちできなくて不安が拭えない。だからこそ主は、拝むべき聖なる唇で「およそ労苦する者及び重きを担う者はわれに来たれ。われなんじらを安んぜしめん」（マトフェイ一一・二八）と言われたのである。つまり「さあ、わたしに希望を置きなさい。そうすれば労苦や恐れから解放されて安心できるようになるだろう」と言われたのだ(25)。

神に(26)希望を置けば気高くなれる上、地獄を恐れて慎重になれる。そうやって分別がつけば信仰が芽生え、望んでいるものに慰められて心強くなる。信仰とは、神から賜る眼力だ。われわれは頭が朦朧となるなり信仰を失くし、不安になって希望していた

(25) 訳注。どこに平安の源があるか明言している。
(26) 訳注。「信じる理性」を説いている段落。そういう信仰を授かったとき、真実が「現出」すると言っている。

ものが見えなくなる。しょせん本で読んで抱いた信仰だけでは、高慢さや疑念を捨てきれない。しかし神から賜った眼力で洞察し、知恵深い信仰で理性が照らされたとき、高慢さや疑念からも解放される。この信仰こそ、「真実の認識」とか「真実の現出」と呼ばれているものだ。神に啓いてもらった眼力で神を神として捉えているうちは微塵たりとも怯えることはない。しかし神に許容されて頭が朦朧となってこの眼力を失ったときには、へりくだるまで怯えることになる。まさに怯えながらへりくだって悔い改めるためだ。

　なにせ神の子が十字架の苦しみを耐えられたのだから、われわれもいかに罪深くとも勇気をもって悔改の力に期待しようではないか。というのは、アハブ王[27]の（外面的な）悔改の姿が神の怒りを鎮めた以上（列王記上二一・二七―二九参照）、われわれの真の痛悔が功を奏さないことなどありえないからである。もしアハブ王がへりくだってみせただけで神の怒りを鎮めたのなら、われわれがこうして真心から罪を悲しむのであれば、よりいっそう神の怒りを鎮められるはずではないか。心から悲しむとき、それは十分に身体的修行の代わりとなる。

　かつて聖グリゴリイも述べたように、「人は神に貫かれて神の裁きを気にしつづけていれば、恩寵を宿す神殿となる」のである。ここでいう「神の裁きを気にしつづける」とは、どういうことか。まさに神をなだめられるようなことを探し、いつもわれわれの本性が弱いせいで完璧になれないことを悲しんで何とかしようとすることでなくて何か[28]。福ワシリイも述べたように、こうして絶えず弱さを悲しむことこそ、神を記憶しつづけることに他ならない。ひたむきに祈っていれば、しっかり神のことが見えてくる。そうやって神を記憶しつづけることで神の住まいをご用意したとき、われわれの内に神が宿られる。かくして、われわれも神の神殿となるのだ。まさに心から弱さを嘆いて神の裁きを気にしていれば、その心に神が住まわれて憩われるに違いない。光栄は神に帰す。アミン。

第九十一訓話

神を愛するがゆえに耐えることについて。耐えることで得られる助力について。

人は世を軽んじて神を畏れれば畏れるほど、神に守られて導かれるようになる。そして、どことなくその助力を感じ、清い想念によって助けられている身を自覚するようになる。また、すすんで現世の福楽を手放せば手放すほど、神に慈しまれてその仁愛に支えられるようになる。

右に左にいろいろな手段を用いてわれわれを救おうとされ、永遠の生命を得られるように工夫されている神に光栄を帰すべし。なぜなら霊的に弱すぎて永遠の生命を得る気になれない者でも、不本意ながら苦難に遭うことによって徳行に導かれたりするからである。かの乞食であったラザリも赤貧になりたくて赤貧になっていたわけではないし、皮膚病に罹(かか)りたくて罹っていたわけではなかった。かくもひどい苦しみを二つとも耐え抜き、しかもどちらもこっぴどい惨状であったにもかかわらず、あとあと褒められてアヴラアムの懐に迎え入れてもらえた。人は心を痛めて苦痛の中で神に叫んでいるとき、その傍には神が共におられる。たとい御旨によって必需品がなかったり苦難に遭ったりすることがあっても、そういう苦しみに耐え抜くことで逆に救われる。ちょうど重病患者が病んだ部位を医者に切除されて健康になるようなものだ。苦悩や悲痛が重ければ重いほど、主は大いなる愛を現してくださる。

というわけで、自分の心の状態を見て自分自身を知ろう。いかなる苦も苦としないくらいハリストスにおいて喜んでおらず、ハリストスの愛を渇望していないとき、あなたは世に生きているのであってハリストスに生きていない。病気や貧苦に悩んだり、衰弱して不安になったりするときにも、体に生きているのであってハリストスに生きていない。身

(27) 訳注。北イスラエル王国における史上最悪の王。「アハブのように、主の目に悪とされることに身をゆだねた者はいなかった」(列王記上二一・二五)。

(28) 訳注。この悲しみは、ラフマニノフの悲哀に通じる（本書第44～45頁参照)。

の危険を感じてびくびくし、信じてきた事柄を喜べなくなって主の道に向かえなくなったときにも、体に生きているのであってハリストスに生きていない。簡潔にいうと、あなたの中で生きているのだ。たとえば必需品が全部あって健康体で、身も守られて順風満帆な日々だったとしよう。その状態で、清くハリストスに向かって歩んでいると思うのなら、知性が病んでいて神の光栄を味わったことがない証拠である。これは、あなたがそういう人だからこう言っているのではない。むしろ、たといわずかなりとも過去の聖師父に似た生活をしていたとしても、そう思っている以上はいかに完徳からはほど遠い状態にあるか教えておきたかっただけである。「いや、よりによって病気や苦難に遭っている最中に、毅然としていられるほど強い人なんているわけがないでしょう」などとのたまうな。あるいは「いくらハリストスを愛しているからといって、さすがに杞憂まで捨てられる人なんていないでしょう」などと言い張るな。あえて聖致命者の例を挙げるのは遠慮しておこう。そんな例を出したりしたら、その受難の深みを目の当たりにして私自身がへこたれてしまう。だから、聖致命者がいかにハリストスの愛の力に支えられて耐え、辛辣な心痛と身体的激痛に打ち勝ったかということについては語るまい。万が一語ったりすれば、そのとてつもない偉業と奇蹟的光景を思い出すなり、おなじ肉体をもつ身として持ちこたえられないからだ。

したがって無神論者を、そう、哲学者といわれる人を例に挙げておこう。あるところに、数年間は無言を守りとおすという決意を固めた哲学者がいた。時のローマ皇帝がこの噂を耳にして大変驚き、その哲学者を試練に遭わせてみたいと思った。そして手下に命じて皇室まで連れてこさせたのだが、どんな質問をしてみても一向に答えやしない。怒った皇帝は、誉れ高い皇位への不敬罪という理由で、この哲学者を死刑に処するよう命じた。ところが、哲学者は眉一つ動かさずに、無言の自戒を守ったまま静かに死を受け入れる準備をした。皇帝は死刑執行人に対し、「もしも剣を恐れて自戒を破ったら奴の首をはねろ。もし黙りとおす意志を最期まで貫いたら、生きたまま私のところへ連れて帰れ」と命令していた。ゆえに、役人たちは命じられたとおり、刑場に近づいてきた哲学者を見るなり侮辱を浴びせ、くだらない決まりさえ破ってしまえば死なないで済むのだぞと囃し立て、沈黙の自戒を破らせようとした。そのとき、哲学者はこう考えたのである。「ここは意志を貫いて、さっさと死んだ方がましだ。どれほど長い歳月のあいだ、こうして無言を貫くべく修行してきたことか。死ぬのが怖くて口を開いたりしたら、培ってきた知恵が台無しになる。あいつは窮地に陥るなり尻尾を出して逃げ出したなどと囁かれるのはまっぴらごめんだ」と。そして戸惑うことなく首を差し出し、剣による切断を受けいれようとした。皇帝は、役人たちから事の一部始終を聞いて驚嘆し、哲学者を褒め称えた上で解放したのである。

たしかに世の中には、本能的欲求を捨てた人もいる。あしざまに言われてもやすやすと聞き流した人もいるし、重病をもだえずに耐え抜いた人もいる。あるいは、苦難や大災害に襲われても歯を食いしばってみせた人もいる。そして、もしそういう人たちが空しい名誉や希望のためにそれらをすべて耐え抜いたのだとしたら、われわれ修道士は神との交わりに招かれている者として、よりはるかに多くのものを耐えるべきではなかろうか。願わくは、生神童貞女マリヤの祈りと、ハリストスに仕えた諸聖人の祈祷によって、われわれも苦難を耐え抜く力を賜わらんことを。(29) あらゆる光栄と尊貴と伏拝は、始めなき父と子と永遠に一性にして生命をほどこす聖神に帰す、今もいつも世々に。アミン。

(29) 訳注。このように「耐えよ」というメッセージが『修行訓話』の最初と最後を飾る額縁として力強く響いている。第一訓話の第四段落（188頁上段）参照。ちなみに「キリスト教は忍耐を教える宗教だ」という人もいる。

付録二　ロシアの十字架

ニコライ・メリニコフ 作
土田定克／アレクセイ・ポタポフ 共訳

訳者より

四二歳で急逝した現代ロシアの天才詩人メリニコフ（一九六四〜二〇〇六）の傑作。ロシアの本質を突いた作品として絶賛され、二〇一三年にボヤコフ監督によって映画化された。底本はМельников Н.А. Русский крест. СПб.: «Царское село». 2011。

訳文を紹介する前に、まずは韻文というジャンルについて述べておこう。韻文とは、文字どおり韻を踏んだ詩作を指し、短編の詩から長編の物語詩までを含む。おもに四行で一組とされ、行末母音が「二行連続」か「一行置き」か「中二行とその前後」で同一になる。あえて行末母音を二つ以上重ねたり、子音の響きまで合わせたりすることも少なくない。韻を踏むということは、つまり「同音異義」が生じるということである。それはシャレのようなもので、「布団が吹っ飛んだ」というように、同一音なのに意味が違うところが聴いていて面白い。しかも詩人によって厳選された言葉は語呂も良く躍動感に満ち、覚えやすく耳に心地良い点が音楽的である。ゆえに韻文は目で読むだけでなく、音楽と同じようにプロの朗読を耳で聴いて楽しむ文化でもある（現にネット上に「ロシアの十字架」の動画が出ている。作者自身が読み上げた録音もあれば、有名な詩人四名が代わる代わる表情豊かに読み上げている動画もある）。長詩の場合には物語が徐々に展開され、章ごと（まとまりごと）の結尾にオチがある。

日本語では文章構造の特性上、短編ならばまだしも長編の韻文は書きようがないため、本邦には長編の韻文を書くという文化がない。だが、ラフマニノフは「音楽の姉妹は韻文」と述べた。それも音楽作品の通常の所要時間からして、短編詩よりは長編詩のほうが音楽作品に近い。音楽は物語のように構成されていてその内容も豊かだからだ。ならば、音楽家は長編詩のうちに何を見出して、演奏上のヒントを得るべきなのだろうか。

ご存じのとおり音楽では反復が多い。ただし反復をするときに、まったく同じように奏でるのでは芸がない。動機はつねに発展しており、出てくる音域が異なればテンションもとうぜん異なる（つまり意味が異なる）。それをもっと大きな規模でいえば、たとえば三部形式でＡ—Ｂ—Ａと戻ってきたときに、まったく同じように弾かれてはつまらない。それではまるで何も事件が起こらなかったかのようだ。演奏においては、このＢからＡへ戻るところが腕の見せどころとも言われている。たとえば家を離れて旅行に行って色々な体験をし、帰宅して自分の部屋に入ったときに受ける印象と似ている。心象として何かが違って見えるはずなのだ。「同じ川には二度と入れない」というロシアの諺（ことわざ）のように、時間が動いているということは、つまり完全同一で不変なものは（神以外に）存在しえないはずなのである。

ラフマニノフが韻文に音楽との近似性を見出していたということは、つまり「同音型が反復時に違う意味を持つ」という点を見逃していなかったはずである。もちろん同一の意味をもたせて書いたケースもあるかもしれないが（それとて微妙な意味の変化は生じているはず）、要はその「音型の意味が変わる」、つまり「変容する」ということなのである。音楽はおよそ四小節×二でひとフレーズが作られ、その八小節単位（いわば韻文における四行）で物語が展開していく点も韻文に酷似している。あいにく翻訳においては、韻を踏むという肝心な部分が壊れてしまうのだが、それでも長編詩の雰囲気だけでも味わうことができれば、ラフマニノフの伝えようとした「音楽の定義」が少しは捉えやすくなるだろう。

　では、なぜこのメリニコフの「ロシアの十字架」が、ラフマニノフを語る文脈にふさわしいと言えるのか。両者が似たような芸術家だからである。二人ともこよなく祖国を愛し、敬虔な正教徒として同じものを目指して創作活動に励んだ。そのため自作品を創る際には「まとまりのある統一性」を重んじた。とくに作品の土台となる冒頭の動機に対して異常なほどこだわった。ラフマニノフのこだわりについては他章や『ラフマニノフを弾け』で既述済みなので、ここではメリニコフのこだわりを見てみよう。「ロシアの十字架」(Russkiy krest)の冒頭四行は、原文では以下のように響く（傍線部は押韻）。

Rovno v polnoch' toroplivo　Ровно в полночь торопливо　ローヴノ　ヴ　ポールノチ　トロプリーヴァ

Petuhi prervali spor,　Петухи прервали спор,　ペトゥヒー　プレルヴァーリ　スポール

I izlomannaya iva　　И изломанная ива　　イ　イズローマンナヤ　イーヴァ
Perestala bitʹ　zabor.　　Перестала бить забор.　　ペレスターラ　ビチ　ザボール

いわばこれでもかというほど、題名「Russkiy krest」（ルースキー・クレスト）のアクセント音（これぞ本作品の主題）から取った「r」が頻出し、「v」や「p」や「b」の子音をもつ単語で固めている。しかも、一行目の使用母音は一か所の「i」を除いて、すべて「o」で統一している（発音上、アクセントの無い「o」は「a」に近い音になるが、口形は「o」のままであり、いわゆる「a」の音とは異なる）。起承転結の「転」では「i」が支配的になり、すべての音をまとめるかのように zabor で締めている。使用音声を制限すればするほど創作は難しくなるわけで、この冒頭は作者の腕前を誇示しているともいえる見事な出来栄えである。しかも不気味に始まって劇的で深遠な代表作を遺した点も、前奏曲嬰ハ短調（作品三―二）で世に出たラフマニノフに酷似している。

以上、音楽と韻文の近似性、及びラフマニノフとメリニコフの芸術家としての近似性を解説してみた。メリニコフの最高傑作とされる本作品が書かれたのは一九九六年、ちょうど訳者がモスクワで学んでいたころである（詳細は拙著『ラフマニノフを弾け』参照）。何よりもこの作品にみなぎるロシアの熱い魂が、拙訳をとおして少しでも読者の皆様に伝われば幸いである。

第一章

1

とっぷり夜もふけたので
いがみ合っていた雄鶏も寝た
しなやかな柳の枝も
垣根を打つのをやめた
物音ひとつしない朧月夜
あたりは怖いくらい静か
大地の眠りに合わせて
ペトロフ村も眠っている
いずれの方角を見渡しても
ひとけも無ければ灯りもない
ただ霧の中　一筋の川が
不気味なほどひっそりと流れるのみ
そして門の近くで
ネズミが遊んでいるだけ
ただ　よく目を凝らしてみると
墓地にそって動いていく怪光が見える
しかも　このしんとした真夜中に
あのふわふわ徘徊している影は　何だ？
何か不吉なことでも起きるのか
どうも嫌な予感がする
おい　なぜそんなにそわそわし始めたのだ？
せっかくみんな眠っているのに脅かさないでくれ
生活苦のなか必死に働いて
くたくたになっているのだから

2

イワン・ロストクは　右腕を失くした障害者
この村の番人だ
すっかり酔いも醒めて
つまらなそうに東の空を眺めている
のんびり手製のタバコを燻（くゆ）らし
ぼそぼそとつぶやいていた
百姓なんてやりきれたものじゃないさ
集団農場だっていかに大変か
五十年も生きてきたというのに
目にするのは　土埃や　農地や
毎日食べている芋っこだけ
それに　犂（すき）とか牛糞以外に見たものといえば

そう　集団農場の親方の
目にあまる横領くらいじゃないか
それが　イワンの全人生だった
思い描いた夢も　叶わず
望んだことも　実現せず
持っていたものまで　失った
何もかも　あっという間に過ぎ去った
なんとも落ちぶれた人生じゃないか
心の中も　家の中も
むしゃくしゃしていて　しっくりこない……
「身内」といえるものなんて
このボロの作業着と長靴ぐらいだろうさ
とくにやましいことなく生きてきたが
ウォッカだけは手放せなかった
酒を買うために全部売り払い
すべて一杯の酒と化した
かつては威勢よく犂を振るっていたイワンも
いまでは　ただの呑んだくれだ

3

じきに森の彼方から少しずつ
すーっと朝日が差しこんでくるだろう
まるでその光線から一日が始まるかのように
ちょうど黒ずんだ壺から流れ出るミルクのように
新しい一日が　東からやってくるだろう
その清流さえ受ければ
気分も朗らかになって楽になる
そして酪農家が　はいしい　はいしい　と叫びながら
牛の群れを草原へ連れ去るころには
やい起きろ　そこの親父！
いっそ全部忘れて元気に暮らせ！
となるわけだ……
でも　まだ夜の帳（とばり）が下りているうちは
何もかも嘆かわしい
イワンは首を垂れたまま　目をつぶっていた
すると　睡魔に襲われて
しばし気分もほぐれた
夢の中では
鬼神のごとき駿馬にまたがった豪傑が

矢のごとく馳せていくさまを見た
七色のオーラを放ち
剣のごとく光を操り
おぞましい敵をやっつけている
その格闘が　入り乱れて雲散して
ふと気づくと
虹だけが残っていた
おや　ここは生まれ育った村じゃないか
しかも驚いたことに
家を出ていった娘らが窓際にいる
亡くなったはずの女房もいる
笑い声が聞こえ
数年前のように長椅子に腰掛けた
そう　いつだったか実際にこうして
家族そろって腰掛けたことがあったじゃないか
そりゃイワンだって妻子を失くせば心細いし
しょんぼりするのも無理もない
まあ　娘たちはいいんだ
いまごろ旦那と一緒に幸せに暮らしているだろう
なんせ左手だけじゃ
夕飯のスープ一杯　作れやしないのだが
要するに　娘には慕われなかったってことだ
こうなるしかなかったってことだ
でも女房は……！
イワンは長いこと妻を待ちわびていた
だからこうして妻に会うなり　その手と首と
色鮮やかなスカーフを嬉しさのあまり撫でた
病みきった心の中で
すでに遅すぎる赦しを乞おうとして……
しかし撫でたかと思いきや
かの豪傑も　娘も　女房も　消え失せた
ああ　夢を見ていたのか　と
ようやく我に返った
しかしヘンな夢だな　どうしろというのだ？
いったい何のお告げなのだ？
イワンには分からなかった
その謎を　解く知恵もなかった

4

その日は　一日中

何にも手がつかなかった
「こっちへ来い」と呼ばれた気がするが
どっちへ行ったらよいのか分からない
お手製の酒を一杯ひっかけてみたが
酔いもしないし　うまくもない
だいたい呑む気もしない
このわびしい気持ちを聞いてくれて
相談にのってくれる人はいないだろうか
ちまたには　人がわんさといるが
分かってくれそうな人はいない
なにせ　みんな忙しいんだ
定刻になったら耕して
家業と　集団農場の業務を
両立させなきゃいけない
種植えして　刈入れして　収穫
年がら年中　農繁期だ
片時も休めやしない
そうやって時が　あっという間に流れていく

第二章

1

そうやって時が流れて……
二〇世紀も終わるというのに
この国では　相変わらず
ボロボロになった百姓家ひとつ修復できない
すでに　その半数くらいは潰れた
インフレも止まらず　必需品も買えず
百姓は　憂鬱になるばかり
この村はおろか　この国自体が
今後どうなってしまうか知れたものではない
それこそ足枷に繋がれた奴隷のように
やれ兵役だ　流刑だ　日雇いだ　などといって
駆り出されたり　騙されたりする
もはや溜息もつけず　気も晴れず
ただ不信の眼差しをモスクワに向けるのみ
まるで敵が首都に居座って
何もかもぶち壊しているみたいだ……
だが　敗戦とか　財政破綻よりも
もっと質(たち)の悪いものがある

今が楽しけりゃええという　唾棄すべき思想に！
自由主義のプロパガンダに洗脳されているのだ
どんどん落ちぶれて下劣になるように
少しずつ年を追うごとに
外部から侵されているのだ
気づかないうちにロシア人のたましいが

2

なぜ農村までそんな波に呑まれたのか？
新聞のせいだ
都会で落ちぶれたゴロツキが　路頭に迷った挙句
新聞記事を見て　押し寄せてきた(1)
今ではもう
村人の三人に一人くらいはいるだろうか
はじめは　村に馴染もうとしてくれた　なにせ
ようやく「ふつうに」暮らせるようになったのだ
お気に召してご機嫌になったが
額に汗して働こうとはしなかった
そんな連中が
まるで洪水で運ばれてくるゴミのように
どしどしこちらへやって来て
こんなロシアの田舎村までやって来て
理解し合えない「よそ者」になった
やつらにしてみれば　この村に大事なものはない
代々の墓もなければ　血のつながった兄弟もいない
だからこうなる
　どっこい　これまでみたく暮らせばいいのさ
　呑んできたのだから　ここでも呑め
　分捕ってきたのだから　分捕れ
　こいつらは何を耕している？
　わざわざ刈り入れて何になる？
　だいたいお前らは　農業の仕方が下手糞なんだ！
　お人好しの田舎者は　あっという間に
連中の物言いに慣れてしまった
その始終むかむかした態度にも慣れ
その乱暴な言い方にも慣れ
もはや不快に響かなくなってしまった
だから生計に苦しむ老婆までも
手製の酒を連中に売ったりして
食いつないでいる始末

なのに　さして驚く者もなく
ましてやぞっとする者もなく
みんなして愚行に走っている
どうでもいい民族になり下がったのだ
あろうことか女までもが
なけなしの金をはたいて
何週間も呑み続けているというのに
だれ一人として驚かない……
いわば豊穣な農業用地に
雑草が植え付けられたようなものだ
そうやって「よそ者」はひっそりと
敵でもやってのけられないことをしている

3

こんな状態がいつまで続くのか
働き盛りの若者が
年がら年じゅう呑んだくれた挙句
コロッと逝ってしまうとは！
それも人目につくところで
畑のど真ん中で　頓死するとは！
あんなに笑顔で
みんなに喜ばれていたじゃないか……
なのに酔いつぶれて　息絶えて
帰らぬ人となる……
しかも　その後を追うようにして
次世代の人材まで旅立っていく……
旅立った末に　どこへたどり着くのか
天国か　それとも　またもや地獄か
そうやって浮足立った若者が
大事にされず　皇帝の庇護も受けず
この世を放浪しているようなものだ
そして命の花を徒らに散らす

(1) 訳注。一九九〇年代の荒廃したロシアの内情。ソ連が崩壊して鉄のカーテンが取り去られると、「自由と民主主義」というスローガンのもと、西側の大衆文化が一気に流入してきた。住民登録制度も自由化したため都会に人口が集中し、田舎では空き家が二束三文で投げ売りされるようになった。そのため、都会で食い詰まったゴロツキが新聞記事を読み、住居の安い田舎に押しかけた。当時、新聞は主流メディアの一つであった。

信仰もなければ悔い改めようともしない
あんなに考えたり夢を語り合ったりしたのに
その苦労も涙も　水の泡じゃないか
ロシア人は　涙なんぞ重く見ない
ずっと昔から泣いて暮らしてきたんだ……
だというのに　この不撓不屈の民族も
一気に若死にする人が増えた

第三章

1

ペトロフ村のはずれの　深い森の奥では
長老フェドセイが　独りきりで修行している
滅多に訪ねてくる者はいない
昔からこんな決まりがあったのだ
　ミミズクしか　長老を起こしてはいけません
　エゾ松しか　窓を叩いてはいけません
長老は　人里離れて独りきり
給与もなければ薬局もなく
他人とは異なる独自の法則にのっとって
何十年も過ごしてきた
あることないこと囁かれ
すっかり噂の的になっていた
「ものすごく敬虔な正教徒らしいぞ」
という者もいれば
「いやあれは魔法使いだ　詐欺師だ」という者もいた
何も知らないくせに
「オレなんて　あの爺さんが狼に化けて
一度ならず夜ふけに遠吠えしている姿を見たぞ」
などと　のたまう者まで出てきた……
何という馬鹿さ加減か
この長老の聖なる祈りをなじるとは！
わが国の窮状を見よ
空腹のあまり夜も寝つけず
頭を壁に叩きつけている貧窮者が
ごまんといるではないか
打てども響かぬ虚空の下で
慟哭を押し殺してすすり泣いているではないか

2

一日が過ぎた　へこんでいたイワンは

寝ころんだまま天井を見据えていた
そして　どういう風の吹き回しか
よし　長老を訪ねよう　と思い立った
先日の夢に苛まされ
どうも気が気でない
長老ならば何か知っているかもしれん
少しは分かってくれるかもしれん
ワン　と最愛の飼い犬も
飛び寄ってきて尻尾を振っている
そこで　イワンは犬と連れ立って
身を守り合いながら暗い森に入った
森の中は　樹齢何百年もの松が
それこそ生き物であるかのように
ゆさゆさ揺れたり　ギシギシ言ったりしている
どうやら夜中でも寝入ることがないらしい
ふいに足元から　鳥が飛び立って
ピイピイ鳴きわめいて責めてくる
「びっくりしたのは　こっちだよ」と強がってみたが

ワンちゃんは　もうビクビクして歩くのがやっと
それでも　ついに隠遁庵に着いた　おお　これぞ家だ
かすかに明かりが灯り
まるで来客を待っていたかのようだ
長老自身も百寿になるというのに寝ていなかった
訪問者を待っていたのだ
開け放たれた扉から　光が漏れている
「今晩は」と挨拶したら
「まあ『晩』といえる時分でもないが　お入りなされ」
と迎え入れてくれた
家に入って扉を閉めると
まっすぐ目を見つめてきた
手織りの服を着て
救世主の銅製イコン[2]を首から下げている
チョークよりも白い髭を生やし
眉の下には　何もかも見とおすような瞳……
イワンとしても　おどおどしながら
隠遁者の暮らしぶりを眺めてみた
暖炉には灰一つないし　どこもかしこも整理されて
隅々まで気が行き届いている

（2）訳注。聖像画を鋳造したメダルのようなもの。

それに　嗅いだことのない薬草の香りが
家中に漂っている
燈明（ランパーダ）が穏やかに灯っていて
どの聖像画にもルシニク[3]が掛かっている
ああ　いかにもロシアだ
この家も　この長老も　まさにロシアそのものだ
先ほどまで不安だった気持ちもすっと消え
まるで万事無事であったかのようだ……
「さあ　まずはお茶でも飲みなされ」
と言いながら
長老が把手付茶碗を出してくれた
イワンは左手で持ちやすいように把手を掴み
一口飲んで　もう一口飲んだ
何が起こったのか分からない
ただ　文字どおりたった二口飲んだだけで
人生が逆方向に向かったのだ
青年期を経て幼少期へ　そして何百年も前の昔へ！
口にしたこともない稀有な旨味を味わい
薬草のたっぷり入ったお茶の芳香を嗅いだら
苛まされていた霊（たましい）が

遠い先祖のところへ吹っ飛んでしまったのだ
現代を生きる男の前に
ロシアではなく　聖ルシ[4]が
その威容とともに　現出したのだ
……すると胸がうずいて　涙がこみ上げ
心臓が張り裂けそうになった
ああ　これだ　これぞ心が探していたものだ
こんなところに　救いがあったのか！
ただ　その聖なる領域への道は
長らく隠蔽されて　忘却の彼方に沈んでいた
なにせ
「奴隷のように生きて　くたばってしまえ！」と
罵られてきたようなものだから……
イワンは　ぽかんと口を開けて
「もぬけの殻」になって　座っていた
生きれば生きるほど　何もかも失って
もう何ができるのかも分からなくなっていた
それに同胞がいかなる力を奪われていたのかも
見えなくなっていた
なぜなら「捧神の民[5]」といわれる国民の目から

神性というものが　こすからく隠されてきたのだ
いくら薬草の入ったお茶とはいえ
二口飲んだだけじゃ話にもなるまい
しかし　イワンにとっては
人生をひっくり返すほどの効力があった

3

「相談したくてやってきたのだろう」　と
長老は静かに語り始めた
「ここに来ることは　分かっていたよ
しるしが与えられたからね
こんな奥地まで訪ねてきたからには
今から話すことを心に留めておくがよい……
おぬしは　ご先祖がペトル・ロストフさんなのだから
その血を継いでいることになる

（3）訳注。おもに赤色で模様の施された白い布。ロシアの伝統的な民芸品。
（4）訳注。ロシアの雅称。
（5）訳注。ロシア人の雅称。「神の教えを正しく守る民族」（正教の民族）という意味。

ただペトルさんがどのような方だったかは
知る由もない
何百年も前の話だからね
それでも　村名に選ばれるほど皆に慕われ
こうして今でもペトロフ村と呼ばれているほどだ
そもそもロストフ家の一族といえば
みな剛健な体つきをしていて長身（ロスト）で
馬の装蹄もひん曲げることができたというではないか
農業のコツを知り尽くしていて
信仰深く　汗水垂らして生活し
敵に強襲されたときなどは
一斉に立ち上がって祖国の救い手となったこともある
村民と一緒に　神の十字架を背負っていたのだ……
そのロストフ家[6]の血筋から　やがて呑兵衛が生まれて
単なるロストク爺ちゃんに成り下がってしまうなんて

（6）訳注。「ロストフ」は、主人公イワン・ロストクの元来の苗字。この苗字には「長身の強者」という意味がある。いっぽう「ロストク」は「ロストフ」の指小形のため、「強者になれなかった人」というニュアンスがある。

いったい誰が想像できただろうか」
長老は　そう言って溜息をついた
イワンは　決まり悪くなってうな垂れた
戸外では　犬がクゥーンと吠えて
苦しそうに悶えている
「夢を見たのです……」
「その夢はな　神様がおぬしに
聖ゲオルギイ[7]が蛇と闘うさまを
お見せになったのだ
まさに　聖人と悪魔の軍との闘いだ
おぬしは半世紀も生きてきた身でありながら
いつもわれわれ一人一人のために
霊（たましい）の防衛戦が行われていることを
知らなかったのだ
その闘いはどんどんあからさまに激しくなり
闇が　光に対して軍勢を整えている[8]
だがな　いずれ蛇が退治されるときに
おぬしはどこに住まうおつもりか？
イワンよ　自分自身を忘れた者よ
その手で哀れな妻を殴った者よ

何のお役にも立てず　全財産を呑み干し
少しずつ落ちぶれていったのう
やさぐれて罪ばかり犯していたが
主が憐れんで制約を加えてくださった
そう　悪酔いした翌日に右腕が
妻を殴打した右腕が切断されたのだ
それ以降　片腕一本で苦労を負い
一人ぼっちで悔し泣きし
ろくに働くことも　十字を描くこともできず
妻子をそっと撫でることもできなくなったのだ……

4

そう言って　長老は押し黙った　と突然
まるで棍棒でぶん殴られたかのように
イワンは堪えきれなくなり
赤ん坊のように　ギャアギャアと
涙にむせび　胸を打ち
大声で泣き叫んだ
身につけていたシャツの袖も
あっという間にぐしょぐしょになった

聖像画の下で嗚咽しながら
一切人目を気にすることなく
決して誰かのせいにすることもなく
ただ自分自身だけを責め
この一介のロシアの百姓は　声を上げて泣いた
泣きながら　これまでの人生を思い出していた
花柄のブラウスの袖に腕をとおした妻のことを
子供や　家族全員のことを
父母や　祖父母のことを思い出していた
さらに　村を襲ったひどい飢饉や　戦争や
「勝ったぞ！」という雄叫びを思い出していた
そして戦時中をしのいだパンの味も[(9)]……
男泣きに泣いて　泣きつくして
とうとう泣き止んだ　すると長老はこう言った
「堕落するときは　呑み仲間とつるんだろうが
救いへ至る道は　一人で歩むしかない

イワン　いいかい
その夢を見たのは
かけがえのない賜であるおぬしの霊（たましい）が
これ以上　滅びないようにするためだったのだ
だから　夢で呼んでくれた方の御旨を行いなさい
ずいぶん長いこと彷徨ってきたのだから
いまこそ足を洗って　光を見据え
光に向かって　這い上がるのだ
たしかに　おぬしの十字架は重たいが
きっと担いでいける
行く先々で　どんな障害や困難に遭おうとも
まっすぐに進むことだ
「でも　わたしの十字架とは何でしょう
全然理解できませんし　不安です」
「すべて神様が　示してくださるだろう
どんな比喩も明かしてくださるに違いない

（7）訳注。聖大致命者凱旋者ゲオルギイ。古代カッパドキアの大聖人。ある村の住民を困らせていた毒竜を退治し、信仰ゆえに致命（殉教）した。人々を悪の力から守る聖人として現在でも慕われている。

（8）訳注。「神に対する悪魔の戦闘準備」を意味する。次行の「蛇が退治されたとき」とは、黙示録二〇・一―一〇参照。

（9）訳注。戦争中のパン。良質な小麦粉が足りず、粘っこく苦い味がした。

きっと分かるはずだから　追い込まれても
責められても　血が流れても　ひるむな……
もはや終末の時は近い　準備しなければならぬ
さあ　急ぐのだ！　イワン」

5

もはや終末の時は近い……
もうすぐ天上で天使がラッパを吹き
この地上にいる人々は皆
神を恐れて震え上がることだろう
そして方々から押し寄せてくるだろう……
王も奴隷と肩を組み
古代人も終末時の人々と一緒になり
殉教者も迫害者と並び立つ
そして「生命の書」に記された各人の生きざまが
人生をお与えになった神によって
すべてを見通されていた神によって
おごそかに読み上げられるのだ
そのとき　不信心だった者でさえ
慾や肉体を呪って神を信じるが
主のほうとしても　相手の心を推し量って
次のように告げることだろう
「わが子よ　心の頑なな者よ　どこにいたのか
その心の扉を叩いてみせたではないか
預言者を送り
永遠の生命について語り
病気になったときには治し
落ちこんだときには慰めてあげたではないか
だが　どんなに待っていても……
甲斐がなかった……
いくら呼んでも　聞く耳を持ってくれなかった
その病んだ霊（たましい）のために
ゴルゴタの十字架に掛けられてまで
嘆願したのに……　耳を貸してくれなかった
そのようにして　みずから地獄へ行く準備をしたのだ
実際　この世の美しさや
権力や栄光に目がくらみ
都合のよい道を選んで
私のことをあざ笑っていたではないか
心の中で放蕩のかぎりをつくして

私の努力を踏みにじったではないか
罪を犯しても悔い改めず
ふんぞり返っていたではないか
腹を満たすためだけに生きて　霊(たましい)を殺し
野獣のごとく
祈りもしなければ　涙も見せなかった……
それで　いまさらどうしてほしいと言うのだ?」

第四章

1

聖堂が新築されるときには
どの聖堂にも
天から天使が遣わされてきて
できたての聖堂に仕えてくれることになる
その天使は　肉眼では見えないが
世の終末までいてくれて
人々はその羽に守られながら
神に祈ったり　奉神礼を挙げたり
領聖[10]という恩寵にあずかったりする
つまり目には見えないが
いつもその天使に見守られているのだ
たとい聖堂が破壊されて
瓦礫や雑草ばかりになろうとも
天使は御旨にしたがって一歩たりとも離れない
無神論者が聖堂を壊して
神を冒瀆した場所でさえ
天使の清い心から湧き出ずる
静かな泣き声が聞こえてくる
雨が降ろうが　寒波に見舞われようが
痛々しく　ずっと泣き続けることになる
最後の審判の　くる日まで

2

そういえば　ペトロフ村にあったという
生神女就寝聖堂は
いまだに半壊状態のまま放ったらかしだ
円天井も　傍屋も　崩壊したため
昔から変わらないのは

(10) 訳注。キリストの聖体血をいただくこと。

そこらに生えている雑草や浜藜(はまあかざ)くらい
あれは　いつの時代のことだっただろうか
もう記憶がぼやけるほど昔の話だが
近くの農村から　群衆が
徒歩や馬車で
教会にかけつけていた時代があった
当時は　きちんと奉神礼が挙げられていたのだが
それも一九一七年までのことだった……
それ以降は　お屋敷も庭園も焼かれ
領主や神父たちも　「あの世」に送られ
五年ごとの計画に基づいて
地上における天国をこしらえようとした[11]
そのせいで　民衆はさんざんな「幸福」を受け
川というよりは海のように　とめどなく涙を流した
それで結局　神の国でも仏の国でもない
ろくでもない国ができあがった
むろん　地上の天国も天上の天国も得られず
手にしたものといえば身を切られるような憂鬱
全国どこを巡っても
そのやるせなさから抜け出せない男ばかりだった

……

3

ちょうどイワンが番をしていた集団農場の管理棟から
百メートルほど離れたところに
廃墟となった生神女就寝聖堂があった
イワンは　よく夜ふけに　窓越しに
なんとなく　さしたる関心もなく
その方向に目をやることがあった
しかし　信仰だとか神だとか
そういったことは考えたこともない
ただし　そう　たしかに呑み仲間と
よく聖堂付近で呑みあかした日には
ひょっとしたら考えていたかもしれない
なにせこれほど打ってつけの場所なんてなかったのだ
川のほとりの小高い丘で
平日でも　祝日でも　給料日でも
旦那たちが心置きなくウォッカを呑める居場所
奥方たちは夜になると夫を探しに行き
家の中へ引きずりこんで　わめいたものだ

「さっさと　あの教会でも取り壊して
あんたらが呑めないようにするがいい！」
夫婦喧嘩や口論が止んだあとには
眠れる時間など　ほんのわずか……
天使は　そんな人々の堕落ぶりを見て
ひっそりと　音もたてずに泣いていた

第五章

1

冷えこんだ一帯に
夜明け前の霧がかかっていた
その森の小路をゆっくり歩いてくる
生まれ変わったイワンの姿があった
賢い長老の言葉に胸を打たれ
新しい人生の第一歩を踏み出そうとしていた
あたかも生まれ直してきたかのような
イワン・ロストフ[12]という一人の人間だった
理解しがたい不思議な力で
たましいの酔いから醒めたのだ
もしかして　すべて夢だったんじゃないの？
「夢ではないよ」とイワンはつぶやいた
長老の正しい教えに心が温まり
神を畏れていたことは確かだった
しかも生まれて初めて
祈りを唱えながら歩いていた
そりゃ　きちんと上手に祈れていたわけではなかろう
しかし　すでに天に向かって
「主よ　お赦しください」という思いを馳せていた
恥ずかしいし　くやしいし　自信もなかった
でも生き直せるものならば　生き直したかった……
義なる神様……　この一晩のうちに
どれだけ心が揺さぶられたことでしょう

2

イワンは　まわりの森にも　庭にも　畑にも
一切目をくれることなく

(11) 訳注。「ソ連国民経済発展五か年計画」のこと。一九二八年に第一次が始まり、ペレストロイカの第十二次まで実行された。
(12) 訳注。注6参照。

まだ暗がりの残る夜明け前
ふるさとの村の聖堂に入った
聖堂に入るなり　背筋が凍った
がらくたの山　腐ったゴミ　ボロボロの壁……
おっ　と足を踏み外して　すっころび
ガラガラと音を立てて　がらくたの山に埋もれた
二〇センチ級の錆びた大頭釘に
頬を引っ掻かれ
髭に血が滲んでいく
痛いし　バカみたいだし　気も萎える
外では　雨がしとしと降り出して
にわかに雨足が強まって嵐になった
イワンは　がらくたに埋もれたまま泣いていた
涙で　血の跡を拭っていた
「ご先祖様　すさんでしまったロストフ家の皆様
どこにおられるのですか
どうして　こうも不幸ばかりなのですか
踏んだり蹴ったりなのですか
男親の皆さん　聞こえていますか
この国や　この聖堂や　この片腕のない末裔を見て
何とも思わないのですか！」
と突然　声に詰まった
見上げてみると
体じゅう血だらけで茨の冠をかぶった
ハリストス[13]が　こちらを　見ている……
その瞬間　周囲のものは一切存在しなくなった
壁も　雨音も　がらくたも　滅茶苦茶な状況も
人生そのものが消えて目線ひとつになった
その目線に　応えてくれる目線があった
このひどい廃墟の中で
ようやく半世紀ぶりに
十字架に掛けられた神が
人の呼び声に　目線で応えられたのだ
その目線から
目を逸らすことはできなかった
イワンは心苦しくなって
「主よ　お赦しください」と思った
そして　やっとの思いでこう言った
「さんざんバカをして罪を犯してきました
もし　まだ死なずにいられるのでしたら

どうか　罪を贖（あがな）うための時間をください
右腕がないので　十字を描くこともできません
せめて　少しだけでもよいので　時間をくれませんか
そうすれば　あなたに向かって歩んでいる姿を
お見せすることができるでしょう
ただ　教養がないので
『自分の十字架』という言葉を
文字どおりにしか受けとれなかったとしても
どうか　厳しく裁かないでください」

第六章

1

三日間か　それ以上
村からイワンがいなくなった……
行方不明者であることが判明したが
だれも　何も知らないと言う
村長は目を丸くして

(13) 訳注。「キリスト」のこと。ここでは文字どおりハリストスの壁画をとおしてハリストスとの出会いが描かれている。

「いったい　どういうことでしょう
ワンちゃんは村役場で吠えているというのに
肝心なイワンがどこにもいないだなんて！」
イワンの家に人を送ったが
玄関には鍵が掛かっている
もしや　酔っ払って道に迷って
野垂れ死んだのか
あるいは毒入りの飲み物でも飲んで
ポックリ逝ったのか
村中のドブの中を探し　茂みの中も探してみたが
無駄だった　どこにもいないのだ……
真っ先に見つけたのは
イワンの代母（洗礼母）だった
「見つけたよ　悪霊にやられちまったのさ
気の毒なことに頭がいかれてしまったみたいだわ」
村長は　車に乗って触れ回った
村中の皆さん　見に来なさい
精神病者を捕らえて病院に送りこむ
滅多に見られない光景です
老人も若者も　急用以外の仕事を後回しにして

駆け参じてきた
「しーっ　静かに！
病人を苛立たせないで！」
みな人垣の中から覗いていた
「で　どうなのさ　荒れているのかい」
「イワンさん　かわいそう
もう精神病院に放り込まれちゃうなんて」
イワンの家の垣根や門に　人だかりができた
村長も　傍にいる
でもイワンは居座って　ぼうっと眺めているだけ
「あの人ったら奥さんがいなくなってから
ひどく呑みすぎるようになったわよね
だいたい男なんてそばで指図されてないと
すぐにヘンになってしまうものなのよ」
「しかし　どうだい　そろそろ近寄ってきたかい」
「いいえ　相変わらず
ぼうっと庭を眺めているだけよ
大丈夫　どうやら落ち着いているわ
ただね　手に斧を握っているのよ……！」

2

イワンの庭には　丸太が一組
要するに樫の木の幹が二本置いてあった
イワンは　ようやく立ち上がると
手始めに斧でスコンスコンと
丸太の皮を剥いで　きれいにした
そして渾身の力をこめて
左手一本で斧を握りしめ　丸太を削りはじめた
削れば削るほど　疲れてくる
それでも削りカスを散らしながら　斧を押し当てた
まるで　これまでの人生で
こんなに重要な仕事などなかったとでもいうように
何か　ものすごく大切なものを
自分のために作っているようだった……
丸太を二本とも削り終え
力尽きていたはずなのに
もう手も震えて　耳鳴りもしていたはずなのに
それでもなお足りないという面持ちで
腰をかけることも　一息つくこともせず
すぐさま手鋸を取ると二本とも溝を掘った

つづいて釘を取って両膝で上手に挟み
うまいこと斧を利用して
トントンと木材に打ちつけていた……
そして　ついにイワンが立ち上がると
群衆はゆらりと動いた
疲れた表情で微笑んでいるイワン
左腕で　大きな十字架を抱いている
人々は　凍りついた
どう質問したり　声がけしたりしたらよいだろう
もしや奥さんの墓に立ててある十字架でも
新調したかったのだろうか
それとも　酔っぱらってヘンなことを考えて
首でも吊ろうとしたのだろうか
村長は　イワンに近寄った
話し合う必要があると思ったからである
「ええとですね
みんなで　あなたのことを探したのです
でも　言ってみればそのせいで
村中の皆さんが　お仕事できなかったのです……
何があったのか　ひとつ教えてくれませんか」

イワンとしても　さらさら隠す気はなかった
十字架を垣根に立てかけて
村民の顔を見た
一人一人と目を合わせてから　こう言った
「ペトロフ村の皆さん
皆さんのことは良く知っているつもりです　でも
この話を聞けば　責める人もいるかもしれませんし
理解してくださる方もいるかもしれません
もしわたしが　これまでに何か過ちを犯したとしたら
どうかお赦しください
罪を犯したことはありました……」
そして　村民に頭を下げて
しばし黙ったまま立っていた
「酔っ払ってはいませんよ
たわ言を言っているわけでもありません
今後は一切　酒も口にしません
もちろん
信じてくださるかどうか分かりませんが……
この数日　何があったのかというと
とても伝えきれるようなことではないのです……

ただ　わたしたちはずっと神に見られてきたし
今も　これからも見られているということが
分かったことだけは確かです
今日まで　どれだけ愚行を働いてきたことでしょう
でも主が　天から見ておられる以上
いつか主に『何をしていたのだ』と
問われることになるのです
そのとき　どうしますか？
『人それぞれだろ』と思うでしょうか
そうですよね……
早い話　皆さんにお願いしたいことがあるのです
教会を　建て直してみませんか
ひょっとしたら
暮らしやすくなるかもしれませんよね？」
ペトロフ村の人々は　答えに詰まった
驚いて肩をすくめる者もいた
何だって？　事態を解明できる者はいないか？
こんなことがあっていいものか？
さんざん遊びほうけてきた挙句
ドカーン　それ　みんなで教会を建てようだと⁉
それに　酒まで口にしない　だと？
最初は　村民も疑わしく思っていた
しかし徐々に　心の目で真意を読み取った
どうもホラを吹いているわけではなさそうだぞ
言葉に心がこもっている
だいたい本当にそう思っていなかったら
こうも率直に　言えるはずがない
「より事態を明らかにしておくために
どこへ行ってきたかお話ししておきましょう
じつはですね　主教さんにお会いしてきたのです
そして　教会のことを相談しました
主教さんは祝福してくださり
こうおっしゃいましたよ
『聖堂を建て直すには
当局の許可が必要です
それに大工さんにも給料を払わなければなりません
きちんと労働量に見合った
十分な賃金を支払うべきです
そうすれば　教会が皆にとって喜ばしい場所となり
何百年も受け継がれていくことになるでしょう』と

皆さんさえ　この話を信じてくださるのなら
このわたしが　身をなげうって方々を巡り歩き
少しずつ献金を集めて
来年の夏までに再建費をご用意できると思います
え？　当局は……？
どうせ　どうでもいいに決まっているでしょう
自分たちの立場のことしか考えていませんからね
何もしてくれませんよ
『そんな件は　ゴホン　やりたいようにしたまえ
何だったらイスラム教の寺院を建ててもよろしい
ただし資金だけは　乞わないこと』
せいぜいこんな回答くらいしか得られないでしょう
ですから　わたしたち次第だと思うのです……
聖堂再建に　賛成か反対か
皆さんで決めてください」
イワンはそう言って離れると
またもや　水を打ったような沈黙が訪れた
五分ほど押し黙った後　心痛に貫かれたかのように
老いぼれの爺さんが声を上げた
「われわれは　ロシア人じゃないのかね？
何を考えることがある！
イワンの言っていることは正しいじゃないか」
「本当にその通りだ
教会をこのままにしておいて良いわけがない」
皆ざわめき　ガヤガヤし
先祖のことまで思い起こした
「質問です！
村長は許可されますか　それとも反対でしょうか」
村長は　少年のように鼻をすすってから　こう答えた
「私自身　クリシュナ教徒(14)でもあるまいし
皆さんと同じように　この村で生まれ育った者です
どうして反対などできましょう
それに募金に関しましても
個人的には　イワンにお任せしてよいと思いますよ
何があったのかよく分かりませんが
実際　別人を見ているようなのです……
ただイワンさん　一つだけ教えてくださいな
その樫の十字架は　だれのために作ったのですか」

(14) 訳注。ヒンズー教系のカルト。ソ連時代に若い世代に普及した。

「わたし自身のためです」
イワンは落ち着いて　真剣な面持ちで言い放った
「こんなわたしでも
自分の十字架を背負っていることを
神様にご覧いただくためなのです……」
この言葉を聞いて　かわいそうに思った人もいた
そっと涙を拭った者もいた
ただ「よそ者」だけが　薄笑いを浮かべていた
そこだけは　周囲から浮いていた

第七章

1

昔から　ロシアでは
風来坊や流浪者が多かった
灼熱の太陽に焼かれても
冷たい雨にびしょ濡れになっても
さからえぬ運命に追われて
わらじを履いた者も　裸足の者も
ひとけなき野道や　大通りを
延々と歩いたのであった
陳情するために首都へ向かう者もあれば
小袋を持ち歩いてパンを乞う者もあり
祈るために歩いた巡礼者もいれば
戦場から帰郷する兵士もいた
シベリアからきた流刑囚や
家が全焼して焼け出された被災者に至っては
無窮の空を天井とし
食糧といったらパンと玉ねぎのみ
それと少々のお恵みくらいだけ
水は　湧き水でしのいでいた……
ずいぶん世代も変わったし　何世紀も経ったが
その様子は　ほとんど変わっていない

2

村役場が発行した一枚の文書がある
「イワン・ロストフ氏は　村民の委託により
聖堂再建の募金活動をしていることを
ここに証明する」と書いてある
募金活動は　開始するにしても続けるにしても
どこかで　ひょんな誤解が生じないとも限らない

公式文書があれば一助となるだろう……
イワンは　この文書と十字架を持って歩いた
歩いた……　といえばそれまでだが
この一句の裏には　いかなる苦労があったのか
夜は　家畜の乾し草や　低木の陰で横になったり
使用済みの物置で過ごしたりした
もちろん広野や森林の星空の下で
一夜を明かしたこともある
夜明けとともに起き上がり　しゃがれた声を絞った
「神様　もうダメだ
とても背負いきれたものではない！」
何度も何度も祈りを唱え
背負ってきた十字架に接吻し
ちょうど戦地に赴く前の戦士のごとく
忍耐と力を　乞うた
もう後戻りできないことは　分かっていた
十字架なくして救われないことも　悟っていた
八方塞がりの逆境に陥ったならば
それこそ　歩け！　光に向かって這い上がるのだ！
すると　訳のわからぬ力が

ふたたび体の中から湧き起こり
節々の痛みも吹っ飛んだ
おや　これならば　座ったり立ったりできそうだぞ
では出発する前に
きれいな水溜まりで乾パンをふやかしておこう
よし　これで大丈夫　神に光栄！
眠りから覚めた以上は　生きるのだ
十字架を　左肩に紐で括りつければ
またしても立ちはだかる何里もの道
同じように血を吹き
息も絶え絶えになって倒れるだろう……
それでも生きるのか　くたばるのか
気の毒なことに　忠犬のワンちゃんは
そんな主人の見張り番をするしかなかった……

3

ほどなく噂が広まり
方々まで知れ渡った
なんでも　十字架を背負って
流浪している人がいるらしい

すごいと思う者もいれば　腰を抜かした者もいた
もちろん信じない者もいた……　だが
人々の心には　十字架を背負った風来坊の姿が
神秘的に刻み込まれたのである
何だって？　だれが？　どういう風の吹き回しで
そんな十字架を背負うことになったのだ？
ただでさえ右腕がないというのに
どうして十字架まで背負わなければならないんだ？
独り身か？　正気なのか？
子供はいるのか　いないのか？
なぜ　中年にもなってから
万事は神に裁かれる　と確信したのか？
そんな過酷な道を選んでヘンになってしまうほど
今生の人生というものは
生きづらいものなのだろうか？
あるいは　ただ単にそうなったわけではなく
もしや　それにも何かしら深い意味があり
理解しがたい神秘の力によって
その人の霊（たましい）が突き動かされているのだろうか？
……このようにして　ロストフ家の末裔イワンは
ひそかに名声を馳せ
人々に尊敬されるようになっていたのである
もちろん　本人は何も知らなかったのだが……

4

イワンは一軒一軒を巡り歩き
垣根越しや玄関先で　募金を呼び掛けた
どうしてか分からなかったが
やがて大事なお客さんでも迎えるかのように
まるで数十年前から待っていたかのように
どこへ行っても歓迎されるようになった
暴飲して不幸のどん底にいた人々が
義人の言葉を待っていたのである
イワンが出向く前に　すでに行く先々では
十字架を背負った人がいるという噂が
広まっていたのである
「とうとう　うちの村にも来たよ！
せっかく来てくれたんだから見にきてごらん！
ほれ　あそこにいる汚くて髭ぼうぼうの男が
十字架を背負って一軒一軒を回り

どの家でも祈ってくれて
聖堂のための資金を集めているんだとよ」
農民も　献金した
ケチらずに　ありったけのものを差し出した
贅沢していたわけではないし
むしろその逆だったのだが……
ただ誰もが
イワンにこの一銭をあげたい　と思ったのである
どうせ生きにくい時代だし
口をついて歌も出ないくらいなのだから
せめて　立派な聖堂ができればいい！
「イワンさん　どうかこの不憫な一家のことを
祈っていってくださいな」
……すると　イワンは厳しい表情で立ったまま
祈りを乞う人たちの目を見つめた
「わたし自身　罪ばかり犯してきた人間です
ただご覧のとおり　いまは自分で祈っています……
自分のことや　母国のことや
やってしまった罪や
愚行の数々を神様に祈ったとしたら
はたして神様は　聴き入れてくださらないでしょうか
お赦しにならないわけがあるでしょうか」
腰まで深くお辞儀をして　お別れの挨拶をした
肩まで十字架を持ち上げてから
背を向けて　出発した
でもどこへ？　だれも知らなかった……
人々からしてみれば　神様の話をしてくれた人は
イワンが初めてではなかった
ただ……　これほどの強い信仰心を
目にしたのは初めてだった

5

イワン・ロストクは　よく二週間ほどいなくなり
必ず予定日ぴったりに
やっとの思いでびっこを引きながら
十字架を背負って帰ってきた
忘れられた農村や　知られざる地方から
集めてきた大金を差し出すのは
いつも決まって
「資金集金係」のイワン・ロストフだった(15)

会計係は　ごまかすことなく　一銭一厘まで数え上げ
金庫にしまい込んだ
そして　イワンに目配せして言う
「少しくらい貰っておいてもよいでしょうに」
みるみるイワンは真剣な顔つきになった
「それは　言葉に出して言うだけでも良くありません
そのお金は　皆さんの苦労と涙の結晶です
霊（たましい）の救いのために献じられたお金です
口先だけでも　罪を犯してはいけません……」
そう言うなり　自宅のボロ家に帰っていった
ややうな垂れて　深刻な顔つきで
十字架を担いで飼い犬と帰宅するのだった
しかし　なんと変わり果てたことか！
これほどの重労働をしながらも
斎（ものいみ）は必ず守っていた
斎日は乾パンと水だけ
なんだか眉間にも皺が寄り
顔まで青白くなってきたようだ
でも眼差しは温かく　若返ってきたのだから
きっと精神は萎えていないのだろう！

村民は　急遽
額を寄せ合って討議した
「しかしごくありきたりの男が
一体どこからあんな力を得ているのか
どうやって生計を立てているのか知らないが
いつでもどこでも十字架とともに現れて
お金まで集めてきて
みるみる金庫を満杯にしてしまうんだ！」
「……一冬越えて　夏が来るころには
教会の再建工事に取りかかれそうだね」
そして
「もしや本当に暮らしやすくなるかしら」と
期待を膨らますのであった……
ペトロフ村の人々は　みなイワンを誇りに思っていた
他でもない　まさにこの村から
茨の道を歩んでゆく　こんな男が現れたのだ
きっと聖堂を建てられるに違いない
ちなみに　この聖堂にまつわる風聞は
実話に尾ひれがついて
広く知れ渡ることになった

こんな噂まであったという
「あれは神に導かれた聖人だ
あの人に会えば　病気も治るし
だれもが回心したくなるらしい」と……

6

九月に　イワンは十字架と募金袋を持ち
町民センターを訪れた　だが待っていたのは
「どうしてそんな格好で来たの！
みっともない！　帰って」という金切り声だった
人々は忙しそうに通りすがり
すずめは賑やかにさえずっている
ただイワンは　溜息をついて
「だって……」と言うのがやっと
そして　血のつながった娘の顔を眺めた
いっそぎゅっと抱きしめたかったが
めかし込んだ婦人たちは
むしろ遠ざかりたいと思っていたようだった

イワンは肩を落とし　きまり悪くなった
「お前たちが顔も見せに来ないからさあ
ひとり寂しくしているのに……
そう　みんなの夢を見てね
それがまた不思議な夢で……」
と　そこまで言って絶句した
こんな話が何になる
だってわが子ではなく　赤の他人の子みたいに
責めるような目でこちらを見ているじゃないか
ナターシャも高飛車だし
ターニャも意地悪な目をしている
「パパ　おうちに帰って
どうか　あたしたちの顔を汚さないでちょうだい」
そしてコツコツと靴の音を立てて遠ざかり
また人込みに紛れて見えなくなった
涙も見せなければ　胸すらも痛まないのか
これが　血を分けた娘か　血のつながった娘たちか

(15) 訳注。あえて「苦労人」としてのイワンと、「業績者」としてのイワンを苗字の違いで呼び分けている。注6参照。

7

もう長いこと
イワンは渡しいかだが来るのを待っていた
そして相変わらず　全生涯を思い出していた……
……そう　かつては一介の若旦那　一家の主だった
伴侶のクラウディヤは　女房でもあり母でもあった
どこへ行っても評判の高い娘が二人
穏やかな幸福があった
クラウディヤのことはやさしく愛していた
ところが数年後……　破綻したのである
都会だったならば
丸め込んで隠しきれたかもしれない
けれども田舎では村中に噂されてしまうので
皆が皆　誰が何をしているのか知ってしまうのだ
「惚れてしまったのかい」
「そうよ」とクラウディヤは恥じらいもなく答えた
イワンは　いったい何をできただろう
呑むしかなかった　不幸に見舞われのだ
ずっと長年
家族や女房のことを自慢してきたというのに

そこへおべっか使いの色男がやってきて
妻の前にひょっこり現れたというわけだ
そいつと話し合いをするとき
のっけから　ぶん殴ってやった
あわてて村から出ていったくらいだから
しょせん　その程度の浮気心だったわけだ
さあ　クラウディヤ……　もういいよ……
身を誤ってしまっただけだ……
赦し合って　添い遂げよう
また以前みたいに暮らしていこう
それに娘二人を育て上げなきゃいけないだろう？
え？　何か気に入らないの？
まさか本気で惚れこんでしまったのかい？
たしかに　見るからに恋焦がれているようだった
日に日にやつれ　落ち込んでいった
それでイワンは
もはや呑まずにいられなくなった……
そんなある日　畑で　乾草の山をこしらえた後
酔ったまま　収穫機に手を取られ
右前腕がもぎ取られたのである……

もうすぐ四十歳という年に
障害者になったわけだ……
これからどう生活していけばよいのだろう
毎日　家では喧嘩や口論が絶えなくなった……
いちど壊れたものは　元に戻せないのか！
ズタズタに心が切り裂かれた
家族がいるのに　家庭がなかった
一つ屋根の下に住んでいるのに　幸福がなかった
ウグイスは　歌うのを止めたのだ……
クラウディヤは　そっと息を引き取った
そして土に還った
娘たちは　町へ引っ越した……
さあ　だれが正しくて　だれが間違っていたのか
できるものなら判定してみたまえ……
……イワンは　長いこと渡しいかだを待っていた
そして　川を渡り終えた
十字架を肩に担いで　また一軒一軒を巡ってゆく
びっこを引きながら　聖堂資金を募りながら――

第八章

1

十一月　金口イオアンの祝日(16)の夜
激しい吹雪に見舞われた
村中真っ暗で　ひとけもなかった
みな百姓家に入って　暖炉のそばにいた
容赦なく　村を襲ってくる吹雪
唸るように吹くので　鎧戸もギシギシ言っている
せめて暖炉が温かくてよかった
さあ　暖かくして　ゆっくりおやすみ！
そして　深夜のこと
その聞きなれた吹雪の音に混ざって
独りぼっちの　身の毛のよだつような
異質な遠吠えが聞こえた
狼なのか　犬なのか
なんともやるせないし　重々しい
いや　これは吠え声じゃない　だれか泣いているのか
村中に向かって叫んでいる　たましいの声だ
不気味だな　真っ暗だし　深夜だし……
強風に　うめき声　吹雪に　月

(16) 訳注。一一月二六日(旧暦一一月一三日)。聖金口イオアンの永眠記憶日。

けれども　だれも救助を呼ばなかった
つまりサタンが悪さをしていたのだろう……
ようやく夜が明けて　早朝になってからのこと
教会の近くの白樺の下で
イワンの遺体に鉢合わせたのだった……
そばには十字架と　死んだ犬……
村民は皆
涙も言葉も失って呆然と見つめていた
誰が？　何のために？　なんと卑劣な！
いったいどうして？　イワンが何をしたという？
……目は見開いたまま　首には深傷があった
募金袋もあったが　一銭も入っていない
さあ　家に帰れ！　イワンはもういない
イワンの霊（たましい）は去ってしまったのだ

2

イワンの遺体は　自宅の机の上で
きれいに洗われ　髭を整えられて安置されていた
みんなのよく知っている村民の一人
右腕のない障害者だった
決まりどおりに　服を着せた
背広を差し出す者もあれば　革靴を提供する者もいた
細い蝋燭（ろうそく）が灯っている
部屋の隅で　老人が聖詠経を唱えていた
お棺は　集団農場の木工機で
立派なものをこしらえた
娘たちには「お父様が永眠されました」と打電した
イワンの墓は
クラヴィアの墓の隣に掘ることになった
ただし地面が凍っていたので
金テコで穴を掘るにも骨が折れた
それでも葬儀の会食が　用意され
暖炉の煙も　そよそよと昇り
雪っこも　寄る辺なく舞い
イワンも　身寄りなく横たわっていた
呑兵衛もいなかったし
天気も　すばらしかった
……ただ一つだけ不安なことがあった
イワンの体というよりは　むしろ村から
たましいが抜け出てしまったようだったのだ……

3

ペトロフ村でこれほど立派に故人を葬ったのは
もう何百年ぶりのことだろう
今ごろになって村民は
イワンが生前どういう人だったか悟ったのである
埋葬式に出て　お別れをしようと
大勢の人が集まってきた
まるで「金塊　無料配布」というお触れでも
あったのかと思うほどだった
否　人々の波を押し寄せたのは
ありもしない金塊ではなく
神への聖なる信仰だった
そして　その信仰に生きたイワンの生き方だった
みなイワンの遺体に接吻して　お別れをした
老人老婆も　少年少女も
故人の霊（たましい）の安息を祈って
すすんで蝋燭を灯した
……いそいそと　こんな打ち明け話をした老爺もいた
「あるときイワンさんに
せがれのために祈ってくださいな　と
お願いしたことがあるんす　したら
お祈りして救ってくれたんす……」
参列者が多すぎて
百姓家にはとても入りきらなかった
それなのに群衆は　行列をなして待っていた……
つまり　そうまでしてでも参列したかったのである

4

村民は　せめて神父に祈祷だけでも挙げてほしいと
町まで出向いて依頼した
司祭がやってきた
墓のそばで　教会の規程どおり
「至上者の覆いの下に居（お）る者は」(17)が唱えられた
カノンも　聖詠も　唱えられた
　故人の霊（たましい）が哀しむことなく
　闇から救われますように……
聖歌を詠い　墓地祈祷を終えた
すべて一昔前のようだった……

(17) 訳注。第九〇聖詠（詩編九一）。

村民は　無言のまま立ちつくし
同じことばかり考えていた
奇妙といえば奇妙なことばかりなのだ
ロシアの民衆がうねるようにして
イワンを見送りにきた
見物にきた者も　涙を流しにきた者もいる
しかし　なぜ人々は
偉人でも著名人でもない田舎者のところへ
しかも右腕のない障害者のところへ
こんなに多く集まってきたのか
なにせロシア中の人が　集まってきたのだ！
まさに　今を生きるロシア中の人が
つまり　虚偽情報や喪失感に疲れ
子供を産む気もせず
憂鬱にもだえている人々が
大挙して集まってきたのだ
ちょうどパンを乞うた末に倒れた身を
嫌な顔で見下してくる連中がいる
まさに隣人のうめき声を耳にしながら
鼻で笑ってくる連中がいる

そういう連中に疲れたロシア国民が
こうしてイワンのもとに
ぞくぞく集まってきたのだ
どうして聖なる国が　こうも気づかぬうちに荒廃し
国力も品格も失って
あっという間にこんな姿になり果ててしまったのか
この国では　祖国を作っていくべき主人公たちが
さからえぬ運命によって奴隷となり
生きたいという情熱も希望もなく
ただただ震えて過ごしている
だから　蝋燭に囲まれたお棺の中で
かくも従順に横たわっているイワンを見るなり
だれもが自分の生き方に赤面し
言葉を失って唇を噛みしめている
なぜなら　イワン・ロストフという人間は
意志を奮い立たせ
自分の進むべき道を見定め
人生の最期に　十字架の道を選んだからだ
そして　神を強く信じて
救いはあるということを　皆の目に示したからだ

つまり神や　聖ルシや　先祖をいかに敬うべきか
その大事な心を　最初に思い出した人だからだ！

5

イワンが背負いつづけてきた十字架が
故人の墓の上に立てられた……
これでおしまい　埋葬は済んだ
イワンの地上の旅は終わったのである
これからは
天国への茨の道を昇ることになる
もちろん救われることを望みながら……
いっぽう残された村民は　聖堂を再建することになる

＊＊＊

……雪が降り出して　宵も深まった
群衆は　墓を背にして家路についた
ただ白い服を着た長老フェドセイだけが
独りぼっちで　佇んでいた

終章

春になり　雪が解け
大地が乾いたかと思いきや
村民は　一から　何もなかったところから
力を合わせて教会再建に取りかかった
ちなみにロシアでは
こういうことはよくあった
いったん壊して粉々にして
その後で　灰塵の中から
空虚感に苛まされた中から
さんざん血を流して恐怖を味わった後で
ふたたび美しいものが
みるみる出来上がってゆく……
いの一番に　聖堂用の土地を成聖して祈祷を献じた
さあ　いよいよ始めよう！
来る日も来る日も　朝早くから
木工機をグーンとうならせ
石や板を運びこみ
大量の木材を仕入れて　セメントを練った
そして　どの工程でも

教会建設の達人に点検してもらった
働いては　疲れ
一息ついては　喉を潤し
イワンのことを思い出して
その功績について語り合った
いかにイワンが前人未踏の広野を
ひたすら歩いたことか……
しかし　その飛びぬけた功績が何だったかといえば
同胞を　一つの国民にまとめ上げたことだった
……ちなみに　イワンを殺した犯人も見つけた
単にゴロツキたちが　酒代が足りなくて
イワンが持ち歩いていたお金を
強奪したのだ
しかも良心が痛むこともなく
手も震えることなく刺したという……
罪なきイワンを殺しておいて
赦されることなどありえようか

＊＊＊

もし　読者の皆さんが　いつの日か
ペトロフ村を訪れることがあったら
きっと工事も完了していて
すでに聖堂が建っていることでしょう
どうぞ　骨惜しみせず立ち寄ってみてください
天然の蝋燭を購入して　灯して
イワンのために　祈ってあげてください
同胞や　各国に眠るすべての正教徒のためにも
祈ってあげてください
どんなにたくさん祈っても
祈りすぎて
天に祈りが入りきらなくなることはありません
なぜなら天におられるのは　無限大の神様だからです

あとがき

蟬が鳴いている。七年ものあいだ地中で準備して、たった七日間の短命を力のかぎり歌い上げる。そう、演奏家の舞台もこれに似ているだろう。たった一曲の演奏のために、どれだけの歳月がその準備に掛けられてきたことか。それはただ練習した時間数を指すのではない。日々の積み重ねが、その生きざまや心の思いが溢れ出てくる瞬間なのである。

この本は、拙著『ラフマニノフを弾け』を上梓した二〇一六年より今日まで、尚絅学院大学紀要に発表してきた論考及び翻訳論文をまとめたものである（奇しくも七年間だ）。演奏家はどう準備して本番に臨むべきか、どう準備したときに演奏が輝くのか、それを追求しつづけてきた者の遺言に過ぎない。「**ラフマニノフの芥子種**」（二〇一七年）は、前掲書に掲載した「二四の前奏曲」（聖三音の追求）と双璧をなすものであり、ラフマニノフがこだわりつづけた「聖三打」（タタタンのリズム）の謎解きをした。このような楽曲分析は、ラフマニノフの言葉を実践したものである。ラフマニノフはこう述べているからである。「（何よりもまず）その作品がどういう主題や動機で貫かれた音楽であるのか見抜かなければならない。まさにいかなる音型の相関関係がこの作品に統一感や構成感を与え、力強さや洗練さを添えているのか理解しなければならない」と。

いっぽう本書の冒頭を飾ることとなった「**音楽の創造力の探求**」（二〇一八年）は、一度は挫折し、五年くらいかけてようやく書き上げた力作である。音楽をする者ならば誰もが一度は問いかける「音楽はどこから湧いてくるのか」という問いを、ラフマニノフの証言に耳を傾けながら解明してみた。これは、長年の舞台経験で培った「霊感の獲得法」を言語化するという困難極まりない作業だった。そして書き上げたと同時に、自分の無能を思い知らされた。しかも、ここで論述した見解が私見ではなくれっきとした伝統に基づいたものであり、隣国ロシアでは自然な捉え方とされている事実を立証する必要があった。

そこで、ロシアの音楽学者の論文を和訳することを思い立つ。しばらく演奏活動が目白押しで執筆できなかった二年間を経て、ガリマ・ルキナ著「**ロシア音楽のロゴスへの道**」（二〇二一年七月）でロシアに根付いた「信じる理性」を示し、それに追い打ちをかけてメドゥシェフスキー著「**音楽と存在にみる天の闡明**」（同年一二月）で真の美の現出を、つまり神に助けられてこそ創作活動が輝くことを紹介した。第一章の「音楽の創造力の探求」から当章まで一貫しているのは、音楽とはそもそも表現すべきものではなく、しかるべき美が現出すべきものだ、という主張である。そしてそのしかるべき美を現出させることこそ音楽家の使命だ、という点である。もちろんこれに疑義を挟む人もいるかもしれない。そこで反論の余地なき権威の論文を和訳することにした。ラフマニノフ著「**優れたピアノ演奏に典型的な一〇の特長**」（二〇二二年）がそれである。この大作曲家は理論家ほど饒舌に語っていないとはいえ、ここにメドゥシェフスキー教授が力説したのと同じ現実が、異なる角度から述べられているではないか。

つまるところ、圧倒的な華をもたらす生きた閃き（ひらめ）とは、霊（たましい）なのだ。霊（たましい）は音楽における最高の表現が出ずる源であり、霊（たましい）から出ずるものを強弱記号では書き表しようがない。

まさにいかなる音型の相関関係がこの作品に統一感や構成感を与え、力強さや洗練さを添えているのか理解しなければならない。そしてそういう要素を、どうすれば現出できるか心得ておかなければならない（傍点訳者）。

作品の真のすばらしさを現出させるためには、作品が「どう書かれて在るか」を見抜くだけでは足りない。当然、その現出行為にたずさわる演奏家自身が「どう在るか」、その霊（たましい）が「どう在るか」が問われてくる。つまり「真の美を宿せる器になっているか」が問われてくる。もちろん「表現する」というのであれば、「自分自身がどう在るか」までは問われない。腕さえあれば表現はできる。しかし、真の演奏は表現という次元に収まるものではなく、何かがおのずと滲み出てくるものであり、むしろ真の美と向き合ったときに見えてくる罪深い自己との闘いであり、その拮抗のうちにほとばしる火花だと言ってもいい。どれだけ神の前でへりくだって素直に耳を傾けることができるか、その一点に掛かっていると言っても過言ではない。多様性を謳歌する現代人の耳には厳しく響くかもしれないが、かのフルトヴェングラーも力説したとおり、じつは真の演奏といえる「ストライクゾーン」は非常に限られているのである。この二〇世紀の大指揮者は、きつくこう断言したのだ。

もし音楽作品が（中略）有機体として、すなわち有機的＝生命の過程として理解されるとき、先に私が言ったことがおのずからはっきりと立証されるでありましょう。すなわち、事実すべて、一つの作品にとっては、唯一の解釈、ただ一つの演奏しか存在しません。つまり、その作品の持って生まれた、その作品に即したふさわしい『正しい』演奏しか存在しないのです。[1]

右は、真の美を現出させた偉大な音楽家による証言である。

真の美の現出を求めてこのように考えてゆくと、いよいよ権威ある聖人の論証が必要になってくる。いずれも日本ではまだ紹介されていないのだから、息あるかぎり和訳しておかなければならない。日露翻訳家アレクセイ・ポタポフ氏の助けを借りて、一九世紀ロシアの三大師父の一人、聖イグナティ著「**神父と信徒芸術家**」（二〇二三年）を和訳した。ここでは求道的な音楽家（おそらくグリンカ）の問いに答えるかたちで、芸術家の「真の在り方」に関する問答が展開されている。まさに聖なる恩寵を受けるためには「どのような思いと心境を持つべきか」という問いである。その結論部で神父が「あなたの涙を詠いなさい」と助言したとき、拙著「音楽の創造力の探求」の結論部で触れた、けれども論証しきれなかった演奏の本質が、人生の本質が、和文として光ったのである。当時、私はこのように書いていた。

実に音楽とは、感極まって自然と溢れ出る涙に似ているのだ。（中略）ただすべてを天に委ね、心に響く溢れる愛を、溢れる涙を音に託す。「溢奏（いっそう）」――まさにこれこそ、演奏の境地なのだから。(2)

涙こそ、この世を旅する人々の見えない部分でつねに流れているものである。シュメーマン神父も、こう指摘する。「ビザンティン聖歌の美しい一節では、アダムは園の外で園に向かって泣いてい

(1) フルトヴェングラー著／芳賀檀訳『音と言葉』新潮文庫、一九八一年、二四〇頁。この引用文には、さらに以下の解説が続いている。「――表面的な些末な例外もあるでしょうが取るに足りません。したがって演奏の場合、不安な『個性的』な審美眼をふりまわす疑わしい指揮を信頼する必要もなければ、同様に『楽譜に忠実な演奏』という気楽な石橋をたたいて渡る方式を利用する必要は少しもありません。／（改行）もちろん、そこへゆくまでの前提がなければなりません。すなわち或る作品の全体をなすもの、作品の生きた構造を正しく、把握すること。それをよみ取るだけの力を持たなければなりません。よみ取りうるということこそ、まさしく解釈者の負うべき真の課題なのです」。この最後の部分など、ラフマニノフの主張と完全に同一である。

(2) この点については拙著『ラフマニノフを弾け』（二〇一六年）でも触れていながら論じきれなかった（一一八～一一九頁参照）。

ると描写されています。それが人の姿です[3]」と。人は生を受けるとき産声を上げて泣き叫び、歓喜の絶頂でも困苦のどん底でも泣き、埋葬時にも涙を流す。どんなに威張ったって、しょせん弱々しい存在だ。ただし聖書では、聖王ダヴィドが詠ったとおり、神に喜ばれる涙とは「痛悔の涙」だという。「神に喜ばるる祭は痛悔の霊なり。痛悔して謙遜なる心は、神よ、なんじ軽んじたまわず」（聖詠五〇・一九。詩編五一・一九）と。どのみち楽園を追放されて泣く身であるならば、いっそ痛悔を極めて、神の前における謙遜を極めようではないか。ぜひとも死ぬまでに座右の書である聖イサアク著『修行訓話』を和訳しておかなければならない。そこに、痛悔を極める具体的な方法や極意が秘められているからである。

『修行訓話』はコロナ禍も手伝って全九十一訓話までおおよそ和訳済みなのだが、国内では諸事情があってなかなか出版できない。そこで今回、アルファベータブックスさんのご厚意により、抜粋という形で部分的に紹介できる運びとなった。深遠な言葉が多いが、キリスト教圏では一三〇〇年も読み続けられてきた傑作であり、ドストエフスキーの『カラマーゾフの兄弟』にも出てくるように、多くの人々のよりどころとなった偉大な師父の金言集である。私自身、どれだけこの本を読んで救われてきたことか。そして本番に向かう覇気をいただいてきたことか。抜粋箇所は、なるべく本書の内容と深い関連のある個所にした。

そして異質かもしれないが「**ロシアの十字架**」も付録に載せていただいた。はじめてこの韻文に出会ったのは二〇二一年夏、当時はそれほどの感銘を受けなかった。かわいそうな主人公だ、と思った程度である。ところが長年続いてきたウクライナ紛争が悪化し、日本ではロシアによる侵攻と一方的に報道されるようになり、両国の実態をこの目で見てきた人間として苦しい日々を送っている中、二〇二三年にこの韻文が映画化されるに至り、もういちど読み返してみたら涙が止まらない。ここにはロシアの長い苦難の歴史が垣間見られるだけではなく、真の痛悔が、わかりやすい芸術作品となって現出しているではないか。しかも和訳すれば、かのラフマニノフが「音楽の姉妹は韻文」と断言したその韻文を紹介できる。正直、私はこの作品を再読した後から人生が変わった。一生のあいだどうしようもなかった自分自身の内部の罪の問題がひとつ一気に解決した。こんな奇蹟が起こっていいのか。もしイワンが「ロシアの十字架」を背負って残りの人生を歩いたのならば、さすがに「日本」というのもおこがましいのでせめて「仙台の十字架」を背負って歩いていこう、と思ったのである。齢四十七、イワンの年齢にも近い。長老の言葉が突き刺さるように響き、イワンの中に自分の情けない姿を見た。もう変わらなければいけない。

こうしてこの本は、わが人生の探求の結晶として世に出されることになった。平たくいえば『かものジョナサン』を地で行ったようなものである。まさに「**永遠の愛を宣べ伝えるために**」(二〇一三年)という究極の目的を教えてくださった故メルジャノフ教授とメドゥシェフスキー教授に感謝の念

---

(3) アレクサンドル・シュメーマン著/松島雄一訳『世のいのちのために』新教出版社、二〇〇三年、二一〇頁。

を表したい。音楽への関わり方が一気に飛躍したのは、ひとえに先生方のお陰だった。また、同門のルキナ教授、親友アレクセイ・ポタポフ君とアンドレイ・アフォニン君、本書を発案された憂国の同志・春日俊一社長、いつもながら丁寧な作業と助言をしてくださった結城加奈さん、すてきな表紙を作成してくださった清水良洋さん、最高の題字を書いてくれた教え子の書道家・相馬美希さんに心から深謝したい。

二〇二三年八月

蝉の泣く　吉日に　　仙台にて　　土田定克

引用文献一覧

第一章

（1）アルク出版企画編『小澤征爾大研究』春秋社、一九九〇年

（2）田中安行監修／英語名言研究会編著『音読したい英語名言三〇〇選』中経出版、二〇〇二年

（3）シューマン著／吉田秀和訳『音楽と音楽家』岩波文庫、二〇一一年

（4）一柳富美子『ラフマニノフ　明らかになる素顔』東洋書店、二〇一二年

（5）『山田耕筰著作全集』【二】岩波書店、二〇〇一年

（6）Алейников М.И. О религии в духовном мире С.В. Рахманинова (штрихи к портрету композитора). С.В. Рахманинов и мировая культура. Ивановка 2013.

（7）Варсонофий Оптинский Преподобный. Беседы. Келейные записки. Духовные стихотворения. Воспоминания. Письма. «Венок на могилу Батюшки». Введенский ставропигиальный мужской монастырь Оптина Пустынь, 2009.

（8）Воспоминания о Рахманинове. сост., ред., пред., коммент. и указ. З.А. Апетян. Изд. 5-е, доп. М.: Музыка, 1988.

（9）Зверева С.Г. О некоторых музыкальных замыслах Рахманинова середины 1930-х годов. С.В. Рахманинов и мировая культура. Ивановка 2013.

（10）Исаак Сирин. Слова подвижнические. Правило веры. 2002.

（11）Никитин Б.С. Сергей Рахманинов «Две жизни». Классика-XXI. 2009.

（12）Рахманинов С.В. Литературное наследие в 3 томах. Составление, редакция, предисловие, комментарии и указатели З.А. Апетян. Издательство «Советский композитор», Москва, 1978.

第二章

（1）淺香淳（他）編『新音楽辞典　楽語』音楽之友社、一九七七年
（2）ロベルト・シンチンゲル（他）編『新現代独和辞典』三修社、一九九七年
（3）土田定克『ラフマニノフを弾け』アルファベータブックス、二〇一六年
（4）一柳富美子『ラフマニノフ　明らかになる素顔』東洋書店、二〇一二年
（5）マックス・ハリソン著／森松皓子訳『ラフマニノフ　生涯、作品、録音』音楽之友社、二〇一六年
（6）Рахманинов С.В. Альбом. Москва «Музыка», 1988.
（7）Рахманинов С.В. Литературное наследие в 3 томах. Составление, редакция, предисловие, комментарии и указатели З.А. Апетян. Издательство «Советский композитор», Москва, 1978.

第三章

（1）Астафьев П.Е. Религиозное «обновление» наших дней (1891 г.) // Вера и знание в единстве мировоззрения. — М., 1893.
（2）Бердяев Н.А. Философия свободы. Смысл творчества. — М., 1989.
（3）Булгаков С.Н. Философия имени. СПб., 1998.

（4）Ильин И.А. Собр. соч.: в 10 т. Т. 5. — М., 1996.

（5）История эстетики. Памятники мировой эстетической мысли. Т. IV, первый полутом: Русская эстетика XIX века. — М., 1969.

（6）Лосев А.Ф. О музыкальном ощущении любви и природы. К тридцатипятилетию «Снегурочки» Римского-Корсакова // Лосев А.Ф. Форма-стиль-выражение / Сост. А.А.Тахо-Годи; Общ.ред. А.А.Тахо-Годи, И.И. Маханькова. — М.: Мысль, 1995.

（7）Лосев А.Ф. Философия. Мифология. Культура. — М., 1991.

（8）Медушевский В.В. Интонационная форма музыки.. — М., 1993.

（9）Медушевский В.В. О сущности музыки и задаче музыковедения» // Методологическая функция христианского мировоззрения в музыкознании. — Москва-Уфа, 2007.

（10）Одоевский В.Ф. Музыкально-литературное наследие. — М., 1956.

（11）Осипов А.И. «Бог» Братство ап. Иоанна Богослова. — М., 2014.

（12）Рахманинов С.В. Литературное наследие: в 3 т. / Сост., ред., предисловие, комментарии и указатели З.А. Апетян. — М.: Советский композитор, 1978. т. 1.

（13）Танеев, С.И. Разные выпуски и заметки по философии. — Архив ГДМЧ, фонд С.И. Танеева, В 3, №40.

（14）Танеев, С.И. Чайковский П.И. Письма / Сост. и ред. В.А. Жданова. — М., 1951.

（15）Франк, С.Л. Духовные основы общества. — М., 1992.

（16）Чередниченко Т.В. Традиция без слов. Медленное в русской музыке // Новый мир. 2000, №7.

第四章

（1）谷隆一郎『人間と宇宙的神化』知泉書館、二〇〇九年

（2）ハンスリック著／田村寛貞訳『音楽美論』一穂社、二〇〇五年

（3）Швейцер А. Иоганн Себастьян Бах. — М., 2002.

第七章

（1）Лосский В.Н. Очерк мистического богословия Восточной Церкви. Догматическое богословие. Свято-Троицкая Сергиева Лавра., 2012.

付録（一）

（1）Иоанн Лествичник Преподобный. Лествица. Сретенский монастырь, 2008.

（2）Киреевский И.В. Полное собрание сочинений. Москва, 1861 г.

あとがき

（1）アレクサンドル・シュメーマン著／松島雄一訳『世のいのちのために』新教出版社、二〇〇三年

（2）フルトヴェングラー著／芳賀檀訳『音と言葉』新潮文庫、一九八一年

参考文献

第六章

（1） Игнатий (Брянчанинов) святитель. Полное собрание творений Т. 4. М.: Паломник, 2002.

初出一覧

第一章　「音楽の創造力の探求——ラフマニノフの『悲哀』に見る演奏の奥義」尚絅学院大学紀要第七六号、二〇一八年一二月、一～一六頁。

第二章　「ラフマニノフの芥子種——『音の絵』作品三九を飾る聖三打の意味」尚絅学院大学紀要第七四号、二〇一七年一二月、二九～四四頁。

第三章　「ロシア音楽のロゴスへの道」尚絅学院大学紀要第八一号、二〇二一年七月、四五～五四頁。

第四章　「音楽と存在にみる天の闡明」尚絅学院大学紀要第八二号、二〇二一年一二月、六七～八一頁。

第五章　「優れたピアノ演奏に典型的な一〇の特長」尚絅学院大学紀要第八三号、二〇二二年七月、七一～八四頁。

第六章　「神父と信徒芸術家」尚絅学院大学紀要第八五号、二〇二三年八月、一〇五～一一六頁。

第七章　「永遠の愛を宣べ伝えるために——演奏する極意を追い求めて」尚絅学院大学紀要第六五号、二〇一三年七月（八）～（一二）頁。

付録（二）「ロシアの十字架」尚絅学院大学紀要第八六号。

＊尚、本書への掲載にあたり、いずれも加筆訂正を施した。「ロシアの十字架」については尚絅学院大学紀要編集委員長の許可により掲載した。

著者・共訳者一覧

・土田定克（一九七五～　）ピアニスト、ラフマニノフ研究家、尚絅学院大学教授。

・ガリマ・ルキナ（一九六七～　）ロシア国立芸術学研究所副所長、芸術学博士、哲学博士候補。

・ヴャチェスラフ・メドゥシェフスキー（一九三九～　）モスクワ音楽院教授、芸術学博士、ロシア芸術功労者。

・セルゲイ・ラフマニノフ（一八七三～一九四三）ロシアの偉大な作曲家、ピアニスト、指揮者。

・聖イグナティ・ブリャンチャニノフ（一八〇七～一八六七）一九世紀ロシアの代表的な成聖者（聖人）、カフカス及び黒海の主教。

・シリアの克肖者・聖イサアク（六一三頃～七〇〇頃）隠遁者、ニネヴェの主教。

・ニコライ・メリニコフ（一九六四～二〇〇六）二〇世紀ロシアの天才的詩人。

・アレクセイ・ポタポフ（一九七四～　）翻訳家、在ロシア日本国大使館現地職員。

編著者プロフィール

土田 定克（つちだ・さだかつ）

1975年、東京生まれ。桐朋学園大学音楽学部ソリスト・ディプロマコースを経てモスクワ音楽院卒業、同大学院修了。小西由紀子、坂田晴美、兼松雅子、A.ムンドヤンツ、V.メルジャノフに師事。第3回ラフマニノフ国際コンクール第1位（2002年、モスクワ）。ロシア各地、ウクライナ、クロアチア、タイ、韓国等はじめ、国内（東京文化会館、東京オペラシティ、すみだトリフォニーホール、カザルスホール、練馬文化センター、横浜みなとみらいホール等）でも演奏会多数。名指揮者V.フェドセーエフ率いるモスクワ放送交響楽団や、M.タルブク率いるHRTクロアチア放送交響楽団、三ツ橋敬子指揮・東京フィルハーモニー交響楽団はじめザグレブ弦楽四重奏団など、オーケストラや室内楽との共演も多数。CD「ラフマニノフ 24のプレリュード」「ピアノ名曲集 乗り越えて」をリリース。2016年、自著『ラフマニノフを弾け』を上梓。同ロシア語版『Россия и Рахманинов глазами японского музыканта』もモスクワから出版。親善的な演奏活動に対し、ロシアのペルミ市長（2004年）や韓国の群山警察署長（2016年）、ウクライナの第２代大統領クチマ（2018年）より功労感謝状授与。尚絅学院大学教授。宮城学院女子大学音楽科非常勤講師。

溢奏（いっそう） ラフマニノフに聴く（きく）演奏（えんそう）の極意（ごくい）

2023年12月8日 第1刷発行

編著者 土田定克
発行人 春日俊一
発行所 株式会社 アルファベータブックス
〒102-0072 東京都千代田区飯田橋2-14-5
Tel 03-3239-1850 Fax 03-3239-1851
website http://alphabetabooks.com e-mail alpha-beta@ab-books.co.jp

装 幀 Malpu Design（清水良洋）
印 刷 株式会社 エーヴィスシステムズ
製 本 株式会社 難波製本
用 紙 株式会社 鵬紙業

ISBN 978-4-86598-110-0 C0073